民國歷史與文化研究

初 編

第 **25** 冊

抵制日貨運動的歷史困境
（1908～1945）（上）

周 石 峰 著

花木蘭文化出版社

國家圖書館出版品預行編目資料

抵制日貨運動的歷史困境（1908～1945）（上）／周石峰 著 --
初版 -- 新北市：花木蘭文化出版社，2015〔民 104〕
目 4+178 面；19×26 公分
（民國歷史與文化研究 初編；第 25 冊）
ISBN 978-986-404-161-9（精裝）
1. 中日關係 2. 民國史
628.08   103027673

ISBN-978-986-404-161-9

9 789864 041619

民國歷史與文化研究
初　編　第二五冊　　　　ISBN：978-986-404-161-9

抵制日貨運動的歷史困境（1908～1945）（上）

作　　者　周石峰
總 編 輯　杜潔祥
副總編輯　楊嘉樂
編　　輯　許郁翎
出　　版　花木蘭文化出版社
社　　長　高小娟
聯絡地址　235 新北市中和區中安街七二號十三樓
　　　　　電話：02-2923-1455／傳真：02-2923-1452
網　　址　http://www.huamulan.tw 信箱 hml 810518@gmail.com
印　　刷　普羅文化出版廣告事業
初　　版　2015 年 3 月
定　　價　初編 32 冊（精裝）台幣 56,000 元

抵制日貨運動的歷史困境

（1908～1945）（上）

周石峰　著

作者簡介

周石峰（1970～），湖南隆回人，歷史學博士，教授，貴州省高校學術帶頭人、貴州省史學會理事和貴州儒學研究會常務理事。師從貴州師大吳雁南、張新民先生攻讀碩士學位，師從金普森先生攻讀博士學位。在《中國經濟史研究》等雜誌發表學術論文 40 餘篇，在中央文獻出版社等出版論著 2 種，主持完成國家社科基金等項目 3 項，獲貴州省哲學社會科學優秀成果獎二等獎和三等獎各一項。曾赴莫斯科大學、武漢大學和廈門大學等訪學和交流。

提　　要

　　該研究以中日之間國力不均衡的歷史背景爲審視基點，以民族情感與經濟理性的交互作用爲邏輯統攝，對 1908 至 1945 年歷次抵貨運動的歷史困境作了系統研究。

　　抵貨運動經濟效力有限、政治效果不著，面臨六重困境的制約。首爲經濟困境。抵制日貨給中國工商兩業以及民眾生活造成深刻影響，僅能有限抵制而無法全面抵制，注定可暫而不可久。二是群體分歧和衝突。抵貨運動內部的群體差異性，極大地制約著抵貨運動的經濟效力，往往成爲日方外交抗議的口實，也是中國歷屆政府管控甚至取締抵貨運動的理由之一。三是地域差異。各地抵制行動起訖時間不一，抵制力度大小不等。地域不均衡性爲日貨轉移銷售渠道提供契機，從整體上弱化或抵消了抵貨運動的經濟效力。四是崇洋風尚。民族主義是抵貨運動賴以勃興和推進的思想資源，崇洋觀念則成爲抵制運動經濟效力充分彰顯的觀念障礙。五是日本朝野的強勢應對。日本民眾的強硬訴求，成爲日本政府強硬施壓中國政府的社會基礎。日方的反制構成中國政府限制和取締抵貨運動的強大外部壓力。最後是黨政力量與抵貨興衰之間的歷史關聯。晚清以降各屆政府的社會控制能力雖然強弱有別，但至少可以主導抵貨運動的方向和軌跡。絕大多數抵貨運動的興衰起伏，與政府態度密切相關。歷屆政府對待抵貨運動的立場雖然不盡相同，但基本上經歷了從默許到打壓的變化過程。

　　要之，抵制日貨運動雖爲中國民族主義運動史不可低估的一環，但顯係近代中國在經濟、政治、外交、軍事等都無法抗衡日本強權之下的次憂選擇，既非救國利器，亦非強國之道。

國家社科基金項目成果

目

次

上　冊
導　論 …………………………………………………… 1
　　一、研究緣起 ……………………………………… 1
　　二、研究進展 ……………………………………… 3
　　三、概念與時段 …………………………………… 10
　　四、相關說明 ……………………………………… 13
第一章　理想與現實：抵貨運動的效力 ……………… 17
　　第一節　抵貨運動的目標與結局 ………………… 17
　　第二節　抵貨運動的經濟效力 …………………… 36
第二章　抵無可抵：抵貨運動的經濟困境 …………… 85
　　第一節　抵制日紗與布業困境 …………………… 85
　　第二節　抵制日煤釀成煤荒 ……………………… 94
　　第三節　抵制日本紙張與新聞出版困境 ………… 98
　　第四節　抵制日本在華金融 ……………………… 112
　　第五節　抵制日貨與民眾生活困境 ……………… 115
　　第六節　有限抵制 ………………………………… 128
第三章　激進與保守：各界群像及其衝突 …………… 147
　　第一節　激進與保守之分野 ……………………… 148
　　第二節　群體衝突及其結局 ……………………… 166

下　冊

第四章　國分南北：抵貨運動的地域差異 ……179
　第一節　抵貨運動的地域差異 ……179
　第二節　地域差異為日貨轉銷提供契機 ……196
　第三節　地域差異削弱抵貨運動經濟效力 ……201
第五章　摩登與愛國：崇洋風尚與抵貨運動 ……207
　第一節　社會分層與崇洋風尚 ……207
　第二節　崇洋風尚的傳播路徑 ……212
　第三節　崇洋風尚對抵貨運動的阻滯 ……217
第六章　強勢應對：日本朝野與中國抵貨運動 ……233
　第一節　日本政府的應對方式 ……233
　第二節　日本民眾的因應之道 ……245
　第三節　日本朝野一致與官民互動 ……263
第七章　國權與私利：黨政力量與抵貨興衰 ……287
　第一節　抗爭與妥協：日方壓力與抵貨運動 ……287
　第二節　失控與管控：抵貨運動與社會秩序 ……300
　第三節　在朝與在野：國內政局與抵貨運動 ……308
　第四節　嚴禁與違禁：抗戰時期官方與經濟絕交 ……318
結　論 ……329
參考文獻 ……335
圖表目錄
　圖表 1：歷次抵制日貨運動概況 ……17
　圖表 2：1907～1909 年日本對華南和東北地區的
　　　　　輸出貿易（單位：千日元） ……38
　圖表 3：1917～1919 年日貨輸華貨值表
　　　　　（單位：千日元） ……41
　圖表 4：1922、1923 年日本對華輸出月別比較表
　　　　　（單位：千日元） ……42
　圖表 5：1927～1932 年日本對華貿易貨值逐月
　　　　　比較表（單位：千日元） ……44
　圖表 6：1907～1931 年日本對外及對華貿易貨值
　　　　　比較表（單位：日元） ……48
　圖表 7：1907～1934 年中國對日貿易統計表
　　　　　（價值單位：關兩） ……50

圖表 8：1907～1931 年日貨輸華價值表
　　　　（包括朝鮮和臺灣）……………………… 51

圖表 9：1912～1931 年日、美、英三國占中國輸入
　　　　總淨值百分比比較表……………………… 52

圖表 10：1936～1940 年日本對外貿易表
　　　　　（單位：百萬日元）…………………… 53

圖表 11：1936～1941 年中國對日貿易表
　　　　　（單位：國幣元）……………………… 54

圖表 12：1937～1941 年中日貿易變動趨勢
　　　　　（單位：美元）………………………… 54

圖表 13：1937～1940 年我國對外貿易國別次序表…… 55

圖表 14：1918～1936 年中國紗廠紗錠統計表……… 60

圖表 15：1918～1936 年全國紗廠附設織布機臺數
　　　　　統計表…………………………………… 61

圖表 16：1922～1931 年出入天津的中外船舶噸位數
　　　　　及華、日輪所佔百分比（單位：噸）…… 72

圖表 17：1907～1933 年中國中部 16 個通商口岸
　　　　　船舶噸位及百分比比較表（單位：噸）…… 74

圖表 18：1907～1934 年中外船舶進出口中國通商
　　　　　口岸噸數及百分比…………………… 77

圖表 19：1914～1934 年中、英、日三國在中國航運
　　　　　業的勢力排序………………………… 78

圖表 20：1936～1941 年我國對外進出口船隻噸位次
　　　　　序………………………………………… 78

圖表 21：抵制日貨運動在福州產生的影響
　　　　　（單位：日元）………………………… 80

圖表 22：1931 年 10 月上海銀行和錢莊拒付日本
　　　　　銀行情況……………………………… 82

圖表 23：1907～1932 年日本棉紗輸華消長表……… 86

圖表 24：1931 年 9 月 18 日以降上海標紗市況
　　　　　比較表（單位：兩）…………………… 89

圖表 25：1931 年 6 月與 1932 年 6～11 月日、華紗
　　　　　價對比（單位：每包規元兩）………… 90

圖表 26：1914～1931 年中國進口紙張比較表
　　　　　（單位：海關兩）………………………… 110

圖表 27：抵貨年份日本對華輸出貿易月別表
（單位：千日元） ……………………………… 133

圖表 28：日、美、英三國在中國對外貿易中所佔
比例比較表 ……………………………………… 137

圖表 29：1914～1915 年日本對華輸出月別比較表
（單位：千日元） ……………………………… 181

圖表 30：1918～1919 年日本輸華貨值月別比較表
（單位：千日元） ……………………………… 182

圖表 31：1925 年日貨輸華月別比較表
（單位：千日元） ……………………………… 184

圖表 32：1926～1927 年日貨輸華月別比較表
（單位：日千元） ……………………………… 186

圖表 33：1928～1929 年日貨輸華月別比較表
（單位：千日元） ……………………………… 189

圖表 34：1930～1934 年中國日貨進口之趨勢
（單位：百萬日元） …………………………… 191

圖表 35：1931 年 9 月至 1932 年 4 月日貨輸華值
增減率（以 1930 年同月爲基準） …………… 192

圖表 36：日本對華輸出入趨勢表（百萬日元） …… 194

圖表 37：淪陷區與國統區日貨進口在進口總量中
所佔比重（單位：千美元） …………………… 195

圖表 38：淪陷區與國統區國貨輸日在出口總量中
所佔比重（單位：千美元） …………………… 195

圖表 39：1931～1932 年抵貨地域差異比較表
（單位：千元） ………………………………… 204

圖表 40：1912～1931 年日貨家用品逐年進口表
（價值單位：海關兩） ………………………… 227

圖表 41：1912～1931 年日貨家用品逐年進口表
（價值單位：海關兩） ………………………… 228

圖表 42：1912～1931 年日貨家用品逐年進口表
（價值單位：海關兩） ………………………… 228

導　論

一、研究緣起

　　2005 年，海內外華人和韓國民眾針對日本右翼勢力修改教科書、否定甚至美化侵略歷史問題，以及日本政府試圖成爲聯合國安理會常任理事國等問題，發動了較大規模的抵制日貨運動。3 月 31 日，紐約華人知名團體「美國林則徐基金會」呼籲全球華人共同抵制日貨，對日本實施民間「經濟制裁」，並得到「世界抗日戰爭史實維護聯合會」的響應和支持。在國內，深圳、北京等部分城市也出現和平的抵制日貨運動。對此，社會各界眾說紛紜，莫衷一是，贊成者有之，否定者亦有之〔註1〕。中央則及時採取有效措施，對民間的抵貨運動「降溫」。4 月 22 日，時任商務部部長就中日經貿關係回答記者提問時強調，民眾提出抵制日貨，「是想表達對日本一些人否認侵略歷史等一系列錯誤言行的不滿」，但「在經濟全球化背景下，各國生產要素相互交流、按價值規律進行配置，經濟發展已逐步形成了你中有我、我中有你的局面」，因此，「抵制商品將損害雙方生產者和消費者的利益，不利於我們的對外合作與發展。」同時，中央還派出宣講團赴全國各地尤其是部分重點大學舉行「中日形勢報告會」，希望青年學生理性地表達愛國熱情。前外交部部長李肇星在人民大會堂

〔註 1〕 譬如，茅於軾從經濟理性人的經濟學基本預設出發，認爲「抵制日貨是很愚蠢的辦法。」因爲「我們活在世上到底爲什麼？其實我的答案很簡單，就是爲了享受人生。」而抵制日貨妨礙了這一點，因此很愚蠢。（參見《南方都市報》2005 年 11 月 6 日）而《中國青年報》曾經刊文批駁茅於軾的看法。（參見《享樂：抵制日貨愚蠢的驚人理由》，2005 年 11 月 10 日）

舉行「中日形勢報告會」，中央電視臺一套在黃金時間中斷其他節目進行現場直播。此外，《人民日報》、《光明日報》和新華社等權威媒體刊發大量社論，希望民眾珍惜來之不易的穩定局面，一心一意謀發展〔註2〕。

2010 年釣魚島撞船事件發生之後，抵制日貨的呼聲再次高漲。《民間對聯故事》從中華國粹網轉引一文，其中寫道：「如果我們中國人一個月不買日本貨，日本企業，至少就有 1000 多個人失業，中國就會有 10000 多個工人上崗；如果我們半年不買日本貨，日本就會有 1000 多家企業倒閉；如果我們一年不買日本貨，日本，就會面臨崩潰和瓦解！到那個時候，在釣魚島問題上，日本還會像今天這樣囂張麼？他們會反過來求我們的！」該文編後語呼籲讀者「實際行動抵制日貨」〔註3〕。

儘管當下的抵制日貨運動並不多見，但抵制日貨的呼聲與討論則充斥於網絡空間，甚至不少人將網絡視為狹隘民族主義的搖籃。譬如，「抵制日貨同盟」的網站上寫著：「如果中國人 1 個月不買日貨，日本將有數千家企業面臨破產。如果中國人 6 個月不買日貨，日本將有一半人失業。如果中國人 1 年不買日貨，日本經濟結構徹底瓦解，日本還能這樣囂張嗎？你如果是中國人，不用你上戰場當炮灰，你要做的事很簡單，就是不買日貨，我們沒有時間和權力去採取政治行動，我們只能作力所能及的事，拒買日貨是我們對付日本人的最好行動，不但簡單而且有效，作為一個有良知的中國人，來和我和許多愛國人士一起並肩戰鬥吧。」〔註4〕

對於研習中國近現代史的學者來說，上述言論是如此的熟悉，不能不立即想起黑格爾的名言，歷史總是驚人的相似〔註5〕。上述情景在近代中國曾經反

〔註 2〕 參見《中央給民間「抵制日貨行動」降溫》，《開放潮》2005 年第 5 期。此次抵貨運動曾經引起西方高度關注，譬如 Chinese call to boycott Japan（All-Round Country, Section: World, p.10）。目前僅見的深入研究是 Shih-Diing LIU. China's popular nationalism on the internet, Report on the 2005 anti-Japan network struggles, Inter-Asia Cultural Studies, Volume 7, Number 1, 2006.

〔註 3〕 《行動起來抵制日貨》，《民間對聯故事：下半月》，2010 年第 10 期。

〔註 4〕 http://q.163.com/ligen/

〔註 5〕 不妨進行簡單比較：《初中生優秀作文》2006 年 8 期曾經刊有《從「抵制日貨」談起》一文，《中華散文（學語文）》2009 年第 1 期刊有《抵制日貨》的文章，均為中學生所作。無獨有偶，抵制日貨也是民國時期學生刊物的重要內容之一，譬如，1924 年第 3 期的《學生文藝叢刊》刊載《救濟日災與抵制日貨》；1931 年第 83 期的《無錫童報》有《朋友們的熱血：對於抵制日貨切實的幾條辦法》，第 86 期的「小朋友園地」有《對於抵制日貨切實的幾條辦法》。1931

覆出現，並且不僅僅是一種呼聲，而多演化成為實實在在的歷史行動。與當今虛擬空間的民眾訴求相比較，近代的抵制外貨運動更加頻繁，規模更大，影響也更為深遠，成為中國近代史尤其是民眾民族主義的核心內容之一。儘管當下中國的社會性質與清末民國完全不同，國際地位亦判然有別，但按照年鑑學派一代宗師布洛赫的說法，「古今之間的關係是雙向的，對現實的曲解必定源於對歷史的無知，而對現實一無所知的人，要瞭解歷史也必定是徒勞無功的。」〔註6〕換言之，由古知今，由今知故，古今互證，方能相得益彰。因此，儘管歷史研究的本質在於求真，但是適度的現實關懷亦為勢所必然。由抵制日貨的現實關照觸發對抵制日貨運動史的學術關注，經由抵制日貨運動史之研究而尋求理解當下抵制日貨問題的歷史智慧，這正是本課題研究的基本思致與最終依歸。

二、研究進展

　　近代中國的抵制洋貨運動至少可以追溯至鴉片戰爭前後〔註7〕，1905 年

的抵制美貨運動是我國歷史上第一次大規模的抵制洋貨運動。自此以後，抵貨運動相繼不斷。而隨著日本侵華步伐的不斷推進，抵制日貨成爲抵制洋貨運動的主體。1908 年，二辰丸案引發中國民眾的首次抵制日貨運動，次年又因安奉鐵路改築事件引起中國抵制日貨。此後，1915 年的「二十一條」問題、1919 年的山東問題、1923 年的收回旅順和大連問題，1925 年的滬案問題、1927 至 1928 年日本出兵山東以及製造濟南慘案、1931 年九一八事變和次年的一二八事變、1932 年下半年至 1934 年日本對華北的一系列侵略事件，都引發了中

有不合者，皆排斥不用」。美國曾「檢出日本之茶，摻有染料，則勒令運回，不許在美登岸銷售」。尤爲典型的例證是，1908 年「土人因奧吞併波赫二州，組織團體，以排奧貨。奧船至土國口岸，竟無一人爲之運卸，奧人窘迫之餘，無已而向土質問。土國答言，謂商民不願購貨，乃商民之自由，政府不能負其責任，……奧終無以（爲）難。」（此引轉見《東方雜誌》，1915 年第 12 卷第 5 號（內外時報），第 16～17 頁。）

再如，1924 年，美國頒佈法令，禁止日本人移入美國，從而引發日本抵制美國好萊塢電影的運動。參見 Yuko Itatsu.Japan's Hollywood Boycott Movement of 1924, Historical Journal of Film, Radio and Television Vol.28, No.3, August 2008, pp.353～369.Stalker.Nancy.Suicide, Boycott and Embracing Tagore: the Japanese Popular Response to the 1924 US Immigration Exclusion Law, Japanese Studies, 2006, Vol.26, Issue2, p.153～170.

另外，在 20 世紀 30 年代上半期世界性經濟危機的大背景下，日貨曾經遭到諸多國家的抵制（可以參見《美國抵制日貨》，《銀行周報》1933 年第 37 期；《日貨傾銷與世界抵制》，《四川經濟月刊》1934 年第 1 卷第 6 期；《加拿大與埃及之抵制日貨》，《申報月刊》1935 年第 8 期；《秘魯抵制日貨》，《銀行周報》1935 年第 37 期；《澳抵制日貨》，《競存月刊》1936 年第 2 期；《澳洲抵制日貨》，《銀行周報》1936 年第 21 期；董家濚：《我國及歐美各國抵制傾銷述略》，《商學期刊》1937 年第 1 期；《抵制日絲之經濟學》，《中外經濟拔萃》1937 年第 12 期；《印度與澳洲相繼抵制日本絲》，《銀行周報》1936 年第 17 期；《日本抵制澳洲羊毛》，《銀行周報》1936 年第 42 期；《中南美各國抵制日布》，《銀行周報》1935 年第 44 期；《各國抵制日本毛織品傾銷》，《銀行周報》1934 年第 46 期，等），此類抵制行爲，與中國抵制日貨運動截然不同，乃是針對日本傾銷政策的經濟手段。

值得特別強調的是，抗戰初期，歐美民眾亦掀起抵制日貨運動。此舉乃是世界反法西斯戰爭和援華制日的重要內容，相關研究可參閱韓永利、方長明《論抗戰初期英美民眾援華制日運動》（《民國檔案》2009 年第 1 期）、方長明《中國抗戰初期美國教士階層的援華運動》（《理論月刊》2009 年第 1 期）、方長明、王瑩《論中國抗戰初期美國民眾抵制日貨與終止對日貿易運動》（《武漢科技大學學報》2009 年第 1 期）、王霄飛《試述美國歷史上的兩次抵制日貨運動》（《東北師大學報》2007 年第 4 期）等論文，以及沈慶林：《中國抗戰時期的國際援助》（上海人民出版社，2000 年版）相關章節。

國規模不等的抵制日貨運動，即使是在全面抗日戰爭期間，中國仍未放棄抵制日貨這一武器。可以說，抵制日貨運動是近代中國民族主義運動的重要形式和內容，頻率之高，史上罕見〔註8〕。

應當說，對於抵制日貨問題，海內外諸多前輩先賢已經進行了極富意義的研究，取得了較爲豐碩的成果。撇開近人介乎宣傳動員與學術研究之間的諸多文獻而不論，1949 年以來涉及清末和民元以降中國史的大多數研究成果，均不同程度地涉及抵制日貨問題。舉凡抵制日貨運動發生的原因、經過、影響，均有或多或少的討論。綜觀國內外已有成果，顯然存在兩大特點或者不足。一是伴生性研究較多，專題性研究較少。涉及抵制日貨問題的成果成百上千，但專題性的研究專著，目前僅見雷麥的《中國抵貨運動研究》和菊池貴晴的《中國民族運動の基本構造》兩書，專題性的研究論文雖然較多，亦不過 50 篇左右〔註9〕。二是個案性研究較多，系統性研究較少。歷次抵制日貨運動均有不同程度地研究，但歷時性的研究成果，除了前及雷麥和菊池貴晴的兩部著作之外，目前僅見 1 篇博士論文。不過必須指出的是，雷麥一書的主旨在於抵貨運動的經濟效果，尤其著力於抵貨運動對於中日貿易的影響，並非中國抵貨運動的全面性研究。而且，因爲該書初版於 1933 年，其考察時段止於 1932 年，對 1909 年抵貨運動則未有涉及。菊池貴晴一書從民族主義視角立論，對歷次抵貨運動的過程和影響考察甚詳，亦止於 1932 年。2009年，吳志國所撰博士學位論文《近代中國抵制洋貨運動研究（1905～1937）》，係目前關於抵貨運動史的較爲詳盡的成果。

不少學者對抵貨運動與民族經濟發展之間的歷史關聯進行了充分評估。大體而言，既有成果或微觀或宏觀，從民族工商業發展的市場壓力、利潤水平、投資機會以及民眾的消費意識等各種視角，分析了抵貨運動對近代經濟

〔註8〕有學者認爲，自 1908 至 1937 年的 30 年間，中國共發生 9 次抵貨運動，運動延續的平均時間爲每次 7 個月。如果將所有抵貨運動的時間相加，則超過 6 年半，相當於 30 年內平均兩年半發生 1 次，頻率非常高。參見許金生：《近代上海日資工業史》，學林出版社，2009 年版，第 271 頁。儘管在統計抵貨運動的次數問題時不乏分歧（例如，1919 至 1922 年的抵貨運動，究竟視爲 1 次還是 3 次），但運動之頻繁則是毫無疑義的。

〔註9〕本課題研究對相關成果多有借鑒和評介，所附參考文獻亦有詳列，此處不予贅引。另，關於抵貨運動研究狀況較爲細緻的梳理，可參閱吳志國：《近代中國抵貨運動研究綜述》，章開沅、嚴昌洪主編：《近代史學刊》第 5 輯，華中師範大學出版社，2009 年版，第 133～143 頁。

發展的促進作用〔註 10〕。但是，大多抵貨運動的肯定論者，亦不得不承認此

〔註10〕早在 1933 年，即有西人指出，抵貨運動不僅給日本的對華貿易造成損失，而且充當了中國工業化的刺激物，從而造就了日本工業永久性的競爭者。抵貨運動導致日貨來源中斷，許多中國工業於是得以創建。陽傘、火柴、電器、搪瓷、橡膠鞋、紙、編織物以及棉紡織這些行業，都是在抵貨期間創建或發展的。許多抵貨組織實際上一直在籌措資金，發展工業以取代日貨。（John E.Orchard, ECONOMIC CONSEQUENCES OF JAPAN'S ASIATIC POLICY, Foreign Affairs, Vol.12, No.1, 1933.82）建國以來，幾乎所有成果都肯定抵貨運動對我國經濟發展的重要作用。如趙親指出，1915 年抵制日貨運動爲中國資本主義發展創造了更爲有利的條件，此次運動爲中國民族資產階級開闢了國貨的銷售市場，縮小了日貨的銷售市場，活躍了國內市場，隨著中國國貨銷售市場的擴大，中國資產階級的利潤也日益增加。（《1915 年抵制日貨運動》，《復旦》，1959 年第 8 期）；周青山認爲，五四抵貨運動推進了中國民族經濟的發展，抵貨運動不僅促進了國貨的暢銷，且調動了工人的生產積極性，加速了社會擴廠和建廠之風，使整個國民經濟得到一定發展。（《五四「抵貨」運動初探》，湖北師範學院學報，1993 年第 2 期）；董振平則強調五四時期山東抵制日貨運動對民族工商業發展的積極推動作用。張耀民和李德芳強調五卅抵貨運動在經濟方面的積極作用，前者認爲，1925 年抵貨運動與中國國際貿易及民族工業發展之間的關係極爲密切，爲民族工業的發展提供了某些條件。（《1925 年上海抵貨運動的得失》，《吉林大學社會科學學報》，1988 年第 5 期）後者強調，1925 年遍及全國的抵制仇貨運動暫時阻止了一戰以後帝國主義向我國傾銷商品的浪潮，動搖了帝國主義對我國市場的壟斷地位，民族工業的境況得到一定改善，一度形成了 20 年代我國民族工業發展的高峰。（《略論五卅運動對我國民族工業的影響》，《歷史教學》，1988 年 11 期）黃逸峰強調，抵制外貨和提倡國貨的群眾運動係近代中國人民歷次反帝愛國運動的主要內容之一，也是民族資本主義能夠獲得某些發展的動力之一，抵制日貨和提倡國貨都直接刺激了民族工業的發展。（黃逸峰：《舊中國民族資產階級》，江蘇古籍出版社，1990 年版，第 413 ～419 頁）王相欽認爲，中國近代國內市場上的抵制洋貨和提倡國貨運動，對提高民族愛國熱情、抵制洋貨的傾銷和促進民族工業的發展起了積極作用。（《抵制洋貨和提倡國貨——中國近代市場上的反帝愛國鬥爭》，《商業經濟研究》，1995 年第 7 期）嚴國海則強調指出，20 世紀 20、30 年代民族企業的發展，最重要的原因是宏觀環境因素發生了變化，而「其中最引人注目的是，中國民眾掀起的一系列抵制外貨的愛國鬥爭爲民族企業走出困境、獲得發展提供了難得的市場機遇，創造了相對有利的外部環境。」（《20 世紀 20、30 年代中國民族企業發展的宏觀環境》，《上海財經大學學報》，2000 年第 3 期）張仲禮和李湘兩人有多遍論文討論抵貨運動與經濟發展之間的歷史關聯。辛亥革命前後歷次抵貨運動起了保護民族工業和促進民族工業獲得一定發展的作用。20世紀的抵貨運動猛烈地打擊了外國商品以及在華外廠產品的銷路，解除了一些民族工業所受到的壓力，促進了民族工業的發展，兩者之間的因果關係「非常突出」，五四時期抵制日貨運動對民族工業發展的促進作用較大，並且認爲五四時期民族工業的「黃金時期」與抵貨運動密切相關。（張仲禮、李湘：《五四時期中國人民抵制外貨運動與民族工業的發展》，《社會科學》1979 年第 2 期；

種作用的有限性和暫時性〔註 11〕，同時，此種促進作用不僅難以精確估量，

李湘、張仲禮：《1905～1937 年中國人民抵貨運動棉紡織品市場的影響》，《商業研究》，1963 年第 3 期；《辛亥革命前後中國人民的抵貨運動》，《社會科學》1981 年第 5 期；張仲禮：《五卅時期抵貨鬥爭與民族工業的發展》，《檔案與歷史》，1985 年第 1 期），等等。另外，日本學者 Shibata 與 Harumi Goto 合著的〈Japan, China and the Growth of the Asian International Economy 1850～1949〉一書專列一章，討論 1928 至 1931 年中國抵貨運動的影響，認爲在中日商業競爭的背景下，抵貨運動促進了中國的工業化，在一定程度上說，其作用甚至超過關稅，因爲抵貨運動既針對進口日貨，亦將在華日廠產品作爲抵制目標。同時指出，英日兩國商人對抵貨運動的反應便是此種運動在經濟方面產生重大作用的直接證據。（Oxford University Press, USA, June 2, 2005，相關論點參見該書第 127～145 頁）美國學者葛凱強調，抵貨運動的重要性不在於它給貿易帶來的短期經濟影響，而在於它在形成民族主義意識的特殊形態中所起的作用，這種意識是以消費「中國」產品以及不消費「外國」產品爲中心的。與此同時，抵制活動期間舶來品的缺乏也爲國內製造商提供了經濟機會。（《製造中國：消費文化與民族國家的創建》，黃振萍譯，北京大學出版社，2007 年版，第 165 頁。）

〔註11〕 譬如，李宜群指出，「不論是全國性的或地區性的，每次抵貨運動都或多或少對被抵制國的經濟造成一定打擊，對國家、地區民族紡織業的產生、發展有相當大的促進作用。但儘管如此，抵貨運動的效果並不是很理想，對近代經濟及紡織工業發展的作用是有限的。」（李宜群：《近代中國的抵制外國紡織品運動》，《中國近代紡織史研究資料彙編》(16)，1992 年版）張仲禮強調，「抵貨運動雖然獲得了一定的政治、經濟效果，但畢竟不可能使帝國主義放棄殖民統治，不能解除民族工業所受的束縛。」「必須充分肯定抵貨鬥爭是其重要因素之一。但是舊中國的民族資本主義經濟受三大敵人的嚴重壓迫與束縛，不可能獲得充分的獨立發展。五卅運動時期的抵貨鬥爭雖然在這一階段中促進了民族工業的發展。但由於整個社會性質沒有改變，中國民族資本的命運也就無法改變。特別是進入 30 年代之後，由於受國際、國內政治經濟形勢趨向惡化的影響，中國民族資本逐步陷入捉襟見肘、羅掘俱窮的境地。」（《辛亥革命前後中國人民的抵貨運動》，《社會科學》，1981 年第 5 期；《五卅時期抵貨鬥爭與民族工業的發展》，《檔案與歷史》，1985 年第 1 期）馮筱才則將民族工商業劃分爲「外向競爭」和「外向合作」兩大理想類型，前者如紗廠、糖廠、捲煙廠、火柴廠和麵粉廠、運輸業等，一般均可從抵貨運動中獲利，而後者如洋廣貨業、轉運業、出口業以及與外人有關的西服業、西點業等，則往往會因爲運動而遭受直接損失。（馮筱才：《在商言商》，上海社會科學院出版社，2004 年版，第 228～229 頁）。高家龍的研究表明，南洋兄弟煙公司從抵貨運動中有所獲益，但並不能解決其發展的真正問題。在抵制美貨和英貨期間，一些小型國貨煙草公司出現，但運動結束後多半倒閉。（〔美〕高加龍：《中國大企業——煙草工業中的中外競爭》(1890～1930)，樊書華等譯，商務印書館，2001 年版）甚至 1928 年抵貨期間，上海華商煙廠竟然比 1927 年減少 88 家。（中國社會科學院經濟研究所：《上海民族機器工業》(上)，中華書局 1966 年版，第 313 頁）

甚至存在相互矛盾的說法〔註12〕。而即使是與日本在華經濟勢力處於「外向競爭」關係的民族企業，也並非完全是此消彼長的簡單格局〔註13〕。

再進而言之，縱然抵貨運動在一定程度上刺激和促進了中國民族經濟的出現和發展，但這也只是抵貨運動的副產品而已。一般而言，國貨運動的性質顯然屬於經濟民族主義的範疇，而抵貨運動則否。後者雖與國貨運動關係密切，並且往往交叉疊合，但它主要是獲致政治目標的手段。雖然不少國貨團體是抵貨運動的積極推動者，部分商人也出於自身行業發展的需要而積極介入抵貨運動，但絕對不能掩蓋抵貨運動的政治民族主義性質。換言之，與其將抵貨運動視爲經濟民族主義，不如將其視爲政治民族主義更加恰當。因此，評價抵貨運動成敗的標準應該是政治而非經濟。如果基於此種視角對歷次抵貨運動的結局進行審視，毫無疑問，每次運動所宣稱的目標與實際效果總是相距甚遠，甚至完全落空。

抵貨運動這一經濟武器的政治效果爲何相當有限？較早的研究成果多將抵貨武器未能充分發揮效力的原因歸結爲兩大因素，一是日本帝國主義和中國歷屆反動政權對於抵貨運動的鎮壓，二是部分商人或者說奸商的破壞〔註14〕。但是，中國歷屆政權對抵貨運動的態度完全一致嗎？難道歷屆

〔註12〕葛凱既認爲抵貨運動給民族經濟的發展提供了機會，同時又強調抵貨運動給國貨公司造成的困境。（參見《製造中國：消費文化與民族國家的創建》一書相關章節，黃振萍譯，北京大學出版社，2007年版）另外，各種海關報告中不乏對立性的觀察和結論，譬如，1922至1931年的廈門海關十年報告指出，「經常發生的抵制運動雖然給貿易造成暫時的混亂，但總的說來，卻刺激了中國工業生產的發展，並在一切可能的領域裏，強化了以國產貨代替進口貨這樣一個一般趨勢。」（廈門市志編纂委員會：《近代廈門社會經濟概況》，廈門鷺江出版社，1990年版，第387頁）而同期的上海海關十年報告即認爲，「十年來一個可喜的現象是上海和其他各埠對於國貨的需要、尤其是對那些可與進口貨競爭的國貨的需要已日益增長。這在多大程度上是由進口稅率提高和銀價下跌造成進口貨價高昂所致，在多大程度上又是由全國人民的愛國熱情所致，目前還難以估計。」（徐雪筠等譯編：《上海近代社會經濟發展概況（1882～1931）：〈海關十年報告〉譯編》，上海社會科學院出版社，1985年版，第252頁）

〔註13〕本文相關章節對紡織業和航運業的考察即可證明。

〔註14〕這一類觀察極爲普遍，在此僅舉數例。趙親認爲，「資產階級上層和買辦階級，由於他們中的許多人與日本帝國主義有著千絲萬縷的聯繫，或者是依附於日本帝國主義生存和發展，因此，他們中的多數人對於抵制日貨採取了消極的態度，有些人還進行了破壞的活動。」「在以袁世凱爲首的北洋軍閥的統治下，中國資產階級和小資產階級所要求的「文明」抵制日貨和提倡國貨，都被認

政權果眞衰弱到無力控制民眾運動的程度？爲何在運動前期要順應民意而後期則予以取締？奸商爲何要冒天下之大不韙而買賣日貨？如果全體國民不願購買日貨，那麼奸商又如何能夠銷售日貨？難道部分商人抵貨意願不高則足以影響抵貨全局？對於此類問題，上述研究取向似乎缺乏足夠和合理的細緻解釋。

相對晚近，部分學者開始引入經濟學和社會學有關集體行動方面的最新成果，強調抵貨運動自身的經濟困境，亦逐步關注運動內在的一些缺陷，諸如運動成本與收益等問題。尤爲重要的是，不少論者已經不再簡單地對運動的各種參與力量進行民族主義之臧否，而是盡可能地予以同情性的理解〔註15〕。但是，由於相關研究主題比較分散，又多係個案性研究，自然難免掛一漏萬之弊。

因此，本課題研究已經具備較好的基礎。但勿庸諱言的是，由於專題性研究和系統性研究成果的相對缺乏，對於抵貨運動的諸種制約性因素迄今仍然缺乏足夠的理解。爲了彌補個案性研究和伴生性研究導致的盲人摸象之憾，須對歷次抵貨運動的歷史困境進行長時段的全面考量，方可眞正體悟後發型現代化國家採用抵貨作爲反抗強權入侵之武器的種種難境，也才能爲理解當下時起時伏的抵貨運動提供極富價值的歷史智慧。

爲是非法的，遭到了軍閥的殘酷鎮壓。「(《1915 年抵制日貨運動》,《復旦》,1959 年第 8 期）李學智指出，天津商人在五四罷市和抵制日貨運動中的表現，「明顯而充分地暴露出天津商業資產階級政治上的軟弱性、妥協性，缺乏政治上的遠見和犧牲精神，唯恐人民運動引起社會秩序的混亂，危及自身的經濟利益，在罷市和抵制日貨的過程中一味地拖延、敷衍、妥協、退讓，影響了天津人民反帝鬥爭更有力地開展。極少數奸商唯利是圖，泯盡天良，欲乘國難之機牟取暴利，則扮演了可恥的角色。」(《五四運動中天津商人罷市、抵制日貨問題考察》,《近代史研究》,1995 年第 2 期）近來不少碩士論文仍然沿襲上述看法。

〔註15〕 可以參閱李達嘉：《罪與罰：五四抵制日貨運動中學生對商人的強制行爲》，臺北《新史學》,2003 年第 14 卷第 2 期；馮筱才：《罷市與抵貨運動中的江浙商人：以五四、五卅爲中心》,《近代史研究》2003 年 3 期；吳志國：《五四抵貨運動中對「奸商」懲罰的行爲研究》,《湖北社會科學》,2009 年第 5 期；周石峰：《民眾民族主義的雙重面相與歷史難境：以天津商人與抵制日貨爲例》,《江蘇社會科學》,2008 年第 2 期；吳志國：《近代中國抵制洋貨運動研究(1905~1937)》,華中師範大學中國近現代史專業博士學位論文,2009 年；劉柏沖：「天津商人與抵制日貨運動（1919~1923)，臺北政治大學歷史系碩士論文,2002 年，等等。

三、概念與時段

1、概念界定

抵貨，係「Boycott」的意譯，音譯爲「杯葛」。1935 年出版的《新知識辭典》將杯葛解釋爲與「某個個人、團體或國家斷絕一切來往」〔註 16〕。而據新生命書局 1934 年出版的《新名詞辭典》的解釋，抵貨，即同盟經濟絕交、抵制、排貨、非買同盟之意。該詞起源於 1880 年愛爾蘭土地制度改革同盟排斥地主杯葛大尉（Captain Boycott）的事件，「現今凡爲了達到某種政治目的而對對手國的商業團體或個人作經濟的抵制或絕交，俱稱杯葛，如我國的抵制日貨運動，即係杯葛的一種。」〔註 17〕

抵制日貨，從狹義上講，主要是指抵制日本商品，即所謂「國際間經濟杯葛之發生，乃是一種報復的舉動，即甲國人民對於乙國之非友誼的行爲或侵略行動，起而報復，大家共同聯合起來抵制乙國貨物，使之不能在國內暢銷，致其經濟上的死命，促使乙國覺悟。」〔註 18〕而從廣義上言，則抵制對象更加寬泛，即經濟絕交。譬如，1923 年，上海《總商會月報》曾經刊載《國權回覆與經濟絕交》一文，認爲「既云經濟絕交，則不僅禁止購用日貨而已，實含有與日人斷絕一切社交之意味。既云斷絕一切社交，則凡日人在華所營之事業，吾人皆應與彼脫離關係。如不受日本公司僱聘，不登廣告於日本新聞，不載貨於日本商船，不向日本公司保險，不向日本銀行存款，不收受日本紙幣，不往日本醫院治病均是也。」〔註 19〕經濟絕交一詞雖係 1923 年首次提出，但在此前的多次抵貨運動期間，時人早已提出類似措施，只是未採用「經濟絕交」這一名稱，不過囿於客觀條件限制而集中於不購美貨和抵制日貨等。該新名詞無非是新瓶裝舊酒。

即使是提出經濟絕交之後，抵制日貨與經濟絕交兩個概念也常常混用或並用，其中原因，一是經濟絕交運動的宣傳者認爲，宣傳辦法所用名詞，務求明白淺近，之所以用「抵制日貨會」而不用「經濟絕交會」，是因爲抵制日

〔註 16〕顧志堅：《新知識辭典》，上海北新書局，1935 年版，第 166 頁。

〔註 17〕邢墨卿：《新名詞辭典》，新生命書局，1934 年版，第 65 頁。抗戰初期，美國學者對經濟抵制和經濟制裁等概念的內涵進行了區分。參見 Notable Applications of Boycotts, Embargoesand Anctions, Congressional Digest, 1938, Vol.17, No.4.

〔註 18〕緯：《杯葛》，《申報月刊》，1932 第 1 卷第 3 號。

〔註 19〕峙冰：《國權回覆與經濟絕交》，《上海總商會月報》，1923 年第 3 卷第 4 期。

貨四字，易爲一般民眾瞭解認識，「在宣傳上便利許多許多」〔註20〕。二是經濟絕交中的諸多措施，實際施行困難重重。如近人蔣默掀則認爲，「中國今日對日經濟絕交，在理論上所謂：不販賣日貨；不爲日工廠做工；不接濟日人糧食；不僱用日人及不雇於日人；不乘日人之輪船火車；不與日人有任何性質貿易（如醫院、照相館、娛樂場、飲食店等）；不入日本在華學校肄業；不使用日鈔票及與日人斷絕金融關係等，好像是以經濟絕交爲全部施行國家政策之工具；而在選擇上也應該以經濟絕交爲全部施行國家政策之工具。然而在事實上，中國對日經濟絕交之實施範疇，毋論故去與現在，不過限於抵貨而已。」〔註21〕1933 年，金平歐在《對日決爭之認識與策動》中也指出，九一八事變發生之後，中國因爲國防無準備而不能實行軍事抵抗，不得不以經濟作武器來抵抗，而所謂經濟抵抗，亦僅是消極的經濟絕交，就是消極的經濟絕交，亦只能抵制日貨，談抵制日貨亦尙不能徹底〔註22〕。

抵制日貨、經濟抵制、經濟絕交、抵貨、排貨等名稱，無論是在近人的宣傳性文本還是研究性文本中，均未予以嚴格區分。即使是在今人的研究中，也是諸種稱謂混用或並用。因此，本研究基本上採用抵制日貨運動這一名稱，或者簡稱爲抵貨運動，而在運用文獻資料時，則並未強行統一，而是各種說法並用。

值得特別指出的是，儘管 1937 年之前，國人主要限於抵制日貨的範圍，但全面抗戰爆發之後，不論在宣傳上還是實際行動中，則一定程度上實現了經濟絕交。故而，在討論 1937 年以前抵貨運動的經濟效果時，僅考察日貨進口這一方面，對中國出口所受影響未予討論，而討論抗戰時期經濟絕交的效果時，則對進、出口予以兼顧。

2、時段選擇

除了當下偶而發生的抵制日貨運動之外，建國前後亦有抵貨事件發生。1947 年 6 月 9 日，美國出於其全球戰略利益的考慮而單方面宣佈開放對日貿易。此舉在中國引起極大的社會反響，儘管中國社會各界大多激烈反對，而國民政府仍然採取追隨美國的外交政策，宣佈開放中日之間的私

〔註20〕中國國民黨河北省黨務指導委員會編：《五三血跡》（4），沈雲龍：《近代中國史料叢刊》第三編第 30 輯，文海出版社，1987 年版，第 71 頁。
〔註21〕蔣默掀：《抵制日貨之具體化與其影響》，《時事月報》，1931 年第 12 期。
〔註22〕金平歐：《對日決爭之認識與策動》，南京拔提書店，1933 年版，第 50 頁。

人貿易〔註 23〕。1948 年 6 月，福州學生決定組織抵制日貨運動，一致抗議美國「復活日本黷武主義的政策」〔註 24〕。同年 7 月，在變本加厲的日貨傾銷威脅之下，國統區各地商界陸續掀起抵制日貨運動，重慶、成都兩地商會擬成立「抵制日貨委員會」，海口商會針對日貨大量走私的現象發動對日貨的抵制，廣州商會亦通電反對日貨傾銷〔註 25〕。值得注意的是，1958 年 5 月，由於日本岸信介政府推行敵視中國政策，中國政府決定停止對日貿易，正在舉行的廣交會停止了與日商的談判，並宣佈已簽進出口合同亦不再履約〔註 26〕。

　　本研究之所以沒有將建國前後的抵貨事件納入考察範圍，而是將研究時段確定爲 1908 至 1945 年，主要是基於以下考慮。一是這些抵貨事件基本上沒有形成規模，影響甚微，很難視爲抵貨「運動」。二是這些抵貨事件的性質與本研究的考察對象並不完全一致。建國前後的抵貨事件，基本上屬於中國政府對日貿易政策的範疇，與此前頻繁發生的反對日本侵略的民眾抵貨運動差別較大。三是兩者發生的時代背景也不一樣。1945 年之前的抵貨運動，儘管具體導因頗有不同，但都是源於日本的侵華政策。而隨著抗日戰爭的偉大勝利，中日兩國之間的關係發生了很大變化。儘管國力仍然孱弱，但中國政府基本上可以自主制訂對日貿易政策。

〔註 23〕　其時，中日兩國關係遠未正常化，而且日本完全在美國的控制和操縱之下，並非一個合法的主權國家，中國國民政府在經濟上對美國的依賴程度相當深，這種情況下開放對日貿易，引起各方疑慮和反對，是毫不奇怪的。當然，也並非所有的人都對開放日本貿易持反對態度，個別行業如攝影業即認爲中日貿易的開放對其本身是有利的，也有部分商人認爲中日貿易的開放將爲其提供圖利的機會。這其中的原因是多方面的，有立場的不同，也有認識上的差異，但無論如何，持贊同態度者畢竟是零星的、個別的。從總體上看，中國民眾對於這一涉及中華民族重要利益的事件是明確反對的。參見左雙文、朱懷遠：《戰後初期開放對日貿易問題上的中國政府與民眾》，《學術研究》，2008 年第 4 期。

〔註 24〕　《福州學生決定抵制日貨》，《人民日報》，1948 年 6 月 16 日。

〔註 25〕　《掀起愛國自救運動，蔣區商界抵制日貨》，《人民日報》，1948 年 7 月 18 日。

〔註 26〕　此次中日貿易中斷，責任完全在日本政府，但在客觀上給雙方造成損失，不利於兩國友好關係的發展。隨後，中國政府採取一系列措施有效修補這些負面影響，並爲中日貿易的恢復創造條件。參見歐陽湘、李光和：《從廣交會看中國一九五八年停止對日貿易事件》，《中共黨史研究》，2009 年第 5 期。

四、相關說明

1、立論基礎

既有研究成果在解釋模式上，大致存在民族主義和經濟理性的分野。前者往往認爲抵貨運動既然是愛國運動，理當全民主動參與，否則便是缺失民族主義情感，便是不愛國。後者則將所有國民視爲經濟理性人，在抵貨運動中時時進行成本與收益的衡量，全無愛國與不愛國之分。本課題研究試圖以民族主義與經濟理性相結合的解釋模式，認爲抵貨運動的興起主要源於民族主義這一思想資源，抵貨運動的衰止則更多地在於經濟理性，並且將民族主義與經濟理性之間的一致和衝突作爲理解抵貨運動興衰的根源。

2、研究方法

（1）定性研究

運用理性選擇理論分析政府和黨派對抵貨運動的策略；運用建構主義理論考察日本朝野對中國抵貨運動的因應之道；運用經濟學家奧爾森等人的集體行動理論解讀抵貨運動參與群體之間的合作與衝突；運用社會學家西美爾、桑巴特和制度主義先驅凡勃倫等人的社會時尙理論，探究民眾消費觀念對抵貨運動經濟效果的制約。

（2）定量研究

運用計量法、圖表法研究抵貨運動的經濟影響。

（3）比較研究

運用比較法研究群體差異性和地域不平衡性等問題。

3、基本思路

本課題從集體行動的困境這一全新角度，綜合運用多學科的前沿理論與方法，重審抵制日貨運動實際效果與預期目標之間的差距，從經濟水平、運動內理、社會觀念、政治環境等方面，多角度、全方位揭示制約抵貨運動效果的重重困境。

4、框架結構

該成果在前人研究的基礎上，從民族情感與經濟理性的交互視角出發，對 1908 至 1945 年歷次抵貨運動的效果及其困境作了較爲詳盡和系統的研究。該成果除導論和結論外，由相互具有邏輯遞進關係的兩大部分構成。

　　導論部分在簡要回顧前人研究之後，對抵貨運動進行了必要的界定，對研究時段的選取理由、立論基礎、研究方法、框架結構以及採用資料作了扼要說明。

　　第一部分，即第一章，理想與現實：抵貨運動的效力。根據具體目標的差異，將抵貨運動分為事後報復、外交後盾、制止軍事侵略以及經濟戰爭四大類型，並將歷次抵貨運動的具體目標與最終結果進行對照，考察抵貨運動目標的實現程度。個案性考察與長時段審視相結合，定量研究和定性研究相結合，分析抵貨運動對日貨進口和在華經濟勢力的具體影響，從而論證抵貨這一武器的經濟效力。

　　第二部分，包括第2～7章，逐一分析制約抵貨運動效力的諸種困境，係該研究的核心部分。第2章為抵無可抵：抵貨運動的經濟困境。以抵制日紗、煤、紙以及金融為例，探討在中日經濟聯繫緊密的背景下，抵制日貨給中國工商兩業以及民眾生活造成的深刻影響，由此進而指出，受制於進口替代工業不發達，抵貨運動只能選擇有限抵制和短暫抵制。同時也為理解商人的消極態度以及抗戰時期經濟戰中國處於下風提供基礎。

　　第3章為激進與保守：各界群像及其衝突。在梳理學生、工人、商人參與抵貨運動具體方式的基礎上，指出群體之間尤其是學生和商人之間激進與保守互見，從而發生口角之爭、武力衝突、罷市風波甚至炸彈威脅。而為了繼續推進抵貨運動，抵貨積極分子往往只能降低其力度和烈度。

　　第4章為國分南北：抵貨運動的地域差異。根據當時常見的方式，將全國劃分為東北、華北、華中和華南四大區域，定性研究和定量研究相結合，考察歷次抵貨運動的地域差異性，並分析地域差異對抵貨運動經濟效力的影響。

　　第5章為摩登與愛國：崇洋風向與抵貨運動。借鑒社會學關於時尚問題的理論，從社會崇洋觀念的生成與傳播入手，揭示抵貨運動中民族主義與崇洋觀念之間的緊張關係，探討抵貨運動經濟效力充分發揮的觀念性障礙。

　　第6章為強勢應對：日本朝野與中國抵貨運動。分別梳理了日本政府和民眾對中國抵貨運動的種種因應方式，並對日本朝野的上下一致和彼此互動進行了細緻討論，從而揭示日本的反抵制措施對中國抵貨運動的強大制約。

　　最後一章為國權與私利：黨政力量與抵貨興衰。主旨在於考察中國政府與抵貨運動興衰之間的歷史關聯、抗戰時期官方嚴禁與違禁的雙重特徵。該

研究不贊成將鎮壓和破壞作爲歷屆政府對待抵貨運動唯一反應的觀點，而是將政府策略的選取置於一個動態的而非靜態的過程中進行考察和詮釋。在引入日方壓力、社會秩序和在野勢力等各種變量之後，試圖對中國政府對待抵貨運動的策略給予同情和理解。

5、資料說明

關於抵制日貨運動問題，目前尙無系統全面的的資料整理和出版，有關史料極其分散。由於五四運動和五卅運動一度受到高度重視，因此五四抵貨和五卅抵貨資料相對比較集中。在全面檢索本地圖書檔案資料的基礎上，多次赴外地查閱資料，同時也得到諸多學界同仁的慷慨相助。另外，我們充分利用了近代報刊資料，研究中涉及和徵引的民國報刊多達 100 餘種，同時也充分利用既有的諸多資料彙編。另外，本課題研究利用的英、日文文獻亦多達數十種，既有民國時期出版的部分英文資料，也包括近期海外的英文研究文獻。不過，必須指出的是，本研究付出了艱辛的努力，但由於未能熟諳日語，故而雖然參閱了不少日文文獻，但顯然遠遠不夠。這也是本研究最大的不足之一。

最後，還必須說明的是，自本課題 2008 年獲批立項之後，關於抵制洋貨問題的研究，海內外不斷有新成果推出。此種現象，從一側面印證了本課題研究的重要性。本研究對相關最新成果盡可能地予以關照和吸納，但仍然難免掛一漏萬。同時，本研究肯定存在論述不夠周延、說理不夠透徹等諸多不足，懇請大家批評指正。

第一章　理想與現實：抵貨運動的效力

第一節　抵貨運動的目標與結局

　　近代中國歷次抵貨運動的目標，從根本上而言，無疑都是為了反抗日本的對華侵略行為。但是，每次抵貨運動的具體導因有所不同，抵貨初衷亦有較大差異。根據抵貨運動的具體目標，大致可將其分為事後報復型、外交後盾型、制止軍事侵略型以及經濟戰爭型四大類別。將具體目標與最終結果進行對照，即可明瞭每次抵貨運動之成效。為了敘述方便，先將歷次抵貨運動概況列表如下。

圖表 1：歷次抵制日貨運動概況

	起訖時間	導　因	中心區域	參與力量	目　標	結　局
1	1908.3 ～ 12	二辰丸案	廣東	粵商	改變辰丸案屈辱結果	無外交效力可言
2	1909.8 ～ 10	安奉鐵路改築問題	東北	留日學生	拒絕安奉鐵路改築	日本意圖完全實現
3	1915.2 ～ 12	二十一條	全國	社會各界	拒簽「二十一條」	簽訂「民四條約」
4	1919.5 ～ 1922.2	山東問題	全國	社會各界	廢除「二十一條」	促成山東問題「解決」
5	1923.3 ～ 12	收回旅大	華南、華中、華北	社會各界	收回旅大和廢除「二十一條」	不了了之

	起訖時間	導　因	中心區域	參與力量	目　標	結　局
6	1925.6～7	五卅慘案	華南、華中、華北	社會各界		轉向抵制英貨
7	1927.6～8	日本出兵山東	華南、華中、華北	社會各界	日本退兵	促成日本退兵
8	1928.5～1929.7	濟南慘案	華南、華中、華北	社會各界	濟案交涉後盾	「濟案」屈辱「解決」
9	1931.7～1933	萬寶山慘案九一八事變一二八事變華北危局	全國	社會各界	制止侵略	成爲日本進一步侵略的藉口
10	1937.7～1945.8	日本全面侵華	國統區、敵後根據地	各個階層	經濟戰爭	有得有失

一、事後報復型

　　1908 年和 1923 年發生的抵貨運動屬於典型的事後報復型。

　　1908 年發生的首次抵制日貨運動，肇因爲「二辰丸案」。2 月 5 日，日輪二辰丸裝運軍械，在澳門附近九洲洋海面卸貨，爲中國海軍巡船捕獲，將船械扣留，並將日本國旗卸下，從而引發所謂的「二辰丸案」。日本政府強硬威逼甚至以戰爭相威脅，清政府基本接受日方所提條件，乃至日使林權助表示「並無異議」、「實爲滿足」，並且「不勝欣幸之至」〔註1〕。「政府之屈服雖成，

〔註 1〕3 月 13 日，日使向清外務部提出五項解決辦法，即「中國政府對撤換國旗一事，應派兵艦升炮，以表歉忱」；「中國政府應即時將第二辰丸放行，不得立有條件」；「第二辰丸擬運澳門之軍火知爲中國官憲所掛念，帝國政府可竭力不令其再運該埠，惟中國政府應備價收買此項軍火，訂價日本金 21400 元」以及「中國政府應聲明，俟查核扣留第二辰丸實情，將應擔其責之官員自行處置」；「中國政府應將此案爲扣留第二辰丸所生之損害，賠償帝國政府，俟查明後即行告知，其數應核實算定」。15 日，外務部答覆日使：一、誤換國旗一節，業經本部於光緒三十四年二月初四日照會道歉，並電粵督將辦理失當之員懲戒在案，自當由粵督酌予以應得之處分。至貴大臣節略內稱，釋放辰丸時，令兵艦近現在該輪停泊之處升炮，並先知照日本領事等因。既係通例，中國政府自可照允。二、中國政府允將辰丸即行釋放。三，粵督此次扣留，原爲防止軍火運入內地起見，日本政府既知此事爲中國官憲所掛念，允將該項軍火不再運往澳門，欲以日金二萬一千四百元，由中國自行收買，自當電知粵督，先將軍火起卸，按照此價購買。四、中國官吏爲自保治安起見，致在本國領海內發生此項交涉，應由本政府查明此案實在情形，如有誤會失當之官吏，由中國政府酌量核辦。

人民之憤怒難遏」〔註2〕。清廷接受日方條件的消息傳到到廣東，「紳民大憤，群情鼓譟，有罷市暴動之醞釀，並作抵制日貨之運動」〔註3〕。此次運動盛於粵、港，上海和廣西亦有零星響應者，並蔓延至馬尼拉、檀香山等粵商足跡所到之地。運動發生之初，廣州商業公會及其他商業團體曾稱「誓必予以堅持，使日貨損失達北京所付賠款一萬倍爲止」，但此次抵貨僅爲地方性事件的報復性回應，「頭腦清晰者認定清廷尸位爲招致外侮之原，又多集中注意於國內革命之推進」〔註4〕，故而響應者不甚踴躍。儘管對日本政府有所觸動，甚至「爲之驚駭失措，乃出其卑鄙齷齪之手段，以二百萬法郎賄買廣東地方政府請其加以制止，同時爲平華人憤怒計，又將態度頑詭之廣州日領召回」〔註5〕，但到年底，抵貨運動亦最終止歇。

　　兩廣總督張人駿上呈外務部的電文中談及，「粵中紳商士民，萬有餘人，來轅懇求電陳鈞部，設法將辰丸一案伸明公理。措詞甚爲激烈，有罷市暴動之說。於賠償損失一層尤爲鼓譟。」也就是說，改變辰丸一案屈辱結果，乃係此次抵貨運動的直接目標，但清政府「只知禁止，以免惹事」，外務部竟對抵貨運動「極加醜詆」〔註6〕，此次運動「起初轟轟烈烈，嗣經官府壓制，人民灰心，商人漸有向日人定貨者，日人乃志盈氣滿，嘲笑中國人之有頭無尾。」〔註7〕因此，此次抵貨顯係「事後報復性質，故無外交效力可言。」〔註8〕

　　五、第二辰丸損失之處亦可允給實數，不得逾多，惟貴國政府既未查明，應由粵督酌核情形，與駐粵日本領事另行商定。參見王芸生：《六十年來中國與日本》（5），生活·讀書·新知三聯書店1980年版，第153～156頁。

〔註2〕狄平：《中國抵貨運動之史的研究》，《三民主義月刊》，1934年第3卷第4期，第54頁。

〔註3〕王芸生：《六十年來中國與日本》（5），生活·讀書·新知三聯書店，1980年版，第156頁。

〔註4〕狄平：《中國抵貨運動之史的研究》，《三民主義月刊》，1934年第3卷第4期，第55頁。

〔註5〕狄平：《中國抵貨運動之史的研究》，《三民主義月刊》，1934年第3卷第4期，第54頁；亦見〔美〕C.F.Remer: A Study of Chinese Boycotts-With Special Reference to their Economic Effectiveness, Ch'eng-wen Publishing Company, Taipei, Taiwan, 1966, p.40～41.

〔註6〕王芸生：《六十年來中國與日本》（5），生活·讀書·新知三聯書店，1980年版，第156、160頁。

〔註7〕「近日西報載有日本因華人漸有與之定貨者，彼國商人志氣驕滿，糊成無尾之禽獸各燈，嘲華人辦事有頭無尾，燈上之字，並有『制服中國』字樣，而中字無下半截。」王芸生：《六十年來中國與日本》（5），生活·讀書·新知三聯書店，1980年版，第162頁。

　　山東問題在巴黎和會中未得適切解決，成為五四運動的主因。華府會議雖有少許成就，但「二十一條」並未廢除，國人期望落空，遂於 1922 年底開始醞釀廢除「二十一條」並收回旅順和大連的運動。1923 年，外交部向日本提出廢約和收回旅大的照會，遭到日本無情拒絕。「外交上的挫敗，使國人發動抵制日貨運動，欲將經濟、政治、外交結為總體力量以對抗日本。」〔註9〕北京學生聯合會電告各省議會、商會、農會和工會，認為促日本朝野反省的最有效方法厥為經濟斷交〔註10〕，寧津同鄉會之傳單則明確表示：「若問禦侮的方法是什麼，就是我所常說的，人所常聽的『抵制日貨』，深望國人萬不可把這四個字看輕了，須知是這四個字就是抵禦外侮的第一要義。」〔註11〕上海對日外交市民大會直接宣稱「收回旅大，並絕對不承認二十一條，在未達目的前，全國對日經濟絕交。」〔註12〕上海南京路商界聯合會蔣夢雲說，「中國兵力雖弱，民意猶強，為自救計，惟有即日宣告經濟絕交，何日撤廢密約，即何日恢復舊狀。」〔註13〕江西善後討論會亦聲稱：「約一日不廢，旅大一日不能收回，即運動一日不止。」湖北外交後援會委員會和全省商界外交後援會在國恥紀念大會上宣誓對日經濟絕交，「直至日本撤回二十一條、交還旅順大連為止。」〔註14〕

　　諸如此類的表達，清晰昭示此次抵貨運動的直接目標，即收回旅大和廢止二十一條。日本關東大地震發生後，國人自動由經濟絕交轉向賑濟日災〔註15〕，抵貨運動不了了之。抵貨運動既未改變既成的外交局面，亦為能夠解決旅大收回的問題〔註16〕，換言之，國人抵貨標揭的目標並未實現。

〔註 8〕 狄平：《中國抵貨運動之史的研究》，《三民主義月刊》，1934 年第 3 卷第 4 期，第 55 頁。

〔註 9〕 藍旭男：《收回旅大與抵制日貨運動》（1923），《臺灣中央研究院近代史研究所集刊》第 15 期（上），1986 年 6 月，第 403 頁。

〔註10〕 《國民對日本拒交旅大之憤慨》，《晨報》，1923 年 3 月 31 日。

〔註11〕 《各公團力爭旅大之表示》，《大公報》，1923 年 3 月 21 日。

〔註12〕 《上海市民大會開會紀》，《申報》，1923 年 3 月 25 日。

〔註13〕 《商界對廿一條之關切》，《申報》，1923 年 3 月 15 日。

〔註14〕 《武漢蕪湖濟南之國恥紀念》，《晨報》，1923 年 5 月 14 日。

〔註15〕 詳細討論可參閱彭男生：《民族主義與人道主義的交織——1923 年上海民間團體的抵制日貨與賑濟日災》，《學術月刊》2008 年第 6 期；以及周斌：《輿論·運動與外交：20 世紀 20 年代民間外交研究》，學苑出版社，2010 年版。

〔註16〕 藍旭男：《收回旅大與抵制日貨運動》（1923），《臺灣中央研究院近代史研究所集刊》第 15 期（上），1986 年，第 414 頁。

二、外交後盾型

縱觀近代歷次抵制日貨運動，以外交後盾型最多，1909、1919 至 1922 年以及 1925、1927 至 1929 年的多次抵貨運動，均屬此一類型。1925 年五卅抵貨期間，日本成功地轉移了國人視線，「巧妙地運用狸貓換太子的政策，偽裝親善，將責任推卸給英國」〔註17〕，在遭到 2 個月的抵制後，中國單獨抵制英貨，因而此處撇開其政治影響而不論。

1、1909 年抵貨運動與「安奉鐵路改築」

1909 年的抵制日貨運動，係由「安奉鐵路改築」問題所引發〔註18〕。日本雖然依約享有「改良」安奉鐵路之權，卻在愈限後始提出「改築」要求，且固知以法理無法使東三省督撫就範，終以片面聲明採取自由行動，強行改築安奉線，迫使清政府就範。經過大半年艱難交涉，日方於 8 月 6 日向清政府發出最後通牒，決定不待中國協助而自行改築。清政府於翌日對日聲明，表示同意改築安奉鐵路。安奉鐵路問題發生後，部分報章雜誌紛紛抨擊日人之橫暴以及清政府的顢頇無能，《奉天醒時報》即極力鼓吹抵制日貨，而在錫良奏請解除新聞管制後，各報熱烈鼓吹抵制運動。自 8 至 10 月，東北奉天、安東、營口及長春等地，抵貨頗為激烈。

留日學生是此次抵貨運動最主要的倡導者和組織者，8 月 12 日曾以留日學生各省聯合會名義發表檄文：「國是強則抵制在政府，國是弱則抵貨在國民。日人既不受我政府之談判，公然蠻橫以行，計惟有竭全國國民之能力，從事排擠日貨之一策……眾志成城，誓死力拒，務達事回之目的而後已。」〔註19〕換言之，阻止日人強行改築安奉鐵路，顯係此次抵貨運動的直接目標。但是，清政府在安奉線交涉中既肆應無方，及抵制運動發生，復不知利用民眾力量對抗強敵，反因深恐安奉線問題擴大而導發民眾反抗運動，遂實行新聞封鎖，鉗制輿論，竟由民政部下令禁止報章雜誌刊載有關安奉線交涉消息〔註20〕。8 月 19 日，

〔註17〕盧子岑：《歷次抵制日貨的成績》，《南大經濟》，1933 年第 1 期，第 18 頁。
〔註18〕關於安奉鐵路交涉始末，可參閱王貴忠的《中日安奉鐵路交涉》（《瀋陽師院社會科學學報》1985 年第 4 期）、王永濤的《安奉鐵路交涉始末》（《東北地方史研究》1987 年第 3 期）、佟靜的《略述中日安奉鐵路糾紛之始末》（《社會科學輯刊》1994 年第 4 期）等。
〔註19〕轉見佟靜：《略述中日安奉鐵路糾紛之始末》，《社會科學輯刊》，1994 年第 4 期，123。
〔註20〕林明德：《安奉鐵路改築問題與抵制日貨運動》，《中央研究院近代史研究所集刊》第 2 期，1971 年，第 357～364 頁。

錫良與日本駐奉天總領事小池張造「簽訂中日議訂安奉鐵路節略」協議書，同意安奉線與京奉線路軌相等。11 月 5 日又簽訂「安奉鐵路章程」，日本意圖完全實現。因此，此次抵貨對中日交涉及安奉鐵路改築問題幾乎沒有產生絲毫影響〔註21〕。

2、1915 年抵貨運動與「二十一條」

此次抵貨運動，旨在向政府提供外交後盾，拒絕日方的無理要求，即如「愛國對日同志會」宣稱的那樣：

> 本此愛國宗旨爲對外之方針，爲政府之後盾，對於日本此次無理之要求一概拒絕。即我政府承認之，我同胞終誓死不能承認也。現在吾政府之軟弱，外交之泄沓，萬不可恃，所可恃者吾同胞。用敢泣告我國同胞，發揮愛國之熱忱，維護愛國之毅力，團結同心，抵制日貨，堅持到底，一致進行，由一家内推至一鄉，由一鄉而推之邑，以至於省全國。凡可以抵制之者即盡抵制之而不遺餘力。頭可斷，身可殺，而此志不移；海可枯，石可爛，而此心不變。而無形之戰爭，作最後五分鐘之決勝。人人存誓死不屈之志，人人存達到目的之心，弗虎頭而蛇尾，宜有始而卒終。〔註22〕

但是，強食弱肉乃天演公理，外交交涉有賴國力爲後盾。誠然，倘若單從外交技術層面著眼，此次中日交涉不乏可圈可點之處。袁世凱政府鼓勵或者至少容忍民眾進行抵貨運動〔註23〕，交涉談判中也常以輿情壓力爲由應付日方，甚至違背「嚴守秘密」的承諾而大肆運用新聞策略，故意將「二十一條」內容及中日交涉問題洩露於中外媒體，以期獲得西方各國的介入和支持〔註

〔註21〕 雷麥一書對此次抵貨運動未予論及。

〔註22〕 天津市檔案館：《北洋軍閥天津檔案史料選編》，天津古籍出版社，1990 年版，第 8 頁。

〔註23〕 羅志田：《亂世潛流：民族主義與民國政治》，上海古籍出版社，2001 年版，第 62 頁。

〔註24〕 談判期間，中國政府採取了一個前所未有的政策，即利用中外新聞界以爭取道義支持。雖然日本吩咐嚴格保守秘密，廿一條要求的內容還是逐漸被中國官員洩漏給新聞界。當中國報章雜誌與輿論一致抗議日本要求時，政府卻放鬆傳統政策，沒有加以管制和壓抑。談判進入第二期的時候，日本外務大臣加藤高明要求中國政府對新聞加以審查管制。第三次會議時，日置益向中國新任外交總長陸徵祥抗議中國政府一反傳統習慣，不僅對報界言論不加管制，更利用這些言論來幫助中國談判。對此，陸徵祥答稱：「現在已不再是滿洲人統治的時代了，中國人已經享有新聞自由。」陸的答辯似是而非，而在

24〕。胡適甚至在其《日記》中稱讚說：「吾國此次對日交涉，可謂知己知彼，能柔亦能剛，此則歷來外交史上所未見。」〔註25〕甚至1934年時人回顧此次交涉時，尚認爲袁世凱「不能爲事前之預防，固難辭其謀國疏忽之咎，然在日本公使日置益提出酷烈要求條款以後，袁世凱能運以果斷之理智，指導外交當局，周旋折衝，又能遣派密使，暗中活動，以利談判，尚不失爲有主張有計劃有手腕之人。」〔註26〕

不過，若就交涉結果而言，則抵貨運動的政治目標遠未實現。在日方的軍事壓力下，我國屈辱接受最後通牒，並簽訂「民四條約」。儘管「民四條約」與「二十一條」相比存在較大差異，日本所提有關東部內蒙古的條款在最後決案中基本刪除，有關山東和南滿的很多條款也作了相應變動」〔註27〕，甚至日本國內對此交涉結果亦極爲不滿，大隈內閣遭到政友會彈劾〔註28〕，但「二十一條之逼迫簽押，實爲中國空前之奇辱，中國自海通以來，外交之失敗雖多，然未嘗無端受他國如此苛刻之要求也。經此交涉後，日本在華之權力大行擴充，而列強均勢之局因以破壞矣。」〔註29〕「日本乘機強奪，不足爲怪，所恨者我無自衛之力，不能爲堅強的拒絕，致使外人輕侮」〔註30〕，國家實力未充，導致交涉談判「明白答應則既不忍心，又無以對國人之責望；明白抗拒，則無此能力，又無此膽量，於是不得不用含糊之法，事事皆在若認若否之間。」〔註31〕因此，就抵貨運動目標與結果的差距來看，此次抵貨之外交效力「遂等於零」〔註32〕。

袁世凱政權下並無真正的新聞自由，袁對此次談判的政策無疑只是暫時爭取民眾對他個人的支持。並且事實上，當時中國政府亦正式承認採取此種政策。參加（美）周策縱：《五四運動史》，嶽麓書社，1999年版，第24～25頁。

〔註25〕 胡適：《胡適全集》（28），安徽教育出版社，2003年版，第129頁。

〔註26〕 湯中：《袁世凱執政時代之對日外交——二十一條交涉之回顧》，《外交評論》1934年第7期。

〔註27〕 〔美〕費正清、費維愷：《劍橋中華民國史年》（下），中國社會科學出版社，1994年版，第113～117頁。

〔註28〕 中華文化復興運動推動委員會主編：《中國近代現代史論集第二十三編：民初外交》，臺灣商務印書館，1993年版，第105頁。

〔註29〕 陳博文：《中日外交史》，上海商務書局，1928年版，第69頁。

〔註30〕 《各方面對於中日交涉之近情》，《申報》，1915年2月17日第6版。

〔註31〕 《申報》，1915年3月21日第11版。

〔註32〕 狄平：《中國抵貨運動之史的研究》，《三民主義月刊》，1934年第3卷第4期，第58頁。

3、1919 至 1922 年抵貨運動的外交效力

「民四條約及換文」，雖係武力脅迫之產物，但日本卻將其視爲合法根據，步步緊逼，要求中國履行條約。自其簽訂之日起，「二十一條」成爲中日關係上的「毒瘤」，並導致雙方關係進入全面對抗時代〔註33〕。廢除「二十一條」不僅成爲中國外交的重要議題，而且也是此後多次抵制日貨運動的核心目標或者直接肇因。

1919 巴黎和會上中國外交失利，是五四運動的導火線。在巴黎和會上，中日兩國圍繞以山東問題爲代表的「民四條約」之存廢而展開激烈爭論。中國政府主張，中國既爲戰勝國，則膠州灣租借地及德國在山東的一切特權均應直接歸還中國，「民四條約」係一戰期間日本以武力相威脅的結果，戰後理應宣佈無效。日本政府則要求繼承德國在山東的特權後方可歸還膠州灣租借地，並拒絕廢除「民四條約」。由於英法與日本早有密約，且日本以退出和會相威脅，致使巴黎和會拒絕了中國代表團的正義要求，從而引發中國國內聲勢浩大的五四運動。抵制日貨運動無疑是五四運動的核心內容之一〔註34〕。1919 年 5 月 9 日，旅滬商幫協會在「中日交涉日形險惡，全國民情異常憤激」的背景下召開緊急會議，決定抵制日貨和提倡國貨，並將會議決議函送商業公團付諸表決，其函聲稱：「青島不復，全國淪胥，曹、章賣國，群情憤激，外交後盾，責在吾民……非將青島收還，及民國 4 年二十一條密約與數年來與二三私人勾結某國所成立之一切不平等條約概行取銷，誓不中止。」〔註35〕19 日，天津商人表示：「抵制日貨，就我國現在之地位時勢而論，實爲對付外交之唯一手段，捨此亦別無良策也。」22 日，天津恩義成商號致函《益世報》，也認爲「外交失敗，疾首痛心，凡我人民皆當愛國。值此未決裂之先，惟有抵制日貨，挽回利權爲萬一之補救。」〔註36〕可見國人均將抵制日貨視爲政

〔註33〕 郎維成：《日本的大陸政策和二十一條要求》，《東北師大學報》，1984 年第 6 期。

〔註34〕 周策縱認爲，從廣義上說，五四運動是「影響了社會多方面的巨大變動」，可將五四運動定義如下：「五四運動是一個複雜現象，它包括新思潮、文學革命、學生運動、工商界的罷市罷工，抵制日貨運動，以及新知識分子所提倡的各種政治和社會改革。」（美）周策縱：《五四運動史》，嶽麓書社，1999 年版，第 6 頁。

〔註35〕 上海社會科學院歷史研究所：《五四運動在上海史料選輯》，上海人民出版社，1980 年版，第 201～202 頁。

〔註36〕 天津歷史博物館等：《五四運動在天津歷史資料選輯》，天津人民出版社，1979 年版，第 74 頁。

府外交的有力後盾，廢除二十一條是抵制運動的直接目標。眾所周知，五四運動最直接的成果有二，一是曹汝霖、章宗祥和陸宗輿被罷免，二是中國外交代表團拒絕在凡爾賽和約上簽字，山東問題成爲懸案。也就是說，抵貨運動的目標並未實現，正如近人杜冰波在其《中國最近八十年來的革命與外交》中所言，「巴黎和會之壓迫中國，事實上日本大成功，中國大失敗，固無需具論。」〔註37〕

日本與德國辦理關於山東交涉完畢後，於 1920 年 1 月 19 日通牒我國，要求與日本直接交涉山東問題。我國各界群起反對，抵制運動也隨之興起一個小高潮〔註38〕。5 月 10 日，我國政府乃覆牒日本，拒絕與日直接交涉山東問題〔註39〕。

巴黎和會對中國山東問題的處理，既不符合美國「門戶開放」政策的宗旨，也有悖於戰後英、美、日三強爭雄的世界格局。因此，山東問題及「民四條約」成爲華盛頓會議的重要議題之一。中國代表團在華盛頓會議上提出廢除「民四條約」的要求，而日本堅決反對廢止二十一條，僅聲明放棄日本在滿洲的對華優先權和撤回二十一條中第五號容後再議的保留〔註 40〕。至於山東問題，經過兩個多月 30 餘輪艱難談判，中日雙方於 1922 年 2 月 4 日簽署《解決山東懸案條約》及附屬協議，規定日本歸還德國租借地膠州灣之行政權及一切公產於中國，並撤退山東軍隊，中國贖回膠濟鐵路等〔註41〕，「在大體上，山東問題總算有個結果了」〔註42〕。

五四抵貨運動異於以往的特色之一，是對抵制的堅持，從 1919 年到 1921 年，持續了近三年的時間〔註43〕。此次抵貨運動的中心訴求，是促使日本解

〔註37〕杜冰波：《中國最近八十年來的革命與外交》（下），神州國光社，1933 年版，第 795 頁。
〔註38〕1920 年 4 至 5 月抵貨運動高漲，應該視爲中日直接企圖直接交涉山東問題的結果。參見〔美〕C.F.Remer: A Study of Chinese Boycotts-With Special Reference to their Economic Effectiveness, Ch'eng-wen Publishing Company, aipei, aiwan, 966, p.60。
〔註39〕蕭清：《二十一條之今昔》，《孤軍》，1923 年第 1 卷第 89 期，第 17 頁。
〔註40〕蕭清：《二十一條之今昔》，《孤軍》，1923 年第 1 卷第 89 期，第 18 頁。
〔註41〕張仲和：《東洋近世政治史》，文化學社，1934 年版，第 317 頁。
〔註42〕蕭清：《二十一條之今昔》，《孤軍》，1923 年第 1 卷第 89 期，第 20 頁。
〔註43〕〔美〕C.F.Remer: A Study of Chinese Boycotts-With Special Reference to their Economic Effectiveness, Ch'eng-wen Publishing Company, Taipei, Taiwan, 1966, p.55～56。

決山東問題、撤廢二十一條。就此間中日交涉的結果而言，「外交上所標揭之目的，如日軍退出山東，膠濟鐵路與青島歸還中國，後均一一如願以償」，中國不可謂全無成效。中國獲致此等外交成就，有人認為「殆非抵貨之力」，而將其歸結為日人侵佔山東時，「曾有終必歸還我國之宣言在先」，而且巴黎和會對於山東問題之處理，不僅中國反對，英美亦然，故而華盛頓會議中將山東問題列為重要議題，即所謂「英美兩國對於此問題之重視，與此問題之最後解決，貢獻蓋甚大也。」近人狄平明確反對此種論調，認為「此非探本之論也」。在他看來，抵貨運動之效果應當分為有形和無形兩種，「有形方面，見於國際貿易形勢之轉變，無形方面，則為集中世界之注意。此次抵貨之效，蓋以集中世界對於山東問題之注意為主。惟其英美各國對於山東問題已起嚴密之注意，故日人兩次誘我直接交涉之狡謀，北京政府均不敢貿易接受。惟其英美各國對於山東問題已起嚴密之注意，故中日雙方代表得於各國華會代表監視調停之下舉行交涉，而獲圓滿結果。此皆綿亘三年奔騰澎湃之抵貨運動有以使之然也。至於日人有言在先終必還我青島，其言之不足信，何待深辯？」〔註44〕實際上，中國山東問題的所謂解決，誠然不能脫離當時國際政治格局變動這一重要因素，但正如雷麥指出的那樣，中國人的抵制日貨運動「的確施加了影響」，抵貨運動使得山東問題成為公共輿論的焦點，也在一定程度上阻止了中日之間就山東問題進行直接交涉〔註45〕。

4、1927至1928年抵貨運動與日本出兵山東及濟案交涉

1927年，日本出兵山東，干涉南京政府北伐，因而引發抵制日貨運動。8月28日，田中內閣宣佈將於9月初撤回入魯軍隊，反日運動「驟見衰歇」。〔註46〕日軍之所以撤離山東，首先是出兵「護僑」的前提隨著北伐暫停而不復存在。當初日本出兵山東，係以南軍北伐而導致魯省不安、日僑危險為由，而北伐的蔣介石部隊在1927年8月遭遇失利後被迫退回浦口，寧漢合流的談判也進入高潮，並且由於桂系軍人策動，蔣介石逼迫下野。田中內閣看到短期內

〔註44〕狄平：《中國抵貨運動之史的研究》（一續），《三民主義月刊》，1934第3卷第6期，第110頁。

〔註45〕〔美〕C.F.Remer: A Study of Chinese Boycotts-With Special Reference to their Economic Effectiveness, Ch'eng-wen Publishing Company, Taipei, Taiwan, 1966, p.63。

〔註46〕狄平：《中國抵貨運動之史的研究》（二續），《三民主義月刊》，1934年第4卷第1期，第84～85頁。

國民黨勢力不會向北方擴展，遂於 8 月 30 日發表從山東撤軍的聲明。二則日本出兵山東之舉，在其國內亦招致非議，日本國內重要報紙，如《報知新聞》、《朝日新聞》、《時事新報》、《大阪每日新聞》，以及在華的日本《盛京時報》等，對此次出兵行動持「反對與慎重」的論調。立憲民政黨，勞動農民黨、社會民眾黨等日本在野政黨對田中內閣也「取嚴重監視與反對的態度」，社會民眾黨反對尤烈，公開指責「像這樣出兵，必然要買到中國民眾的憤怒，致有排日運動，必使我國勞動階級的生活上，非受惡影響不止。」〔註47〕《報知新聞》認為「保護僑民」的理由「未免有過於張皇之感。出兵另有其他應盡之手段而不為，乃預直接以武力保護僑民，不得不謂稍乏思慮之措置也。」〔註48〕據東京 7 月 1 日路透社電，「東京各報以中國各地抵制日貨之故，極力主張日兵退出山東。」〔註49〕因此，此次抵貨運動是促成日方撤兵的力量之一。

日軍被迫撤離山東，但在撤兵聲明中又聲稱，將來不只是在山東，只要是有日本僑民的地方治安出現混亂，有可能危及日本人之時，日本政府將再度出兵。1928 年 4 月，蔣介石所率第一集團軍沿津浦線北上逼近山東，田中內閣立即做出反應，於 19 日決定第二次出兵山東。此次出兵釀成「濟南慘案」，並激起長達一年之久的大規模抵貨運動。

此前，民眾自覺地以抵制日貨運動作為中日交涉的後援，而濟南事件發生之後，國民黨努力指導民眾抵制日貨，試圖通過抵貨運動給日本施加壓力，從而有利於濟案的外交解決。5 月 6 日國民黨中央執行委員會第 134 次常委會臨時緊急會議通過的「五三慘案應付方案」指出，「為求民族之獨立自由，須先充裕民族之富力，欲充裕民族之富力，須增進國貨之產額，故提倡國貨，以抵制日貨，使日本經濟力無法再壟斷中國之市場，實為今日以及將來之要著。」5 月 10 日通過的「五三慘案宣傳方略」則明確規定，要激發民眾的民族意識與愛國心，並說明經濟絕交係「抵制日本之最有效力的唯一要圖」。〔註50〕此次抵貨運動的輿論宣傳，基本未有逾越國民黨上述規定。如 15 日有人撰文呼吁，「外交上奮鬥的同時，全國民眾要起來作此次交涉之永久而有力的後盾，非達目的不止」，認為「經濟絕交在外交上的貢獻，比任何有形的武力為

〔註47〕張梓生：《日本出兵山東》，《東方雜誌》，1927 第 24 卷第 20 號，第 7 頁。
〔註48〕《出兵有嚴重監視必要》，《晨報》，1927 年 5 月 31 日第 3 版。
〔註49〕《山東撤兵問題》，《晨報》，1927 年 7 月 5 日第 3 版。
〔註50〕中國第二歷史檔案館編：《中華民國檔案資料彙編：政治：國民黨的民眾運動與工農學商各界的鬥爭》(2)，江蘇古籍出版社，1994 年版，第 104、106 頁。

大」。〔註51〕在中國交涉遇到挫折時，王正廷即向新聞界發表談話，呼籲國民「一致為政府後盾」〔註52〕。

歷經十個月之久的外交交涉，濟案最終獲得解決。1929 年 3 月 28 日，中日正式簽訂兩國解決濟南事件的所有文書。其《聲明書》稱，對於濟南事件，「鑒於兩國國民固有之友誼，雖覺為不幸，悲痛已極，但兩國政府與國民現頗切望增進睦誼，故視此不快之感情，悉成過去，以期兩國國交益臻敦厚」。此一規定「既未說明濟案真相，又未說明責任何在，只是含糊其辭」。〔註53〕關於損害問題，由雙方「各任命同數委員，設立中日共同調查委員會，實地調查決定之」。日本以相互抵消的原則，否定了向中方賠償損害的問題，賠償問題最終也不了了之。〔註54〕此外，日本以中國政府將來保證負責保護日僑為條件，允諾在協定簽字後兩個月內從山東撤軍。國民政府為了換取日軍撤軍，保證取締反日運動、繼續履行北京政府在山東問題上與日本的不平等條約。日本雖然放棄歷次交涉中所堅持的中方道歉、懲凶、賠償三個條件，卻獲得撤兵之後的諸多保證和山東「權益」的再確認。因此，關於所謂濟案的「解決」，時論感慨道：「翻天覆地之濟案，田中之經營，固付之泡影；即我方之大犧牲，亦等之流水。僅以日本軍隊限期撤退，即為此案之一段落而已。」〔註55〕或者說，「中國方面是撿了芝麻，丟了西瓜」。〔註56〕抵貨一年的外交效力，如此而已。

三、制止侵略型

洪鈞培在其《國民政府外交史》一書中對抵貨運動與對外交涉之關係曾有如下總結：

〔註51〕 君勉：《濟南事件與我們應取的態度》，《中央半月刊》，1928 年第 20 期。
〔註52〕 「中華民國」史事紀要編輯委員會編：《中華民國史事紀要（中華民國十七年一月）》（初稿），臺北，1982 年，第 1038 頁。
〔註53〕 周龍光：《經辦「濟案」外交回憶錄》，全國政協、山東省政協和濟南市政協文史資料委員會合編：《濟南五三慘案親歷記》，中國文史出版社，1987 年版，第 160 頁。
〔註54〕 作為「山東接收委員長」的崔士傑，在接收山東以後，曾向國民政府外交部呈請迅速設立「中日共同調查委員會」，向日方索賠，但如石沉大海，沒有下文。1930 年後，賠償問題擱置下來，成了懸案。詳見崔士傑：《「濟案」前後之外交風雲》，全國政協、山東省政協和濟南市政協文史資料委員會合編：《濟南五三慘案親歷記》，中國文史出版社，1987 年版，第 138～139 頁。
〔註55〕 天流：《中日濟案交涉之曲折》，《國聞週報》，1929 年第 6 卷第 12 期。
〔註56〕 臧運祜：《中日關於濟案的交涉及其「解決」》，《歷史研究》，2004 年第 1 期。

　　弱國對外交涉，所賴爲唯一武器者，爲經濟絕交，與不合作主義，我國對外交涉之時，恒唱不合作主義與經濟絕交。雖然，經濟絕交與不合作主義，非短時間所能奏效，必持之有久，方克有效，否則，徒自暴其弱點而已，於交涉反多弊害，我國爲世界商場，各國大抵賴我商業以生存，我苟抵制彼國貨物，則其國必蒙重大損失，故我與人交涉，若能持久經濟絕交與不合作主義，則交涉終必獲勝無疑。奈我國人，只有五分鐘熱度，當交涉發生時，莫不奮臂而起，高唱經濟絕交與不合作主義，曾不旋踵，則一反所爲。故人對於我之經濟絕交與不合作主義，始則畏焉，繼則一笑置之，不稍寬其壓我手段矣。我國外交之失敗，雖因外交官不良所致，然國民缺乏外交常識，不能堅持經濟絕交與不合作主義，亦爲重大原因也。〔註57〕

　抵貨運動未能持久進行，故而對外交交涉之助力有限。不僅如此，抵貨運動還成爲日人發動軍事侵略的藉口。九一八事變日占東北，「一些人指望衆多百姓參加的抵制日貨與日商的行動使日本屈從」〔註58〕，但此舉不僅未能收復失地，反而成爲日人發動上海戰事的藉口，「中國的經濟戰爭乃碰到日本的海軍戰爭」〔註59〕。西人所著《1914年後之世界》一書如此描述一二八事變的爆發：

　　在日本進佔瀋陽和其他東三省大城市之後，中國民衆又使用他們最有力的武器，抵制日貨。因爲中國爲日本的主要市場，每年購買其出口貨總額的四分之一，所以這種經濟絕交，影響日本的實業甚大。1932年1月，上海的日本僑民請求東京政府派遣海軍來示威，以消弭反日運動。日本海軍歡迎這種請求，想利用這個機會，步東三省陸軍的後塵，獲取光榮，並可藉此在國內恢復固有的威望。於是大批軍艦被派赴上海，威迫中國民衆，取消排貨運動。在數天內，日本海軍陸戰隊在上海登陸，並奉命佔據東部日本僑民所居的地

〔註57〕洪鈞培：《國民政府外交史》（1），華通書局，1930年版，第9頁。

〔註58〕〔美〕唐納德・A・周丹：《「九・一八」事變後抗日運動中的中國學生》，中國抗日戰爭史學會：《抗日戰爭與中國歷史——「九・一八」事變60週年國際學術討論會文集》，遼寧人民出版社，1994年版，第186頁。

〔註59〕Walter Consuelo Langsam：《一九一四年後之世界》，謝元範、翁之達譯，商務印書館，1936年版，第655頁。

點。日陸戰隊在遵行此項軍令之中，就和當地中國守軍衝突。上海之戰就此發生了，這是一二八事變。〔註60〕

1932年，劉大鈞在在上海民眾教育館的演講中亦指出：「我國人反對日本在東省的暴行，遂從事抵制日貨。……日本因為抵貨影響於彼國的經濟甚大，所以出兵上海，強迫我停止抵貨運動，卻不知因此抵貨運動就更擴大了。」〔註61〕

一二八事變由九一八事變後的抵貨運動所「誘發」〔註62〕，或者按照柯博文的說法，「抵貨運動曾經是淞滬之戰的一個深層原因」〔註63〕。一二八淞滬抗戰期間，十九路軍的英勇抵抗與民眾的抵貨運動互相配合，但最終結果是《淞滬停戰協定》的簽訂，日本撤退軍隊，而中國終止抵制運動〔註64〕。此後，日本進一步侵略華北，作為「特定事件的回應，經濟絕交運動曾有過偶而的回潮」。〔註65〕1932年7月底，針對關東軍轟炸熱河朝陽，上海抵貨運動有過短暫復蘇，9月，當日本準備承認滿洲國時，抵貨運動亦有復蘇勢頭。1933年上半年，上海的經濟絕交運動又曾出現，但「沒有國民黨的支持，這些重新興起的抵貨運動都未能維持太久」〔註66〕。如以前幾次相比，1932年下半年至1933年上半年的經濟絕交運動無疑沒有多大聲勢，此類小規模的抵貨運動更加不能抵擋日本對華北的步步侵逼，直至爆發全面侵華戰爭。

抵貨運動甚至「可能引發了與日本的戰爭」，在鴉片戰爭打開中國市場後

〔註60〕 Walter Consuelo Langsam：《一九一四年後之世界》，謝元範、翁之達譯，商務印書館，1936年版，第644～655頁。

〔註61〕 劉大鈞：《國難期中我國的經濟問題》，《銀行周報》，1932年第48號，第18頁。

〔註62〕 F.R.Eldridge: Manchuria　The Race for New Resources, The ANNALS of the American Academy of Political and Social Science, 1933（168），p.101.

〔註63〕 〔美〕柯博文（Paks Coble）：《走向「最後關頭」——中國民族國家建構中的日本因素（1931～1937）》，馬駿亞譯，社會科學文獻出版社，2004年版，第70頁。

〔註64〕 Walter Consuelo Langsam：《一九一四年後之世界》，謝元範、翁之達譯，商務印書館，1936年版，第655頁。

〔註65〕 〔美〕C.F.Remer: A Study of Chinese Boycotts-With Special Reference to their Economic Effectiveness, Ch'eng-wen Publishing Company, Taipei, Taiwan, 1966, .P.166～168；〔日〕菊池貴晴：《中國民族運動的基本構造——關於對外抵貨的研究》，汲古書院1974年版，第394頁。

〔註66〕 〔美〕柯博文：《走向「最後關頭」——中國民族國家建構中的日本因素（1931～1937）》，馬駿亞譯，社會科學文獻出版社，2004年版，第70頁。

的一個世紀，日本害怕成功的抵貨運動將嚴重限制其進入中國市場，於是發動新的戰爭以確保它至少能部分進入中國市場〔註67〕。早在抗戰初期，即有法國學者認為日本全面侵華與中國抵貨運動之間存在一種互動關係，強調日本發動全面侵華戰爭的必然性：「盧溝橋事件，任何一個世界經濟觀察家，均不感覺如何詫異……實不能不將中日兩國間之戰爭列入『不可避免之戰爭』一種」。他認為，以盧溝橋事件為導火線的中日全面衝突，實際上不過是1932年偽滿洲國建立之後「潛伏於中日兩國間經濟戰爭之一種『插幕』而已」，偽滿建立之後的中日關係「只是表面上之和平，在實際上，兩國隱藏於外交談判和商業往來虛偽面具之後，正在各顯身手，拼命肉搏。在此種別開生面之經濟戰中，中國方面之主要武器為抵制日貨，而日本方面之主要武器，則為走私」，「中日兩國間之戰爭，五年來均在抵貨與走私形式下披上一種經濟的性質。現在圖窮匕見，已不能不一變而為軍事的性質矣。」〔註68〕

四、經濟戰爭型

以1937年為界，抵貨運動的意圖發生了根本變化。1937年之前的歷次抵貨運動雖然導因各異，目的有別，但仍然存在明顯的相同之點，即抵制日貨只是手段而非目的。但是，全面抗戰時期的抵貨運動卻是戰爭的組成部分之一，即對日進行經濟戰，或者說，抵貨運動兼具工具與目的的雙重性質。蔣介石曾經宣稱，除了軍事上的抗日之外，經濟抵抗「也是很重要的一個抗日的方法」，呼籲官兵絕對不買日貨，「如此便可以減少敵人的經濟力量，間接打擊他的軍事，也就是增加我們自己的經濟力量，增加我們抗日的實力。」〔註69〕之所以要頒佈「查禁敵貨條例」，因此此舉既能「防止敵人以彼貨物套我法幣，換取貨品」，亦可「減少敵人之市場，使其國內工商業發生困難」〔註70〕。民眾抵制日貨，則係配合政府的對日經濟戰，上海市商會在其「國民對日經濟絕交宣言」中指出，「國人為自衛計，為協助政府長期應戰，消耗敵人實力

〔註67〕〔美〕葛凱：《製造中國：消費文化與民族國家的創建》，黃振萍譯，北京大學出版社，2007年版，第129頁。
〔註68〕〔法〕F.Delnorbe：《中日戰爭的分析》，《中外經濟拔萃》，1938年第2期，第53～57頁。
〔註69〕蔣介石：《抵禦外侮與復興民族》，國民政府軍事委員會政治部編：《領袖十年來抗戰言論集》，1939年版，227頁。
〔註70〕章伯峰、莊建平：《抗日戰爭第五卷：國民政府與大後方經濟》，四川人民出版社，1997年版，第42頁。

計，實有速行國民對日經濟絕交之必要⋯⋯實行國民對日經濟絕交，拒日貨於國門之外，誓勿買賣，誓勿使用；陷敵經濟於絕路，庶有以對先哲締造邦家之艱難，將士忘身殉國之義勇，友邦力伸正義之熱忱。」〔註71〕1938 年 8 月，時人仍然認為，「抵制敵貨，能使敵人無法利用我國市場，使敵貨沒有出路，這樣一定使敵國經濟加速的崩潰。所以提倡國貨，抵制日貨政策，可作為抵制侵略國的有效武器，尤其是有補於正在長期抗戰爭取最後勝利的我國。凡不願做亡國奴的人們，大家都是應該堅決地不買日貨。敵人自發動侵略戰爭以來，經濟上的耗費已經非常巨大，行將趨於崩潰，我們趁此機會來加速抵制日貨，使他們經濟更加速崩潰，侵略也就難以支持下去，我們不要忽視這消極制裁的武器，在長期抗戰中，軍事行動之外，抵制日貨是一個致敵死命的好辦法。」〔註72〕

　　因此，評判抗戰之前歷次抵貨運動目標實現程度的標準當為「政治」，而審視抗戰時期抵貨運動的標準則主要是「經濟」。1937 年 8 月 6 日，國民政府軍事委員會委員長蔣介石與武漢行營代主任何成濬聯名發佈密令，要求漢口市政府轉飭各商會辦理清查敵貨事宜，同時強調必須遵照其制訂的 6 項規定進行，「無論任何機關團體，不得藉名滋擾致妨商務」〔註73〕。軍委會亦曾頒佈「懲治漢奸條例」，其中與經濟有關者為第 4 至 7 條，具體規定是：「凡通謀敵國而供給販賣或為購辦運輸軍用品或製造軍械彈藥之原料者；供給販賣或為購辦運輸麥、麵、雜糧或其他可充食品之物品者；供給金錢資敵者；洩

〔註71〕 上海社會科學院歷史研究所編：《「八一三」抗戰史料選編》，上海人民出版社，1986 年版，第 314～315 頁。

〔註72〕 周瑛：《抵制日貨就是抗戰殺敵：給婦女界》，《寧波商報》，1938 年 8 月 28 日第 2 版。

〔註73〕 六項辦法如下：一、各商店現有敵貨，應由各該同業公會取具各該商店存貨清冊，報由商會核明轉呈備查。二、凡未入同業公會或商會之商店，所存敵貨應由各該同業公會或商會分別向各商店清查造冊轉報。三、業經冊報之現存敵貨姑準出售，由各該同業公會制定兩聯發票（一聯存根、一聯交與買貨人，注明貨物品類、數量、價格及售貨商店牌號），編號發交各商店領用，按月造冊，連同存根報由各該同業公會，轉報商會核明，轉呈備查。其無同業公會之商店，由商會製發聯票。四、本年七月十五日以後，各商店所定敵貨尚未交割者，應由各該商店自行取消契約。五、此後，有私進敵貨者，一經查明屬實，除將全部敵貨以八成充賞舉發人，二成充賞調查人外，並斟酌情形，分別罰辦。六、由主管機關通知碼頭工會、海員工會、民船工會，對於本國商人私進敵貨，隨時舉發。參見《國民政府軍委會武漢行營關於清查各商店敵貨致漢口市政府密令》，《武漢文史資料》，1998 年第 3 期，第 139 頁。

漏傳遞偵察或盜竊有關軍事、政治、經濟之消息，文書、圖畫或物品者，都以漢奸論罪，處死刑或無期徒刑。」〔註74〕國民黨中央常務委員會於 1938 年 1 月 20 日也頒行「國民經濟絕交辦法」，命令各地抗敵後援團體或經濟絕交委員會會同當地當局辦理日貨登記及運銷日貨商鋪抵制日貨事宜，凡「八一三」事變以後購定的原料貨物概予沒收，以貨物充公作慰勞或救濟用途，經濟絕交後如有購定日貨或改充他國貨或國貨者，以通敵論罪〔註75〕。1938 年 10 月 27 日，國民政府頒佈「查禁敵貨條例」和「禁運資敵物品條例」，前者規定凡敵國與其他殖民地或其他委任統治地的貨物，及其他區域工廠商號，因敵人投資經營的貨物或由敵人攫奪統制或私用的貨物，都在查禁之列。後者規定凡國內物品，足以增加敵人之實力者，一律禁止運往敵國及其他殖民地或委任統治地，與其他已被敵方暴力控制的地域〔註 76〕。這兩個條例，一為禁止敵貨輸入，一為禁運我貨資敵，目的在對敵進行經濟反封鎖〔註77〕。

　　不過，此種嚴格的經濟絕交未能持久。1940 上半年，輿論還在呼籲：「抵制敵貨，是我們歷史的任務，且為傳統的政策，倭閥侵略行動一天不停止，那麼，我們除以武力痛加膺懲外，抵貨運動亦須一天不中止。」〔註78〕但是，1940 年 8 月 13 日，行政院頒行《進出口物品禁運准運項目及辦法清表》，規定 16 類物品「不問來自何國及來自國內何地，一律准予進口」，〔註79〕所謂

〔註74〕　時事問題研究會：《抗戰中的中國經濟》，中國現代史資料編輯委員會 1957 年版，第 271 頁。

〔註75〕　千家駒：《論經濟反封鎖》，《理論與現實》創刊號，1939 年 4 月 15 日。

〔註76〕　「查禁敵貨條例」共 45 條，此處不贅，可參閱《浙江省政府公報：法規》，1938 年第 3331 期；「禁運資敵物品條例」共 5 條，即：第一條、國內物品資敵之查禁及處理，依本條例之規定；第二條、凡國內物品足以增加敵人之實力者，一律禁止運往左列各區域：一，敵國及其殖民地或委任統治地。二、前款區域外之地方已被敵人暴力控制者。前項物品及第二款之區域，由經濟部隨時指定之。第三條、依前條指定之物品，由海關或其貨運稽查處嚴密查禁。未設海關或其貨運稽查處地方，由財政部指定之機關辦理之；第四條、戰區或戰地禁運物品資敵事宜，由該地動員委員會或戰地黨政委員會分會或區會監督辦理之；第五條、各戰區司令長官應就轄區各省交通形勢，嚴密劃定封鎖線，並經常配置軍警，以防偷運物品資敵。參見重慶市檔案館編：《抗日戰爭時期國民政府經濟法規》（上），檔案出版社，1992 年版，第 198 頁。

〔註77〕　千家駒：《論第二期抗戰的戰時經濟》，《國民公論》，1939 年第 1 卷第 8 期。

〔註78〕　杜紹文：《怎樣根絕敵貨》，《戰地》，1940 年第 4 期。

〔註79〕　即：1、米、穀、小麥、雜糧、小麥粉、子餅、雜糧粉；2、棉花、棉紗、棉布；3、鋼鐵及五金材料；4、機器及工具；5、交通器材及配件；6、通信器材及配件；7、水泥；8、汽油、柴油、滑物油；9、醫藥用品及治療器材；10、

「國內何地」，自然包括淪陷區在內。因而該法令的頒佈，意味著國民政府正式承認利用走私方式從淪陷區輸入必需品的合法性。同年10月，經濟部根據上項法令精神，訂定「特許進口物品」14類〔註80〕。太平洋戰爭爆發後，國民政府因應當時環境，「改採爭取物資之經濟戰略」〔註81〕，展開搶購淪陷區物資的運動。財政、經濟兩部會同擬定《戰時管理進出口物品條例》，於1942年5月11日由國民政府頒佈，規定進口貨物，不復以敵友爲取捨的標準，凡屬軍需物品、日用必需品及以前禁運的蠶絲織品、呢料、印刷用紙、普通食物用具等，均予弛禁；爲爭取物資，不論來自何國或國內何地，均一律准予進口。該條例公佈後，以前頒佈的《查禁敵貨條例》與《禁運資敵物品條例》明令予以廢止〔註82〕，抗戰前期的經濟絕交政策由此終止。

就中日貿易的總體態勢而言，全面抗戰以後，日本對華貿易一度有所減退，但自1938年獨佔華北和華中市場後，對華貿易自下半年起即逐步增長，到年底已遠超過德、英、美諸國而躍居首位。當年上半年日本對華輸出僅6260萬元，大大低於美、德兩國，下半年則增至14720萬元，較上半年增加1倍有餘，而全年合計竟占我國輸入總值的23.49%，美國僅占16.93%，德國爲12.64%。當年香港占中國總輸出額的31.87%，日本次之，占15.26%，美國又次之，占11.7%，但香港係轉口碼頭，運往香港的貨物大部分還是轉運他國。因此，日本在1938年中國之進出口貿易中占居首位〔註83〕。1939年，日本在我國進口貿易中仍居首位，占23.34%〔註84〕。

以我國進出口的日貨種類而論，既有大量貨物從我國輸運到敵方，亦有大量日貨由敵方輸送到我國。飲食品、軍用必需品和材料機械等三大類別商品的輸入，日貨均占極重要地位。在敵佔區，固然無法防止敵貨傾銷，但在游擊區與大後方，「一方面我們與敵人拚命，另方面卻推銷仇貨，供給敵人以侵略我國的金錢，卻是無論如何不應該有的現象。然而事實上由於我日用工業品之過於

化學原料；11、農業除蟲藥劑；12、食鹽；13、酒精；14、麻袋；15、電工器材及配件；16、教育文化必需品。參見國防最高委員會對敵經濟封鎖委員會：《現行有關對敵經濟封鎖法令彙編》，1941年版，第41～42頁。

〔註80〕 常奧定：《經濟封鎖與反封鎖》，重慶，1943年版，第27～28頁。

〔註81〕 章伯峰、莊建平：《抗日戰爭第五卷：國民政府與大後方經濟》，四川人民出版社，1997年版第41頁。

〔註82〕 常奧定：《經濟封鎖與反封鎖》，重慶，1943年版，第28頁。

〔註83〕 千家駒：《抗戰中的中國對外貿易》，《中學生》，1939年第7卷第7期。

〔註84〕 李慶華：《1939年我國對外貿易之檢討》，《時事新報》，1940年3月16日。

缺乏，至仇貨充斥內地都市，由於奸商與不肖軍人之勾結，至有大規模走私之存在，這不能不說是我們很大的恥辱，值得我們以全力糾正的了。」隨著出口貨物的普遍增值，食料和燃料兩類重要商品輸往日方的數量佔據首位，而這正是敵方戰時最缺乏和最急需的物品，「這兩種根本關係敵軍戰鬥力、戰鬥心理和戰鬥的可能接濟，卻在我國採取」〔註85〕。作為重要軍火原料的鎢砂也經由廣東大量走私到香港、澳門，其中大部分被日本收購。國民政府估計，1939年大後方鎢砂走私輸出 3,000 餘噸，而日方估計則高達 6,000 噸（當年國民政府的鎢砂掌握量為 13,700 噸）。1938 至 1941 年大後方走私入口值分別為 1.3 億、4 億、18.8 億和 8.5 億元，太平洋戰爭之前日本淨誘購大後方法幣 10.9 億元〔註86〕。從抗戰伊始到 1941 年 1 月偽中儲行成立前，日本套取法幣外匯高達 2,500 萬英鎊，約占國民政府維持匯市所用外匯的四分之一〔註87〕。

　　儘管日本促使中國大後方經濟崩潰的最高目標並未實現，然而占盡上風，在大後方與淪陷區之間的經濟戰爭中，一定程度上實現了它的戰略目標。或許，正如希翰在考察 1928 至 1932 年天津抵貨運動時所總結的那樣，「1937年日本的侵華行動最終戰勝了抵貨運動在政治上和經濟上的潛力……1937 年以後二戰在東亞地區的進行，這一事實清晰地表明，中國政府虛弱不堪和四分五裂，難以提供強力手段，而日本穩步推行戰爭，並在亞洲建構出一個自給的獨立經濟區，由此可以說明關稅和恐怖性的抵貨手段均不能阻遏日本的侵略。」〔註88〕

　　縱觀歷次抵貨運動，其目標的實現程度大有不同，或者基本上無助於「事件」的解決，或者在一定程度上成為影響中日外交進程和結果的因子之一，或者成為促使日本撤退侵華軍隊的一種力量，或者不但未能阻止日本的軍事行動，反而成為日方擴大侵略的藉口。個案性地審視，每次運動展開或高潮期間，民族主義極度高漲昂揚，而不論哪一次抵貨運動的最終結果，卻與發動運動的

〔註85〕 時事問題研究會：《抗戰中的中國經濟》，中國現代史資料編輯委員會 1957 年版，第 258～275 頁。

〔註86〕 參見齊春風：《中日經濟戰中的走私活動（1937～1945）》，人民出版社，2002年版，第 244、248 頁。

〔註87〕 齊春風：《抗戰時期大後方與淪陷區間的經濟關係》，《中國經濟史研究》，2008年第 4 期。

〔註88〕 〔美〕Brett Sheehan: Boycotts and Bombs: The Failure of Economic Sanctions in the Sino-Japanese Conflict, Tianjin China, 1928～1932, MANAGEMENT & ORGANIZATIONAL HISTORY Vol 5（2），p.198.

目標總是相距甚遠，並且總是落得「五分鐘熱度之譏」。長時段來看，抵抗外力入侵的民族主義總是「那麼地飽滿而持續，是那樣地全民一致」，而歷次的抵貨運動又總是要靠下一次的運動來完成上一次「未竟的志業」〔註89〕。

第二節　抵貨運動的經濟效力

國人頻繁抵制日貨，其目標在於政治，經濟抵制只是手段，即所謂經濟促進政治的思路。換言之，因為中日之間存在緊密的經濟聯繫，通過中斷兩國經濟聯繫，從而重創日本經濟，以期促使日方答應中國正義要求，或者放棄對華侵略政策。既然抵貨運動的目標大多未能實現，那麼就必須考察抵制日貨這一經濟手段給日本造成的打擊究竟如何。本章將個案性考察與長時段審視相結合，運用大量統計資料，首先考察抵貨運動對日貨進口的具體影響，進而探討抵貨運動對日本在華經濟勢力的打擊程度。

一、抵貨運動與中日貿易變遷

計算日貨進口的減少是個難以處理的問題。進口數額隨匯率和商業周期的變動而變動，很難分別確定哪些變動是由關稅變動引起，哪些變動是由抵貨運動所導致；同時，抵貨運動導致走私增加，日貨進口從抵貨嚴屬的港口轉向比較鬆懈的港口；最後，統計數據也是不完全的。〔註90〕

（一）抵貨運動與日本對華貿易：與非抵貨月份的比較

1、1908 和 1909 年的抵貨運動

1909 年 10 月 28 日，同盟會國內機關報《民吁報》刊載《論中日貿易之關切》一文，高度推崇 1908 年抵貨運動的經濟效果：

> 夫日本以區區三島立國……既非如農業國之富有百穀，又非若饒礦國之多生五金。其所以能立於此世者，純賴其民之善於模仿揣摩，能為次等之工業，投吾人利用之間，而恃我為其顧客也。更就

〔註89〕李達嘉：《罪與罰：五四抵制日貨運動中學生對商人的強制行為》，臺北《新史學》，2003 年第 14 卷第 2 期。

〔註90〕Brett Sheehan: Boycotts and Bombs: The Failure of Economic Sanctions in the Sino-Japanese Conflict, Tianjin China, 1928～1932, MANAGEMENT & ORGANIZATIONAL HISTORY Vol 5（2）, p.209.

淺而易明者言，則日本之資賴於我者，實不啻嬰兒之待乳，頗有得之則生，不得則死之勢，固有顯知之事例也。即如日本在亞洲之貿易，係以棉類爲其輸出之最大宗。光緒三十二年，此項輸出品占重大價額，至 3200 餘萬元之巨。而後，1908 年，則竟降至 1700 餘萬元，此其一落千丈之勢，不啻驟削其半。今試求其原因，則日本之工業終不能以逮歐美，人情一用而即倦生，固其一因。而如辰丸之案，吾國抱義之粵民，以潛隱至堅之勢力出而抵制，通國冥應，而相率以不購彼貨，致使彼之商業受如斯之痛創，尤其一大原因也。其餘各貨，試以近三年來爲一比較，其輸出之銳減者，皆後不如前，略如上例。而在吾國南部所減尤速，令人色然以驚，內如紙煙，明治三十九年（1906 年），銷於香港者計值 86477 元，至去年，則減至 7343 元，已減十倍有餘。又如白糖，三十九年銷於香港者計值 48208 元，及至去年則竟絕跡，令人不能不佩粵區民之毅力。〔註91〕

　　1908 年抵貨的時間主要是 3 至 10 月，而 1909 年抵貨則集中於 8 至 10 月。近人吳希庸曾據日本大藏省統計數據，將 1908 年 3 至 10 月日貨輸華數額與上年同期進行比較，除 4 月份有所增加之外，其餘 7 個月均爲下跌，合計減額爲 13769087 元，跌幅高達 23%〔註92〕。不過，此種計算法顯然欠妥，因爲此次反日風潮的國內範圍主要是在廣州、香港及附近各地〔註93〕。下表月度數值表明，華南地區日貨輸華情況與日貨輸華總值稍有不同，一是 10 個月份中有 4、10 兩月均較上年同期增加，二是跌幅略高，1908 年 3 至 10 月的日貨輸華值爲 877 千元，比上年同期的 1166 千元減少 289 千元，跌幅高達 24.79%。1909 年 8 至 10 月日貨輸華額比上年同期分別相比，或增或減，總額減少 39 千元，跌幅爲 2.31%。另外，抵貨期間 3 個月月均爲 549 千元，而其餘月

〔註91〕　《論中日貿易之關切》，《民吁報》，1909 年 10 月 28 日，轉自馬鴻謨：《民呼、民吁、民立報選輯（一）》（1909.5.10～10.12），河南人民出版社，1982 年版，第 294～295 頁。
〔註92〕　吳希庸：《歷次抵制日貨的經濟效力》，《外交月報》，1934 年第 5 卷第 5 期，第 61～62 頁。
〔註93〕　此外，新加坡、南洋群島、澳洲和舊金山等處華僑亦起而響應。參見〔日〕田場守義：《抵制日貨之成績》（上），蔡受百譯：《銀行周報》，1928 年第 36 期，第 9 頁。

份月均僅爲 489 千元。因此近人吳希庸認爲 1909 年抵貨「可稱效果很小」，〔註94〕一之認爲「成績非常地可憐」。〔註95〕日人田場守義曾將此次抵制對中日貿易影響甚小的原因歸結爲「中國商界之態度甚淡漠」，並認爲當年「中國經濟情形頗有改進，若無抵制風潮，中日間貿易或將較前激增，則無形中仍有所損。」〔註96〕

圖表 2：1907～1909 年日本對華南和東北地區的輸出貿易（單位：千日元）

地域	年月	1	2	3	4	5	6	7	8	9	10	11	12
華南	1907	172	154	79	120	154	152	134	117	345	65	34	
	1908	170	70	60	128	67	122	95	81	190	134	187	
	1909	109	171	61	44	97	107	128	90	102	67	100	
東北	1907	9	5	455	607	452	368	411	498	641	484	296	13
	1908	14	1	343	562	578	677	865	378	562	745	203	32
	1909	26	38	540	763	1361	671	497	420	560	666	398	106

　　日本輸往華南的月度數據參見〔日〕田場守義：《抵制日貨之成績》（上），蔡受百譯，《銀行周報》，1928 年第 36 期，第 9 頁，原表缺此三年 12 月份數據；另外輸往東北的月度數據參見一之：《抵制日貨史的考察與中國產業化問題》，《平等雜誌》，1931年第 7 期，第 3 頁。

2、1915 年抵貨運動

　　逐月檢視 1915 年抵貨運動的經濟效果，首先碰到的難題是有關運動的起訖時間眾說紛紜，莫衷一是。日本官方文件曾經將運動的起訖時間確定爲 2至 7 月，還有 1 至 6 月的說法，雷麥則堅持 3 至 8 月的看法。〔註97〕此外則有「2 至 8 月」說〔註98〕、「二三月至年底」說〔註99〕，「1 至 7 月」說〔註100〕、

〔註94〕吳希庸：《歷次抵制日貨的經濟效力》，《外交月報》，1934 年第 5 卷第 5 期，第 62 頁。

〔註95〕一之：《抵制日貨史的考察與中國產業化問題》，《平等雜誌》，1931 年第 7 期，第 3 頁。

〔註96〕〔日〕田場守義：《抵制日貨之成績》（上），蔡受百譯：《銀行周報》，1928年第 36 期，第 11 頁。

〔註97〕〔美〕C.F.Remer: A Study of Chinese Boycotts-With Special Reference to their Economic Effectiveness, Ch'eng-wen Publishing Company, Taipei, Taiwan, 1966, p.49.

〔註98〕吳希庸：《歷次抵制日貨的經濟效力》，《外交月報》，1934 年第 5 卷第 5 期，第 62 頁。

〔註99〕問漁：《二十五年間歷次抵制日貨運動紀略》，《人文月刊》，1932 年第 8 期。

「持續一年」說〔註101〕以及「3月至年底」說〔註102〕。考諸史實，抵貨時間從 2 月持續到年底，其中最爲活躍的是 3 到 7 月的 5 個月〔註103〕。

據雷麥統計，1915 年日本對華輸出比上年下降了 12.5％〔註104〕，而日本《大阪每日新聞》則認爲 1915 年前 4 個月日貨輸華較上年同期減少 2 千萬元，「此固不外排日貨之影響」〔註105〕。按照抵貨月份看，吳希庸將 1915 年 2 至 8 月份的日貨輸華值分別與上年同期相較，除 8 月份爲增加外，其餘均爲減少，跌幅高達 26％。〔註106〕盧子岑採用同一數據，但將 8 月份排除在外，而是將 1 至 7 月份與上年同期相較，結果跌幅更高，達到 29％，並且認爲如果從地域上排除東北和香港，跌幅可能高達 33％。〔註107〕誠然，上述諸種估測均以日方的統計爲依據，這並無問題，但是，或者將前後兩年進行比較，或者選取的抵貨月份有誤，則有可能誇大或縮小抵貨效果。

1914 年日貨輸華的月別數值分別爲 13481、16408、18115、15693、15238、12698、13446、9929、12098、11422、11422 和 12420 千元，全年合計 162370 千元，而 1915 年則分別爲 9818、10768、12040、10859、9396、8646、10530、13054、13946、14427、14428 和 13213 千元，合計 141125 日元，〔註108〕月均輸入 11760 千元。因此，1 至 3 月日貨輸華值雖然低於上年度，但明顯呈遞增趨勢，可見 2 月份的暗中抵制效果不彰。4 至 6 月則明顯呈遞減趨勢，7 月開始上昇，並超過上年同期數值。因此，抵貨效果較爲顯著的僅有 4 至 7 月。如果將這 4 個月均值與前年月均相比，跌幅爲 16.18％，而將抵貨時限 2 至 12

〔註100〕盧子岑：《歷次抵制日貨的成績》，《南大經濟》，1933 年第 1 期，第 8～9 頁。

〔註101〕《抵制日貨小史料》，《人文月刊》，1934 年第 5 期。

〔註102〕趙親：《1915 年抵制日貨運動》，《復旦》，1959 年第 8 期。作者該說法引自 C.F.Remer 一書，但 C.F.Remer 並未認爲抵貨運動持續至年底。

〔註103〕羅志田：《亂世潛流：民族主義與民國政治》，上海古籍出版社，2001 年版，第 65～67 頁。

〔註104〕〔美〕C.F.Remer: A Study of Chinese Boycotts-With Special Reference to their Economic Effectiveness, Ch'eng-wen Publishing Company, Taipei, Taiwan, 1966, p.50.

〔註105〕《本年進口日貨之大減》，《時報》，1915 年 6 月 8 日第 3 版。

〔註106〕吳希庸：《歷次抵制日貨的經濟效力》，《外交月報》，1934 年第 5 卷第 5 期，第 62 頁。

〔註107〕盧子岑：《歷次抵制日貨的成績》，《南大經濟》，1933 年第 1 期，第 8～9 頁。

〔註108〕〔日〕田場守義：《抵制日貨之成績》（上），蔡受百譯，《銀行周報》，1928 年第 36 期，第 12 頁。亦見盧子岑：《歷次抵制日貨的成績》，《南大經濟》，1933 年第 1 期，第 8 頁表格。

月月均值與 1 月比較，漲幅則高達 17.75％。實際上，當年下半年運動發生轉向，即由抵制日貨轉向「救國儲金」運動，因此，將運動開始的 3 月至當局禁止抵貨的 7 月與其餘月份進行比較，可能是最恰當的方式。3 至 7 月的月均值爲 10294 千元，其餘 7 月均值是 12808 千元，跌幅爲 19.63％，5 個月共減少 1.257 千萬日元。

3、1919 年抵貨運動

1919 年初，中國代表在巴黎和會上的正義要求遭到拒絕，國內人民「一致憤慨，集會演講，所在皆是，抵制日貨運動，逐勃然以興，……其運動範圍之廣，前此所未有也。」此次抵貨運動具有明確的起始時間，但終止月份則不易確定。前引小文聲稱此次運動「前後閱八月」〔註109〕，即大致終結於是年 9 月〔註110〕，亦有結束於 11 月的說法〔註111〕。而臺灣學者李達嘉則認爲，1919 年 5 月延續到 1924 年才告一段落，雖非一波到底，而是歷經幾度起落〔註112〕。鑒於 1919 年的抵貨運動最激烈，此後僅爲餘波，此處僅對 1919 年的日本對華貿易進行考量。

下表所列 1919 年 12 個月日貨輸華數值看，1 至 5 月呈遞增趨勢，前 3 個月都超過 3 千萬元，4、5 月則都在 4 千萬元以上，6、7 兩月則回落到 3 千餘萬，而 8、9 月則下降到 2 千多萬，後 3 個月大幅度增長，並都超過 5 月份的數值。若將 3 年期內 5 至 12 月日貨輸華數值進行對比，其總值分別爲 226327、

〔註109〕問漁：《二十五年間歷次抵制日貨運動紀略》，《人文月刊》，1932 年第 8 期。

〔註110〕9 月終結說，亦可參見問祥：《抵制日貨片段的歷史》，《南大經濟》，1934 年第 1 期，第 117 頁。

〔註111〕吳希庸：《歷次抵制日貨的經濟效力》，《外交月報》，1934 年第 5 卷第 5 期，第 63 頁。

〔註112〕1919 年 11 月，福州日人因抵制日貨事，毆傷中國學生市民 10 餘人，日本艦隊駛進福州，激起各地中國人之憤怒，已漸衰熄的抵制日貨運動，再度點燃。1920 年 10 月，又有日本進兵琿春事件，爲抵制運動添加柴火。1922 年 2 月華盛頓會議召開，廢止二十一條和解決山東問題，再度引起中國人民的關切，又掀起一小波抵制熱潮。1923 年 3 月，旅大租借屆滿，日本無意交還中國，中國各地再度展開另一波的抵制日貨運動。是年 6 月，湖南長沙人民與日輪搭客衝突，日艦水兵登岸，槍殺市民 3 人，傷數十人，爲抵制運動再添薪火。李達嘉：《罪與罰：五四抵制日貨運動中學生對商人的強制行爲》，臺北《新史學》，2003 年第 14 卷第 2 期。另有臺灣學者亦將五四抵貨運動的研究延伸至 1923 年，參見臺灣劉柏沖的碩士論文「天津商人與抵制日貨運動（1919～1923）」，臺北政治大學歷史系，2002 年 6 月。

252612 和 301446 千元，1919 年抵貨期內日貨輸華總值較上年增加 48834 千元，漲幅為 33.19％，而 1918 年上年增加 26285 千元，漲幅僅為 11.61％，時人以此為據，批評此次抵貨「可謂效力毫無」。〔註113〕對日本對華貿易跌落明顯的 6 至 9 月進行考察。4 個月日貨輸華總值為 125674 千元，月均 31419 千元，其餘 8 個月總值為 321375 千元，月均 40172 千元，月均減少 8753 千元，4 個月共計減少 35012 千元，跌幅高達 21.79％。但是，也不能將此減額完全視為抵貨運動的結果，因為這 3 年的夏季，日本對華貿易較前後月份均有銳減，正所謂「日本對華貿易，稍有低落，此可相信者。然因反日而入口亦有顯著之低落，則不可盡信。」〔註114〕

圖表 3：1917～1919 年日貨輸華貨值表　　　　　　（單位：千日元）

	1917 年	1918 年	1919 年
1 月	17644	20625	30214
2 月	20505	24528	34868
3 月	26933	38924	37586
4 月	26967	32388	42533
5 月	28526	30693	43017
6 月	23526	23458	32379
7 月	22866	22464	37363
8 月	25681	22568	29475
9 月	29692	27637	26457
10 月	32122	38042	44065
11 月	38481	38084	45087
12 月	25435	39738	44005

《抵制日貨之歷史及其經濟影響》（原文出自《Far Eastern Review》），《東方雜誌》，1929 年第 26 卷第 3 號，第 60 頁；另見〔日〕田場守義：《抵制日貨之成績》（上），蔡受百譯，《銀行周報》，1928 年第 36 期，第 12 頁。經筆者對照，兩處數據完全一致，

〔註113〕吳希庸：《歷次抵制日貨的經濟效力》，《外交月報》，1934 年第 5 卷第 5 期，第 63～64 頁。
〔註114〕《抵制日貨之歷史及其經濟影響》（原文出自《Far Eastern Review》），《東方雜誌》，1929 年第 26 卷第 3 號，第 60 頁。

且與蔡正雅等編《中日貿易統計》（中國經濟學社中日貿易研究所 1933 年版）附表一「歷年來日本對外及對華貿易貨值比較表（1868～1931）」所錄總數一致。1919 年的月度數值還可參見盧子岑：《歷次抵制日貨的成績》，《南大經濟》，1933 年第 1 期，第 11 頁。

4、1923 年抵貨運動

1923 年 3 月，北京政府向日本政府提出收回旅大、廢除「二十一條」的外交牒文，遭到日本政府無理拒絕，由此而引發中國民眾的抵制日貨運動。運動從 3 月末期開始醞釀倡導，4 月各地陸續制定具體的抵制措施，隨著「五九國恥」日而逐漸達到高潮。9 月 1 日本發生「關東大地震」，中國民眾大力進行慰問和救助活動。抵制日貨運動雖未明確宣佈中止，但實則趨於終熄。因此，此次抵貨時限可以明確定為 4 至 8 月。

圖表 4：1922、1923 年日本對華輸出月別比較表　　　（單位：千日元）

月別	1923 年	1922 年	增減（＋、－）
1 月	21222	19417	（＋）1805
2 月	19069	24367	（－）5298
3 月	30107	30877	（－）770
4 月	30147	34509	（－）4362
5 月	21919	33612	（－）11693
6 月	18957	30456	（－）11499
7 月	17522	26265	（－）8743
8 月	15561	25749	（－）10188
9 月	34890	36525	（－）1635
10 月	35974	41559	（－）5585
11 月	35030	38337	（－）3307
12 月	29815	38971	（－）9156

〔日〕菊池貴晴：《中國民族運動の基本構造——對外ボイコット運動の研究》，東京：汲古書院 1974 年版，第 219 頁。

1923 年前 3 個月和上年同期極為相似，明顯呈現遞增趨勢。但是，抵貨運動導致「本極有發展希望」的日本對華貿易「遽受阻滯」〔註 115〕，4 月份

〔註 115〕〔日〕田場守義：《抵制日貨之成績》（下），蔡受百譯，《銀行周報》，1928 年第 37 期，第 13 頁。

雖略有上昇，5 至 8 月則大幅下跌，9 月抵貨運動停止，又陡然上昇，並持續維持高位數值。因此，日貨輸華數值的波動起伏與抵貨運動的緩急興衰基本吻合，兩者間的關聯非常清晰。有 4 個月的對華貿易受到顯著制約，4 至 8 月日貨輸華共計 104106 千元，比上年同期的 150591 千元減少 46485 千元，跌幅高達 30.87%。再將抵貨月份與非抵貨月份進行比較。1923 年非抵貨期間日貨輸華共計 206107 千元，月均 29444 千元，而抵貨期間月均值僅為 20821 千元，月均減少 8623 千元，跌幅高達 29.29%。5 個月共減少 4.3115 千萬元，這大概是此次抵貨經濟效果的最大值。

5、1925 年抵貨運動

據雷麥統計，1925 年日貨輸華月別數值分別為 35430、42982、45928、39675、45614、42435、36965、50423、60615、65827、51562 和 41731 千元 〔註116〕，與 5 月相比，6、7 兩月呈遞減趨勢，尤其是 7 月數值下跌顯著。這兩月均值為 39700 千元，其餘非抵制時期月均 49065 千元，跌幅為 19.09%，以非抵制月份均值為基數，抵制兩月合計減少 1.873 千元。但是，下半年抵制日貨停止而單獨抵制英貨，從而導致日貨進口數值大大高於上半年，因此，再將 6、7 兩月與前 5 個月進行比較。前 5 個月合計 209629 千元，月均 41926 千元，與 6、7 兩月均值 39700 千元相比，後者月均減少 2226 千元，跌幅僅 5.31%，共減少 4.452 百萬元，大大低於前一種比較方式的減額。或許，將 4.452 百萬元的減額視為此次抵貨的經濟效力較為妥當。

6、1927 至 1929 年抵貨運動

1927 年中國政局動盪不安，中日貿易受到深刻影響，〔註117〕日貨輸華貨

〔註116〕該數據參見〔美〕C.F.Remer: A Study of Chinese Boycotts-With Special Reference to their Economic Effectiveness, Ch'eng-wen Publishing Company, Taipei, Taiwan, 1966, p.262。雷麥認為，精確考量 1923 年抵貨運動經濟效果的難題之一，是僅能獲得該年上半期日貨輸華的月別數據，因為日本受關東大地震的影響而未公佈其餘月份統計數據。其書後所附 1907 至 1932 各年度的月別數值，但缺 1923 年下半年和 1924 年。另外，近人諸多有關考察抵貨運動經濟效果的文章，多將抵貨年份與上年進行月別對比，但唯獨此次僅有年度比較。因此，筆者在此亦無法與上年進行月別比較。

〔註117〕1927 年中國中部對日貿易之所以狂退，是因為政局的關係，如 1 月間中國實施二五附加稅和國民軍襲上海的謠言蜚起，3 月間革命軍到滬，秩序未恢復，4 月起共氣大盛，和寧漢形勢之極端惡劣等等，影響及於全年貿易。參見盧子岑：《歷次抵制日貨的成績》，《南大經濟》，1933 年第 1 期，第 20 頁。

值大幅度低落，全年僅有 2 個月份的數值高於上一年。日本出兵山東引發的抵貨運動從 6 月開始，7 月達到高潮，隨著 8 月 30 日日本發表從山東撤兵的聲明而逐漸沉寂。〔註 118〕下表顯示，6 月日貨輸華值比上個月增加 3835555 元，漲幅高達 13.25％，不僅是上半年的最高值，並且還超過上年同月數值。7 月比 6 月減少 4561104 元，跌幅為 13.91％，顯示出抵貨的經濟效力，但隨之又大幅上昇，並超過 6 月份。此次抵貨效果顯然不甚明顯，用雷麥的話來說，1927 年「混亂無序」的一年，而非抵貨之年，抵制日貨運動只不過為這一年增添混亂罷了〔註 119〕。

圖表 5：1927～1932 年日本對華貿易貨值逐月比較表　　（單位：千日元）

	1927 年	1928 年	1929 年	1931 年	1932 年
1 月	25835	26446	35226	17811	20545
2 月	23582	34540	15186	15254	13141
3 月	25637	38874	25167	20185	22762
4 月	23047	35419	33169	18904	23376
5 月	28954	33727	32674	20362	22861
6 月	32790	23868	24976	21084	20798
7 月	28229	28931	30260	26810	21687
8 月	34006	33102	35870	22327	28327
9 月	29056	33131	38228	18243	26439
10 月	32219	36276	32140	14006	23260
11 月	26066	25628	23704	9490	28854
12 月	24763	23000	20052	10091	31481

1927～1929 年的日元數值來自蔡正雅《中日貿易統計》（中國經濟學社中日貿易研究所，1933 年版），表二十九，第 209～210 頁。1931～1932 年的日元數值來自蔡致通：《二十一年份之對外貿易》，《中行月刊》，1933 年第 6 卷第 1～2 期合刊，第 35 頁。

〔註 118〕時人吳希庸將此次抵貨時間定為 5 至 10 月，並與上年進行對比，認為此次抵貨導致日貨輸華值減少 31478 千日元，跌幅高達 13％，顯然高估了其經濟效力。參見吳希庸：《歷次抵制日貨的經濟效力》，《外交月報》，1934 年第 5 卷第 5 期，第 64～65 頁。

〔註 119〕〔美〕C.F.Remer: A Study of Chinese Boycotts-With Special Reference to their Economic Effectiveness, Ch'eng-wen Publishing Company, Taipei, Taiwan, 1966, p.136.

　　濟案後的經濟絕交運動自不失其經濟效能，有論者甚至認爲，「自民國建立以來，直至九一八事變前止，因中國人民對日經濟絕交，1928 年該是日本在對華貿易上，受打擊最大的一次。」〔註120〕1928 年 4 月 20 日，南京政府北伐部隊逼近濟南，日本海軍陸戰隊登陸青島，日本第二次出兵山東雖未引發反日運動，但軍事行動業已導致當月日貨輸華數值較 3 月有所低落。抵貨運動從 5 月開始，當年後 8 個月的數值雖然隨抵貨運動的緩急而有起伏波動，但均未高於 4 月份數值。6、7 兩月和年底兩月輸華數值跌幅最大。1929 年初日本對華輸出貿易頗有起色，但隨後兩月又大幅跌落。〔註121〕「中日濟案協定」於 3 月 28 日簽訂之後，反日運動雖然未再獲得政治支持，但餘波也並未立即終止〔註122〕，在局部範圍內一直延續到當年的 6、7 月份，因而 5 至 7 月的數值較 4 月又有所回落。再將 1928 年 5 月至 1929 年 7 月的抵貨月份與這兩年其餘非抵貨月份數值進行比較。抵貨月份日貨輸華共計 434321835 元，月均 28954789 元，非抵貨月份共計 285272526 元，月均 31696947 元。抵貨期間月均減少 2742158 元，共計減少 41132370 元，跌幅爲 8.65％。上海日本商務參贊將 1928 年 6 月至 1929 年 5 月視爲中國的抵貨時限，並與 1927 年 6 月至 1928 年 5 月的日貨輸華數值進行對比，認爲此次抵貨導致日貨輸華減少 3.9 千萬元，這與我們上述統計相差不大。〔註123〕雷麥通過檢視日貨輸華的月度數據，認爲此次抵貨導致輸往中國華北的日貨減少 10％，其餘地區則減少 25％。他認爲此次抵貨運動存在清晰的起訖時間，即從 1928 年 5 月至次年 5

〔註120〕樂炳南：《日本出兵山東與中國排日運動（1927～1929 年）》，臺北國史館，1988 年版，第 299 頁。

〔註121〕1929 年 1 月日貨數值較上年 1 月激增，而 2 月則銳減，不可全部歸結爲抵貨效力，更多是因爲自 2 月七日起提高關稅，故而大量日貨爲避免重稅而先期輸入，「不獨日人爲然，即他國之商人亦莫不採同一之舉動也。試觀今歲上海 2 月份之輸入大減，可以知矣。」參見衡南：《去年抵制日貨之效果》，《錢業月報》，1929 年第 9 卷第 3 期，第 10 頁。

〔註122〕1929 年前 3 月日本對外貿易大減，之所以忽然惡化，不外三個原因，一是日本政府之一切政策，均集中於增高物價，使海外市場的競爭力弱化，二是中日交涉至 3 月底始得一部分解決，而中國之抵貨運動迄未停止，與日本貿易以重大打擊；最重要的是，金銀解禁問題不解決，國際貿易完全歸於投機化，其對外輸出不能安全實行。參見《抵貨聲中之日本對外貿易》，《商業月報》，1929 年第 9 卷第 5 期，「國內外工商消息」，第 2 頁。

〔註123〕轉見王逢壬譯：《經濟抵貨與中日貿易》，《錢業月報》，1931 第 12 期（該文爲日本商務參贊所作，原文未標記該參贊姓名，原載當年 11 月 11 日的《字林西報》。）

月。〔註124〕如果按照他認可的抵貨起訖時間，下表數據表明，抵貨期間日貨輸華數值共計 379085407 元，月均 29160416 元，非抵貨期間共計 340808954 元，月均 30955360 元，抵貨期間的減額共計 23334272 元，跌幅僅為 5.80％。因此，雷麥自信此次抵貨經濟效果的測度比以往歷次都要精確的看法，或許尚可存疑。

7、1931 至 1934 年抵貨運動

1931 年夏季萬寶山慘案發生之後，日貨輸入不僅未受衝擊，反而逆勢而增，7 月份數值為當年最高記錄，8 月份也超過前半年所有月別數值。九一八事變發生後，抵貨運動漸趨激烈，日貨數值大幅低落。1932 年初有較大恢復，但在淞滬戰事的影響下又明顯大幅回落，隨後逐漸回升，並最終超過上年。因此，將 1931 年下半年與上半年的數值進行對比，即可最大限度地彰顯此次抵貨的效能。上半年日貨輸華總值為 113600 千元，月均 18933 千元，下半年為 100967 千元，月均 16827 千元，月均減少 2106 千元，抵貨半年共計減少 12636 千元，跌幅為 11.12％。1932 年 5 月中日簽訂《淞滬停戰協定》，抵貨運動暫告一段落。如果將這 5 個月納入抵貨時限，抵貨月份共計 11 個月，日貨輸華總值為 203652 千元，月均 18514 千元，其餘 13 個月為 294437 千元，月均 22649 千元，月均減少 4135 千元，跌幅為 18.26％，共計減少 45485 千元。

再根據中國海關統計進行考察。〔註125〕表中數據顯示出的日貨進口數值波動趨勢，既與抵貨運動的緩急基本一致，也與日貨輸華數值的分佈態勢基本吻合。1931 年上半年進口日貨值合計 141568 千兩，月均 23595 千兩，下半年合計 117469 千兩，月均 19578 千兩，次年前 5 個月合計 98026 千兩，月均 19605 千兩。1931 年下半年比上半年月均減少 4017 千兩，抵貨 6 個月導致日貨進口減少 24102 千兩，跌幅為 17.02％。再將次年納入考察。從 1931 年 7 至次年 5 月的抵貨期間，日貨進口值為 215495 千兩，月均 19590 千兩，如果以 1931 年上半期的月均 23595 千兩為基數，則月均減少 4005 千兩，共減少

〔註124〕〔美〕C.F.Remer: A Study of Chinese Boycotts-With Special Reference to their Economic Effectiveness, Ch'eng-wen Publishing Company, Taipei, Taiwan, 1966, p.154.

〔註125〕中國海關自 1931 年開始才進行月度統計，而自 1932 年 7 月開始，東北的對外貿易數據已經不見於中國海關，因此表格中未有下半年數值。這也是前此的考察未能將日方統計與中國海關統計進行對照的原因。

44176 千兩，跌幅爲 16.97％。因此可以大致斷定，1931 至 1932 年抵貨運動期間，日貨進口值大約減少 4 千萬兩左右，跌幅也大致爲 17％左右。

近人陳正謨曾以 1931 至 1934 爲時限，就起自萬寶山慘案後抵貨運動的經濟效果進行了複雜的計量評估，認爲 4 年內日貨進口減少約值國幣 441 百萬元，或關金 234 百萬，或日金 246 百萬。〔註 126〕而華北危局背景下的抵貨運動儘管時興時衰，但規模甚小，對日貨進口的影響自然也無法與前此歷次全國規模的抵貨運動相提並論。因此，如果 1931 至 1932 年抵貨運動的經濟效果在 4 千萬日元左右，那麼 4 年抵貨運動的實際效果無疑要遠遠小於陳正謨的估計，而在雷麥看來，「不論從何點觀察，1931 年抵制之經濟效力至爲明顯。如將中國歷屆之抵制依其效力之大小定其等第，則 1931 年之抵制應占首位矣。」〔註 127〕

（二）抵貨運動與日貨輸華：與上一年比較

抵貨運動期間，樂觀主義者往往將日貨進口值減少視爲運動大見成效的主要依據，並以此作爲動員民眾參與和堅持經濟抵制的重要手段，當今絕大多數研究成果也往往將此視爲褒揚抵貨運動的核心證據。不過，抵貨激烈月份日貨進口一般均有較大幅度的減少，但在抵貨醞釀階段和抵貨結束後，日貨進口往往迅速恢復原狀，甚至往往較抵貨之前有所增加，從而實際上抵消了抵貨的經濟效能。因此，必須對抵貨年份的日貨輸華狀況進行考察，才能比較準確地說明抵貨運動對中日貿易造成的具體影響。下文利用中日雙方的統計資料，進行比較性地探討。

下表顯示，1907 至 1909 年的日貨輸華值分別爲 85619233 元、60506991 元、73087891 元，輸華貨值占日本輸出總值的比率分別爲 19.80％、16.00％、17.69％。也就是說，1908 年比上年減少 25112242 元，跌幅高達 29.33％，而華南抵貨月份比上年同期僅僅下跌 24.79％。1909 年比 1908 年增加 12580900 元，漲幅高達 20.79％，而 1909 年 8 至 10 月東北地區的日貨輸華值比上年同期僅僅下跌 2.31％。並且，從日本輸華貨值與輸出總值的比率來看，1908 年比上年下跌 3.80％，1909 年則比 1908 年上漲 1.69％。這一悖論性現象充分說

〔註 126〕陳正謨：《九一八後中國排斥日貨之檢討》，《經濟學季刊》，1935 年第 6 卷第 1 期，第 78 頁。

〔註 127〕〔美〕C.F.Remer: A Study of Chinese Boycotts-With Special Reference to their Economic Effectiveness, Ch'eng-wen Publishing Company, Taipei, Taiwan, 1966, p.231.此處中文轉見喬智千和高仲洽翻譯的《1931 抵制日貨之經濟效力》，《中央銀行月報》，1934 年第 3 卷第 3 號，第 510 頁。

明，將日貨輸華 250 萬元的減額視爲此次抵貨的經濟效力極其不妥〔註128〕。

　　1915 年日貨輸華值爲 141125586 元，比上年的 162370924 元減少 21245338 元，跌幅爲 13.08%，而同年日本對外輸出總值反而上漲 19.83%。1914 和 1915 年日貨輸華值與日本輸出總值之比分別爲 27.47%、19.92%，兩者相差 7.55%。再者，13.08% 的年度跌幅比前文 16.18%、17.75% 或 19.63% 的月度跌幅均要小。

　　1919 年，日貨輸華值比上年增加 87898453 元，漲幅爲 24.47%，而同年日本對外輸出總值僅上漲 6.97%，遠遠低於對華輸出的漲幅，輸華貨值與輸出總值的比率則僅僅上漲 3%。1920 年，輸華貨值與輸出總值的比率僅有 0.24% 的微跌，而日貨輸華貨值則下跌 8.23%，但還是大大低於對外輸出總值 15.05% 的跌幅。1921 年輸華貨值與對外輸出總值均有大幅下跌，不過前者仍然低於後者，且輸華值所佔總輸出的比率則仍然將近 2% 的上漲。但是前文考察 1919 年 6 至 9 月日貨輸華值比上年下跌 21.79%，可見抵貨效力被非抵貨期間進口數值的抵消程度非常嚴重。

　　1923 年日本對外輸出總值下跌 11.59%，但對華則下跌 18.39%，輸華貨值與輸出總值的比率也下跌 1.57%。1925 年輸華貨值增加竟然超過 1 億 2 千萬，不過儘管漲幅高達 34.45%，但其輸出總值也漲幅不小，高達 27.59%，同時輸華值所佔總輸出的比率僅上漲 0.48%。1927 年對外輸出總值僅下跌 2.56%，但對華輸出則下跌 20.78%，輸華值所佔總輸出的比率也下跌 3.86%。1928 年對華輸出上漲 11.66%，所佔比率也上漲 1.75%，而其輸出總值則下跌 1.02%。1931 年日貨輸華值減額超過 1 億日元，跌幅高達 40.29%，比輸出總值 21.97% 的跌幅高出近 18.32%，與總輸出之比也下跌 4.17%。詳見下表。

圖表 6：1907～1931 年日本對外及對華貿易貨值比較表　　（單位：日元）

年　份	輸出總值	增減率	輸華貨值	增減額	增減率	比　率
1907	432754892		85619233			19.80
1908	378245673	（－）12.60	60506991	（－）25112242	（－）29.33	16.00
1909	413112511	（＋）9.22	73087891	（＋）12580900	（＋）20.79	17.69
1914	591101461		162370924			

〔註128〕日方有此說法，參見 Anti-Foreign Boycotts in China, Tokyo May, 1932. 中方時論和今人研究，亦多以此爲據。

年　份	輸出總值	增減率	輸華貨值	增減額	增減率	比　率
1915	708306997	（＋）19.83	141125586	（－）21245338	（－）13.08	19.92
1918	1962100668		359150814			
1919	2098872617	（＋）6.97	447049267	（＋）87898453	（＋）24.47	21.30
1920	1948394611	（－）15.05	410270499	（－）36778768	（－）8.23	21.06
1921	1252837715	（－）35.70	287227081	（－）123043418	（－）29.99	22.93
1922	1637451818	（＋）30.7	333520262	（＋）46293181	（＋）16.12	
1923	1447750720	（－）11.59	272190662	（－）6139600	（－）18.39	18.80
1924	1807034837		348398787			
1925	2305589807	（＋）27.59	468438956	（＋）120040169	（＋）34.45	20.32
1926	2044727891		421861235			
1927	1992317165	（－）2.56	334183608	（－）87677627	（－）20.78	16.77
1928	1971955352	（－）1.02	373141911	（＋）38958303	（＋）11.66	18.92
1929	2148618652		346652450			
1930	1469852293		260825838			
1931	1146981326	（－）21.97	155750668	（－）105075170	（－）40.29	13.58

　　日本輸出總值和輸華數值來自蔡正雅等編：《中日貿易統計》（中國經濟學社中日貿易研究所 1933 年）附表一「歷年來日本對外及對華貿易貨值比較表（1868～1931）」。增減額和增減比率是與上一年相比較，此為筆者計算結果。最後一欄比率是指對華輸出入占輸出入總值比率。筆者將此數值與日本官方出版的文獻（Table Showing the Effect of the Past Boycotts in Japanses Exports to China（1907～1931）, Anti-Foreign Boycotts in China, p.49～50.Tokyo May, 1932 年。亞洲歷史資料中心檔案 B0203045 4000）進行了核對，兩者完全一致，只不過後者單位為千日元。

　　再據中方統計以資對照。據中國海關統計，1908 年的日貨進口值比上年減少 4960450 兩，跌幅為 8.63％，1909 年比 1908 年增加 7474227 兩，漲幅為 14.24％。1915 年比上年減少 6870478 兩，跌幅為 5.40％。1919 年比上年增加 8082419

兩，漲幅爲 3.38%。此後兩年延續遞減趨勢，分別減少 17805131 兩、18776629 兩，跌幅分別爲 7.21%、8.19%。1923 年減少 10404588 兩，跌幅爲 4.50%。1925 年增加 64993748 兩，漲幅高達 27.68%。1927 年減少 43115681 兩，下跌 12.80%。1928 年增加 25499679 兩，漲幅爲 8.68%。自 1931 年起，連續三年呈遞減趨勢，比上年分別減少 31437881 兩、144720119 兩和 71835485 兩，或者分別下跌 9.61%、48.94% 和 47.57%。1934 年比 1933 年增加 2349893 兩，漲幅爲 2.97%。

圖表 7：1907～1934 年中國對日貿易統計表　　　　（價值單位：關兩）

年份	自日輸華		
	價值	增減額	增減率
1907	57461410		
1908	52500960	（－）4960450	（－）8.63
1909	59975187	（＋）7474227	（＋）14.24
1914	127119992		
1915	120249514	（－）6870478	（－）5.40
1918	238858578		
1919	246940997	（＋）8082419	（＋）3.38
1920	229135866	（－）17805131	（－）7.21
1921	210359237	（－）18776629	（－）8.19
1922	231428885		
1923	221024297	（－）10404588	（－）4.50
1924	234761863		
1925	299755611	（＋）64993748	（＋）27.68
1926	336909441		
1927	293793760	（－）43115681	（－）12.80
1928	319293439	（＋）25499679	（＋）8.68
1929	323141662		
1930	327165000		
1931	295727119	（－）31437881	（－）9.61
1932	151007000	（－）147720119	（－）48.94
1933	79171515	（－）71835485	（－）47.57
1934	81521408	（＋）2349893	（＋）2.97

　　1907～1928 年的「價值」數據來自楊端六等編：《六十五年來中國國際貿易統計》第 105 頁第 15 表「直接往來貿易國別統計表（1863～1928）」，國立中央研究院社會科學研究所專刊第 4 號，1931 年版；1929～1934 年的「價值」數據來自何炳賢：《中國的國際貿易》（上）第 182 頁，商務印書館，1947 年版。增加率爲筆者計算結果。

　　以上日方統計數據中，未有將臺灣、朝鮮包括在內。如果將這些地域納入考察範圍，日貨輸華值的增減狀況則大不相同。下表顯示，日貨輸華值的增減年份與上表完全一致，但增減數額和幅度則判然有別。如果再結合匯率變動情況加以研判，增減幅度明顯小於以日元爲單位的輸華數值。1909、1919、1921、1925 和 1928 年五個抵貨年份日貨輸華值與上年相較爲上漲，漲幅分別爲 13.46%、6.06%、7.51%、23.06% 和 3.21%，其中 1908、1915、1920、1923、1927 和 1931 年六個年份爲下跌，跌幅分別爲 7.51%、6.18%、4.13%、11.38%、6.03% 和 19.72%。

圖表 8：1907～1931 年日貨輸華價值表（包括朝鮮和臺灣）

年度	輸往中國與香港	增減額	增減率	匯率	海關銀之額數	增減額	增減率
1907	130404678			1.58	82534606		
1908	100000000	（－）30404678	（－）23.32	1.31	76335878	（－）6198728	（－）7.51
1909	110000000	（＋）10000000	（＋）9.09	1.27	86614173	（＋）10278295	（＋）13.46
1914	217918374			1.34	162625652		
1915	190724734	（－）27193640	（－）12.48	1.25	152579787	（－）10045865	（－）6.18
1918	539224585			2.37	227520922		
1919	656332220	（＋）117107635	（＋）21.72	2.74	241298610	（＋）13777688	（＋）6.06
1920	598022413	（－）58309807	（－）8.88	2.38	251269921	（－）9971311	（－）4.13
1921	424100600	（＋）173921813	（＋）29.08	1.57	270127771	（＋）18857850	（＋）7.51
1922	470800881			1.72	273721442		
1923	395379954	（－）75420927	（－）16.02	1.63	242564389	（－）31157053	（－）11.38
1924	500010560			1.95	256415672		
1925	643715334	（＋）143704774	（＋）28.74	2.04	315546732	（＋）59131060	（＋）23.06

年度	輸往中國與香港	增減額	增減率	匯率	海關銀之額數	增減額	增減率
1926	574441017			1.58	363570264		
1927	491983143	（－）82457874	（－）14.35	1.44	341654960	（－）21915304	（－）6.03
1928	539536652	（＋）47553509	（＋）9.67	1.53	352638335	（＋）10983375	（＋）3.21
1929	532193817			1.38	385647693		
1930	403286000			0.92	438354348		
1931	285046000	（－）118240000	（－）29.32	0.81	351908642	（－）86445706	（－）19.72

沈雲龍：《近代中國史料叢刊續輯：參與國際聯合會調查委員會中國代表處說帖》文海出版社，第 193 頁。

再將日、美、英三國輸華淨值在華地位進行對比。下表顯示，從日貨輸入淨值所佔我國輸入總淨值比率與上年的增減幅度來看，1915 年日本上漲 3.62％，美國跌幅很小，但英國則下跌 3.01％。1919 至 1921 年日本持續下跌，幅度分別為 4.91％、8.21％、6.76％，而英美兩國則均為上漲。1923 年日美兩國下跌幅度相當，均低於英國跌幅。1925 年日本上漲 8.65％，而美英兩國均為下跌，跌幅分別為 3.68％、2.56％。1927 年日本微跌 0.57％，美國跌幅也很小，但英國跌幅稍大。1928 年日本跌幅超過 2％，與英國跌幅大致相當。1931 年日本跌幅超過 4％，英國稍有上漲，美國漲幅則超過 4％。因此，1920、1921、1923、1927 和 1931 年，無論是日貨輸入值還是日本在中國輸入總值中的比率均為下降，1925 年的情況則恰恰相反，兩者均為上昇。1915 日貨輸入價值有較大下跌，但所佔比例卻有較大幅度上漲。1919 和 1928 年輸入價值有較大上漲，而所佔比例卻有所降低。尤為重要的是，從 1915 至 1931 年之間，日貨輸入總淨值超過英美而均居首位。

圖表 9：1912～1931 年日、美、英三國占中國輸入總淨值百分比比較表

年 份	日	美	英
1914	22.57（2）	7.21	18.41
1915	26.19（1）	7.03	15.42
1918	43.27（1）	10.41	8.90
1919	38.36（1）	16.71	9.80
1920	30.15（1）	18.40	17.05

年　份	日	美	英
1921	23.39（1）	19.23	16.46
1922	24.58（1）	17.32	15.21
1923	23.26（1）	16.03	12.92
1924	23.50（1）	18.31	12.31
1925	32.15（1）	14.63	9.75
1926	30.40（1）	16.46	10.28
1927	29.83（1）	16.23	7.33
1928	27.67（1）	17.11	9.46
1929	26.38（1）	18.18	9.37
1930	25.60（1）	17.69	8.18
1931	20.96（1）	22.34	8.33

　　蔡正雅等編：《中日貿易統計》表三，中國經濟學社中日貿易研究所，1933年版，第151頁。括號內數字爲日本所佔比例之序列。

（三）抗戰時期經濟絕交與中日貿易

　　抗戰以前的歷次抵制運動，多以抵制日貨爲主，並非嚴格意義上的經濟絕交運動。全面抗戰爆發至經濟絕交停廢期間，無論是民間輿論還是官方法令，都體現出斷絕中日之間一切經濟關係的新特點。因此，討論經濟絕交運動對日貨進出口的影響無疑大有必要。

　　首先對日本對華貿易情況進行分析。下表說明，1936至1940年，日本對華進出口數值明顯逐年遞增，且均高於戰爭發生前的數值。1938年的對外貿易總額較上年有所減少，但對華貿易依然增加。對華貿易在日本對外貿易中所佔比例，1937年較上年有所降低，其餘年份則均爲增加。

圖表10：1936～1940年日本對外貿易表 （單位：百萬日元）

年份	對華輸出額	自華進口額	對華貿易總額	對外貿易總額	中國所佔百分比
1936	715	397	1112	5390	20.6
1937	840	443	1283	6958	18.4
1938	1183	565	1748	5353	32.7
1939	1770	684	2454	6494	37.8
1940	1462	571	2033	2555	79.6

楊子斌：《中日貿易之檢討及我國應有之方案》，《經濟建設季刊》，1943年第1期。

再從中國對日貿易的情況來看，1937 年中國日貨進口較上年有所減少，其後 3 年逐年遞增。中國輸日商品的數值則表明，1937 年和 1939 年降幅較大，顯示出中國禁止貨物資敵的舉措成效顯著。

圖表 11：1936～1941 年中國對日貿易表　　　　（單位：國幣元）

年　份	進　口	出　口	出超或入超
1936	171164930	134995897	入 36169033
1937	165908369	109465461	入 56442908
1938	255128126	165103225	入 90024901
1939	461831309	127662093	入 334169216
1940	587279693	283882105	入 303397588
1941	465639477	502607136	出 36967659

　　可泉：《中日貿易之研究（上）》，《中央經濟月刊》1942 年第 8 期。日本包括其本部、朝鮮、臺灣和關東租借地。

鄭友揆有關抗戰時期中日貿易的估計迄今仍然比較權威。下表顯示，1937 至 1941 年，中國進口日貨的數值，僅 1938 年比上年減少，其後 3 年逐年遞增。但對日出口的情況則頗不一樣，1938 至 1941 年的數值均低於 1937 年，1938 年較上年降低 34.7%，1939 年較上年又降低 27.6%，1940 年亦僅較上年增加 2.8%。應該說，抗戰期間國民政府的經濟絕交法令起了相當大的作用。

圖表 12：1937～1941 年中日貿易變動趨勢　　　　（單位：美元）

	自日進口		對日出口		總值	增減幅度
1937	279935		245802		525737	
1938	263938	−5.7	160468	−34.7	424406	−19.3
1939	406984	+54.2	116194	−27.6	523178	+23.3
1940	511469	+25.7	119414	+2.8	630883	+20.6
1941	605487	+18.4	154317	+29.2	759804	+20.4

　　鄭友揆、程麟蓀：《中國的對外貿易和工業發展》，上海社會科學院出版社 1984 年版，第 171～174 頁。日本包括前日本帝國佔領的土地，如朝鮮、臺灣和東三省的關東租借地。

抗戰時期，英、美、日三國仍然是中國對外貿易的最重要國家。從我國

進口看，1938 年日本居第 3 位，其後三年則均居首位。從出口國別看，日本的重要性雖然有所變化，但也並未跌出前三名位。詳見下表。

圖表 13：1937～1940 年我國對外貿易國別次序表

	1937		1938		1939		1940	
	進口	出口	進口	出口	進口	出口	進口	出口
日	3	3	1	2	1	3	1	3
英	1	1	2	1	2	1	2	1
美	2	2	3	3	3	2	3	2

　　可泉：《中日貿易之研究》（上），《中央經濟月刊》，1942 年第 8 期，第 20～23 頁。日本包括其本部，朝鮮、臺灣和關東租借地。

　　但是，上述統計仍然並不全面，即並未考慮戰時走私貿易。正如許滌新指出的那樣，首先，軍用物資不在進口統計之列。其次，大後方與淪陷區的貿易從法律上講雖屬國內貿易，但淪陷區運大後方貨物中包括進口洋貨，尤其是日貨，為數頗巨，後方運往淪陷區者亦有出口商品。第三，國際交通線愈困難，走私進口愈猖獗，且多係權勢之家走私，無從查獲。因此，就對外貿易而論，實際數字與表列數字會大有出入〔註 129〕。淪陷區是中國領土不可分割的一部分，日本的強行佔領並未能改變該部分領土的主權歸屬，然而，戰時淪陷區偽政府依附於日本，實行與大後方迥然不同的若干套貨幣體系，其與大後方本無正常貿易可言，存在的事實貿易與對外貿易中的走私貿易並無差別，理應歸入對外貿易之中。

　　但是，走私貿易因隱蔽性、不確定性而使準確估計發生困難。國民政府情報機關中統的估計最為保守，認為 1940 年度每月平均走私為 100 萬元，全年約為 1200 萬元。早在 1942 年，姚曾蔭即認為此種估值失之過低。日方特務機關經濟部估計，1939 年全年走私日貨約值 1.3 億元，姚氏認為日方估計可能與事實更為接近。他進一步指出，自 1937 年 7 月到 1938 年底，由於戰線的不斷推移，大規模走私不易實現，故而後方的走私可以忽略。但到 1939 年，戰爭已陷於膠著狀態，大規模走私在該年上半年業已開始，至下半年更形猖獗，據他估計，1939 年後方走私輸入額約為 1 億元（約合 1100 餘萬美

〔註 129〕許滌新、吳承明主編：《中國資本主義發展史》第 3 卷，社會科學文獻出版社，2007 年版，第 457 頁。

元），自後方輸往淪陷區的土貨值與走私輸入值之比，是年約為 2 比 3，即前者為 6700 萬元〔註 130〕。戰時的走私規模相當巨大，簡直可與正常貿易分庭抗禮，據日方觀察：「中國的經濟自事變以來，其主要的部門不能不說是靠密輸（走私）而存在，其對外貿易或國內物資流通，若是單靠海關或運輸公司的公開報告，而診斷中國商業的貿易狀況，這是極端可笑的錯誤……現在走私的旺盛，幾乎與合法的商業相匹敵。」〔註 131〕

1940 年，中國國民黨中央執行委員會電令各地黨部「毋得購買敵貨」：「軍興以來，入口敵貨年有增加，二十八年度數額之巨，竟逾三萬萬元。此在平時已屬有損國力，在戰時更足助長敵勢，抗戰已至今日，敵貨猶能如此暢銷我境，言之實深痛心。現在敵人軍事侵略已日趨衰竭，政治陰謀亦顯已失敗，獨經濟之掠奪榨取，仍在積極推進，若不亟加遏阻，何以克敵制勝。」〔註 132〕由此可見經濟絕交效力之一斑。

（四）中日貿易變動之非抵貨因素

馬寅初於 1933 年曾經指出，日貨進口減少的原因相當複雜，抵制運動僅為重大原因之一，但絕非惟一原因。他認為以下諸多因素都有可能導致日貨輸入減少，一是水旱天災不斷和內亂頻仍，尤其是在世界經濟恐慌的衝擊下，絲、茶等特產輸出大減，中國農民亦陷入恐慌之漩渦，因此導致民眾貧困，購買力薄弱，日貨輸入因而減少；二是中國關稅稅率提高，日貨進口難免不受影響，並且日人因稅率提高而走私更加猖獗，大量日貨未經海關登記，因此「關冊」數據雖見日貨進口減少，而實際上亦未必盡然；三是隨著中國民族工業日漸發達，部分日貨進口因而減少，如「紙板昔日皆用日貨，今華商工廠出產紙板者亦有四五家，其產品皆足與日貨競爭，故日貨紙板之輸入，幾已絕跡」；此外，他認為中國的統計數據本身亦不可靠，如「據以推斷，不陷於謬誤者鮮矣」。〔註 133〕馬寅初這一看法雖然不能全部解釋日貨進口減少的原因，但至少揭示出這一問題的複雜性。

〔註 130〕姚曾蔭：《戰時大後方的貿易平衡》，《金融知識》創刊號，1942 年。

〔註 131〕《東亞經濟月報》，1940 年第 5 卷第 12 號。

〔註 132〕《令飭毋得購買敵貨》（中國國民黨中央執行委員會秘書處代電，渝（29）文字第 4935 號），《中央黨務公報》，1940 年第 5 期。

〔註 133〕馬寅初：《入超》，孫大權編注：《馬寅初全集補編》，上海三聯書店 2007 年版，第 192 頁。

　　日貨進口或增或減，其原因未必完全相同。1908 年日本對華輸出減少 2500 餘萬元，「非純受抵貨的影響，同時亦因中國農產歉收，銀價低落，購買力薄弱之所致」〔註 134〕。1915 年日本對華貿易額降低，其原因「亦極複雜，是年輸入之日本布匹反有增加即其明證。」〔註 135〕1923 年日本對華輸出較上年減少 500 餘萬元，其中原因與 1908 年的狀況大致相似，即深受中國農產歉收，商業蕭條以及購買力因銀價跌落而減弱等因素影響。〔註 136〕1927 年則因國內戰爭，中國與其他各國的貿易「均無起色」，日貨進口減少，「係受普遍的原因支配，非出於抵制使然」〔註 137〕。

　　1931 年日貨輸華減少，其一是由於中國民眾購買力下降。1931 年與上年相比，「最不同之點為普遍十六省之空前大水災」，長江一帶水災波及山東、河南、安徽、江蘇、湖北、湖南、江西和浙江 8 省，受災面積達 141700000 畝，被害戶數達 8579000 戶，被害稻作達 357680000 元，棉花達 56800000 元，高粱小麥達 42210000 元〔註 138〕，可見災害之巨。5 至 10 千萬的民眾均受此「無情的巨浪的影響，無以為衣，無以為食，無以為住，更無以賴為生產之具，結果是中國四分之一的人民完全失去購買力」。因此，1931 年下半年日本對華貿易之減少，災區人民之喪失購買力，「應為最要的原因」〔註 139〕。除了長江流域大水災之外，銀價低落也是中國民眾購買力下降的重要因素。因日本實行金解禁而導致世界銀價低落，採用銀本位的中國，購買力大受影響。1930 年初的上海，日元匯兌規銀 93 兩，至 6 月增為 140 兩，而到 1931 年，銀價跌落不堪，日元匯價竟然隨之增為 157 兩。〔註 140〕此外，深受世界經濟恐慌的影響，東北輸出商品的價格大幅跌落，民間現金枯竭，跌值紙幣充塞

〔註 134〕一之：《抵制日貨史的考察與中國產業化問題》，《平等雜誌》，1931 年第 1 卷第 7 期。

〔註 135〕蔣默揪：《抵制日貨之具體化與其影響》，《時事月報》，1931 年第 12 期，第 397 頁。

〔註 136〕一之：《抵制日貨史的考察與中國產業化問題》，《平等雜誌》，1931 年第 1 卷第 7 期。

〔註 137〕蔣默揪：《抵制日貨之具體化與其影響》，《時事月報》，1931 年第 12 期，第 397 頁。

〔註 138〕劉博敦：《東北問題的把握》，《東北月刊》，1932 年第 1 卷第 2 期，第 17 頁。

〔註 139〕蔣默揪：《抵制日貨之具體化與其影響》，《時事月報》，1931 年第 12 期，第 399 頁。

〔註 140〕劉博敦：《東北問題的把握》，《東北月刊》，1932 年第 1 卷第 2 期，第 17 頁。

市面，乃至日本對東三省之輸出亦減少 43%〔註141〕。二是世界經濟危機的影響。此次世界性的經濟大蕭條，不僅引起中國經濟恐慌，導致到中國民眾購買力大大降低，而且也是英國放棄金本位制的直接動因。英國於 1931 年 9 月 21 日宣告停止金本位，其他各國亦相效繼仿。因英國停止金本位制，英鎊大幅度跌落，因此，英國商品輸出價格極其低廉，增加了對外競爭力，導致日貨在中國市場大受排擠〔註142〕。三是受到中國新關稅制度的影響。自 1931 年 1 月 1 日起，中國關稅稅率增加，中國工業產品有了一定的優越地位，日貨輸華因而大受打擊〔註143〕。正如 1931 年的「拱北關華洋貿易統計報告書」的觀察，「進口新稅則之施行與銀價低落，均為疋頭、糖、火柴及貴重藥品進口數量減少之最大原因。至魚介及海產品等輸入，數亦低落，則又純由抵制日貨有以致之。年底，對外貿易頗有進展之佳兆，而以英貨輸入為最，蓋因金磅價落及抗日運動之故。」〔註144〕

1919 年則「時當戰後，物價高漲，值如故而量較減。」〔註145〕時人陸保權認為，1928 日本對華貿易額不降反增，說明「抵制結果之影響於經濟者，其形勢遠不若其及於政治及社會者之嚴重」，但同時也注意到抵貨結果受到中國內部環境的制約，即所謂「濟南出兵事件所引起之反日風潮，與同年度中國內部之不安定，同為阻滯對華輸出，使不能充分發展之原因」，他甚至認為，倘無中國發生反日抵貨事件，1928 年日本對華輸出「必可視前數年者有巨量之增加」。〔註146〕

日本輸華貨值之增減，深受「逐年物價之升降，自然趨勢之進退，及商業循環之起伏，對對華侵略政策之緩急」等多重因素影響〔註147〕，誠如何炳賢所言，「若因數字上不見大減，我們即認為抵貨完全沒有效力，這卻是錯誤的。因為抵貨的影響的推測，有時數字不減，而增加率則大減，也是常有的

〔註141〕谷平：《民國二十年中日貿易概觀》，《國貨研究月刊》，1932 年第 2 期。

〔註142〕劉博敎：《東北問題的把握》，《東北月刊》，1932 年第 1 卷第 2 期，第 17 頁。

〔註143〕谷平：《民國二十年中日貿易概觀》，《國貨研究月刊》，1932 年第 2 期。

〔註144〕莫世祥編譯：《近代拱北海關報告彙編（1887～1946）》，澳門基金會，1998 年版，第 373 頁。

〔註145〕蔡正雅等編：《中日貿易統計》，中國經濟學社中日貿易研究所 1933 年版，第 57 頁。

〔註146〕陸保權：《一九二八年之中日貿易觀》，《商業月報》，1929 年第 2 期。

〔註147〕蔡正雅等編：《中日貿易統計》，中國經濟學社中日貿易研究所 1933 年版，第 56 頁。

事。此外如匯率，物價等因素，我們也應當加以考慮。」〔註148〕儘管日本官方大力強調中國抵貨運動對其輸華貿易的打擊，但也不得不承認上述因素的重大影響〔註149〕。

二、抵貨運動與日本在華經濟勢力之消長

1932 年，《國貨研究月刊》刊文指出：

> 年來關心抵制外貨運動者，目光燦燦，咸集中於海關報告，如入口數字為減，則欣然喜，其為增也則戚然憂。殊不知海關報告，僅足表示一部分現象，且亦不足深信；蓋進出口數字，往往因估計失實，或因商人隱瞞貨價，或因金與銀匯兌變遷之關係，或因物價一般之自然伸漲，其表示為增者，實質或非增，其表示為減者，實質或非減。吾人欲明外人對我之經濟侵略，除海關報告之數字外，尤須明近年各帝國主義在華之直接設廠及投資。……日人明瞭國人之從事抵貨運動，徒斤斤於海關報告，故年來力求轉變方式，努力發展直接對華設廠，藉圖減少直接入口數字，以緩和我人心。國人不察，多有誤認日本對華輸出減少為日本經濟之危機者，誠膚淺之見也。〔註150〕

誠然，日本帝國主義的經濟侵略，既有商品輸出，亦有資本輸出。自 1908 至 1915 年之間的 3 次抵貨運動，其抵制對象主要是進口日貨以及日本在華商業和航運、金融等服務業。隨著一戰以降日本在華企業影響的擴大，大致自五四時期開始，國人逐步將日本在華工業也納入抵制範圍。本節就抵貨運動對日本在華工商業的影響進行考察。

（一）抵貨運動與日本在華企業

日人樋口弘曾將日本在華工業分為紡織工業和一般工業兩大類型，後者幾乎涉及所有工業部門，包括化學工業、食品製造業、鐵工金屬工業、纖維染色工業、雜貨工業、火柴創始業、煙草製造業、窯業、橡膠工業，印刷業

〔註148〕 何炳賢：《中日貿易問題的研究》（續完），《國際貿易導報》，1933 年第 5 卷第 10 期，第 120 頁。

〔註149〕 Anti-Foreign Boycotts in China, Tokyo, May, 1932, p.37～50.亞洲歷史資料中心檔案 B02030454000。

〔註150〕 傅勤先：《日本在華事業之鳥瞰》，《國貨研究月刊》，1932 年第 7 期。

和木材業等〔註151〕。下面按照此種劃分，分別就抵貨運動對日本在華的兩類工業造成的影響進行考察。

1、抵貨運動與日本在華紡織業

眾所周知，日本在華設廠，得益於《馬關條約》所獲利權。一戰時期是日本在華紡織業發展的重要時期。1918 年，日本在華紗廠的紗錠數首次超過英國。因此，自五四運動以降，日本在華紡織業則成爲歷次抵貨運動的重要目標。

從日本在華紗業情況看，1919 至 1922 年的四年之間，中國均有抵貨運動發生，1919 年，日本在華紗廠紗錠數所佔比例比上年有所增加，其後兩年則有所降低。但是，日本在華紗廠的廠數、紗錠數則均呈上昇趨勢。尤爲重要的是，1922 年是日本在華紡織業發展的轉折性年份。廠數由上年的 14 家增加到 25 家，紗錠數由上年的 372180 枚增加到 671828 枚，所佔比例則亦超過 1919 年。1925 年國人全力抵制英國，日本廠數、紗錠數以及所佔比例均有大幅度增長。1927 至 1929 年這三年，日本廠數和紗錠所佔比例雖然比 1925 年有少許降低，但紗錠總數則有所上昇，尤其是 1928 年濟案發生之後，國人抵貨甚烈，反而較上年有所發展。因此，時人認爲，「1928 年，中國抵制日貨運動頗烈，而在華日廠，則因國府之制止工運，未受重大影響。故日本實業家咸擬將日本在華紗業，大事擴充。」〔註152〕與 1930 年相比，1931 至 1933 年間，日本在華紗廠廠數未變，紗錠數則逐年遞增，而所佔比例也變化甚小。

圖表 14：1918～1936 年中國紗廠紗錠統計表

年度	全國		華廠			日廠		
	廠數	錠數	廠數	錠數	％	廠數	錠數	％
1918	44	1188156	29	669608	56.36	10	284092	23.91
1919	45	1292334	29	715324	55.35	11	332922	25.76
1920	53	1450840	36	842894	58.10	12	351662	24.24

〔註151〕〔日〕樋口弘：《日本對華投資》，北京編譯社譯，商務印書館，1959 年版，第 48～50 頁。而許金生所著《近代上海日資工業史（1884～1937）》，則將樋口弘的「一般工業」類型稱爲日資雜工業（參見許金生：《近代上海日資工業史（1884～1937）》，學林出版社，2009 年版）。爲了行文方便，本文往往將「一般工業」和「雜工業」混用。

〔註152〕《上海之紗布業》（1），《社會月刊》，1930 年第 8 期。

年度	全國		華廠			日廠		
	廠數	錠數	廠數	錠數	%	廠數	錠數	%
1921	70	1870348	51	1238882	66.24	14	372180	19.90
1922	95	2561768	65	1632074	63.71	25	671828	26.23
1924	112	2977462	67	1803218	60.56	40	923728	31.02
1925	117	3319548	68	1846052	55.61	45	1268176	38.20
1927	118	3515856	72	2018588	57.41	42	1291948	36.75
1928	120	3664120	73	2113528	57.68	44	1397272	38.13
1929	127	3969552	81	2326872	58.62	43	1489360	37.52
1930	129	4198338	81	2390674	56.94	45	1630436	38.84
1931	128	4516898	84	2589040	57.32	41	1757248	38.90
1932	128	4611357	88	2637413	57.19	41	1790748	38.83
1933	135	4731146	91	2742754	57.97	41	1803484	38.12
1934	137	4938831	91	2807391	56.84	43	1946532	39.41
1935	140	5022397	93	2850745	56.76	43	1944504	38.72
1936	141	5102796	90	2746392	53.82	47	2135068	41.84

　　丁昶賢：《中國近代機器棉紡工業設備、資本、產量、產值的統計和估量》，中國近代經濟史叢書編委會：《中國近代經濟史研究資料》（6），上海社會科學院出版社1987年版，第87～89頁表2，原表缺1923和1926年統計數據。

　　就日本在華布業情況看，與1918年相比，1919至1921年的日本布機所佔比例有所降低，廠數絲毫未變，而布機數量則有所增加，可見此一時期處於停滯狀態。與紗業一樣，1922年則發展迅速，雖然未有新設布廠，但布機數量及其所佔比例均有較大增長。1925年的發展速度驚人，廠數增加一倍以上，布機數量增加10％。1927至1929年，無論廠數、布機數量以及所佔比例，均較1925年有較大增加。1931年的情形與此類似。

圖表15：1918～1936年全國紗廠附設織布機臺數統計表

年度	全國		華廠			日廠		
	廠數	臺數	廠數	臺數	%	廠數	臺數	%
1918	16	7287	9	4260	58.46	4	1786	24.51
1919	18	8349	9	4010	48.03	4	1986	23.79
1920	20	9179	11	4540	49.46	4	1986	21.64
1921	22	10714	14	6675	61.73	4	1986	18.37

年度	全國		華廠			日廠		
	廠數	臺數	廠數	臺數	%	廠數	臺數	%
1922	27	13603	18	7817	57.47	4	2986	21.95
1924	31	16273	24	9481	58.26	5	3929	24.14
1925	39	20674	24	11121	53.79	11	7205	34.85
1927	42	24082	24	12109	50.28	14	9625	39.97
1928	50	29079	33	16283	56.00	14	10896	37.47
1929	47	28772	31	15505	53.89	13	11367	39.51
1930	50	32880	32	16318	49.63	15	14082	42.83
1931	62	40768	40	18771	46.04	19	19306	47.36
1932	64	39564	43	19081	48.23	18	17592	44.46
1933	64	42834	42	20926	48.85	19	19017	44.40
1934	71	47064	47	22567	47.95	21	21606	45.91
1935	78	52009	52	24861	47.80	22	23127	44.47
1936	83	58439	53	25503	43.64	26	28915	49.48

丁昶賢：《中國近代機器棉紡工業設備、資本、產量、產值的統計和估量》，中國近代經濟史叢書編委會：《中國近代經濟史研究資料》（6），上海社會科學院出版社 1987 年版，第 92～94 頁表 4。

1933 年《塘沽協定》簽訂之後，日人草野三郎對日本在華紡織業有如下評價：

> 日人在華之紡織事業，曾有無數之糾紛。九一八滿洲事變以後乃益甚，蓋爲華人排日運動之壓迫所致，故彼等商業上所受之影響，已有若干次令人預料其必歸失敗。詎知危機之中，忽有轉機。塘沽協定之後，南京政府之仇日政策，已稍減輕……遂令日本之紡織工業，又呈生氣。況南京政府，對於舶來棉花貨品，將徵以重稅，此更有利於在華之日本紗廠也。〔註153〕

據 1932 年朱斯煌觀察，因上海棉織同業拒用日紗，日本紗廠「銷路停滯，存量大增」。據他統計，截至 1931 年 10 月底止，上海棉紗存量共計 57240 包，其中日紗占 34985 包，「足證日紗之銷路退步」，於是日紗同業連續商議對策，

〔註153〕〔日〕草野三郎：《日本在華之紡紗業》，方道元譯，《復興月刊》，1933 第 3 期。

「群以銷行既滯，資本將罄，常此以往，勢必完全破產，捨歇廠別無他法」。
同時認爲閉廠停工乃是對抗抵貨之有效方法，因之閉廠之說，一時甚囂塵上。
但在華紗廠同業公會委員會武居緩藏反對閉廠停工的論調，一再由大阪致電
上海日本紗廠聯合會干預勸阻，並親自赴滬「勸令日廠維持該會前在大阪緊
急會議所議決縮短二成工作之議案，以便將來復業。」不過，日廠爲保持資
本避免破產計，仍有內外、東華、日清、豐田、同興、公大等 20 餘家辦理了
停工手續，尚未停工者「亦清閒不堪矣」。〔註154〕而蘇聯《眞理報》記者認爲，
漢口最大的一家日本紡織企業「達安」廠即在抵貨壓力下逼迫關閉。〔註155〕
陳覺則據上海日本紗廠主聯合會的數據，反日運動爆發之後，上海日本紗廠
出產的 86000 包棉紗與 50000 包棉布，因華商拒收，遂使這些總價值高達 475
百萬兩的棉貨只能積壓於廠主之手〔註156〕。但是，1931 年日本在華紡織業的
規模較上年仍然有所發展，而且當年的資本收益率由上年的 17.7%增加到了
18.0%。

　　近人方道元在其所譯草野三郎「日本在華之紡紗業」一文中有如下按語：

　　　　外人在中國所經營紗廠事業，以日本爲最發達，不惟他國望塵
　　　莫及，即中國亦不能與之相頡頑。雖九一八事變之後，甚受打擊，
　　　近來，銷路又漸形恢復，是誠抵制日貨聲中之靈耗，良可慨歎者也。

　　〔註157〕

　　因此，抵貨運動可能一定程度上阻滯日本在華紡織業的發展速度，但並
未阻遏其在華的發展趨勢。日人樋口弘在其《日本對華投資》一書中，對日
本在華在華紡織業有如下結論：

　　　　從 1925 前後到 1927 年前後這一時期，日本紡織工業的對華投
　　　資，正是在不斷地發展著。當然，在這當中也不斷地發生了許多阻

〔註154〕朱斯煌：《中日貿易之研究》，《經濟學季刊》，1932 年第 4 期，第 276 頁。

〔註155〕《中國抵制日貨運動及其結果（1932 年 2 月 12 日）》（本文係《眞理報》記
　　　　者 1932 年 1 月寫於上海的有關中國國內抵制日貨運動的報導，嚴邦唏譯、馬
　　　　寶華校），參見安徽大學蘇聯問題研究所等編譯：《蘇聯〈眞理報〉有關中國
　　　　革命的文獻資料選編第二輯（1927～1937）》，四川省社會科學院出版社，1986
　　　　年版，第 395～398 頁。

〔註156〕陳覺：《「九·一八」後國難痛史資料》（3），東北問題研究會 1933 年版，第
　　　　464～465 頁。

〔註157〕〔日〕草野三郎：《日本在華之紡紗業》，方道元譯，《復興月刊》，1933 第 3
　　　　期。

礙日本在華紡織業的存在和發展的事情，頑強地抑制著日本紡織業的發展。在這方面具有代表性的就是中國根深蒂固的排日運動。……以 1936 年的情況來說，日本在華紡織業在中國的紡織業中，也佔據了不可動搖的地位。〔註 158〕

2、抵貨運動與日本在華一般工業

抵制期間，日本在華一般工業在原料採購、產品銷售、勞工雇用和資金周轉等諸多方面碰到難題，甚至因此而陷入破產之境。

1908 至 1915 年之間的 3 次抵貨運動，抵制對象主要是進口日貨，在滬日廠基本未受影響。在華日廠產品究竟是否屬於日貨這一問題，甚至在 1919 年的抵貨運動初期依然存在分歧。日本在華紡織業購買中國原料，雇用中國老工，甚至有中方資本參股，故而未被視為抵制對象。隨著抵貨運動加劇，日廠產品漸被看做日貨，因此銷路受阻，僅在日人商店銷售。譬如，上海製造絹絲株式會社在抵貨初期「採購原料和生產一如往常」，後與華商交易陷入困難。東亞煙廠的「孔雀」、「鳳凰」牌香煙甚至一度交易毫無。製皂廠因產品知名度高而受到更大衝擊，創辦於 1909 年的一家工廠因此而停產。抵貨運動也導致在華紙廠交易斷絕。1923 年抵貨運動伊始，日廠產品即成抵制對象，除部分生產原料不依賴中國、或產品主要售予日僑的上海製造絹絲、東亞製麻、上海印刷、蘆澤印刷所等廠商基本未受影響之外，其他工廠均遭程度不等的打擊。寶山玻璃廠的產品在上海市場具有較高聲譽，以往歷次抵貨運動對其影響很小，但此次未能幸免，「直接蒙受很大影響」。製皂工廠歷經 1919年抵貨打擊後，1923 年春季「挽回壓倒中國同行的大勢」，但隨著抵貨運動再次發生，該廠 5 月份銷售額較上年減少 63％。兩家在滬製革廠的生產原料生牛皮主要購自武漢，但漢口也是抵貨運動中心之一，兩廠因而無法順利購買原料。從 1919 年抵貨運動打擊下恢復元氣的東亞煙公司，在此次運動中因上海及長江方面銷路幾乎都受阻礙而不得不關閉。

上海是 1925 年第六次抵貨運動的策源地和運動中心，華紡勞資衝突又是此次運動的導火索，華紡首當其衝成為運動的主要對象，但日人在滬所有工廠都遭受不同程度的打擊。從 6 月上旬開始，支那樟腦株式會社、東華造船廠、上海印刷、上海製造絹絲以及中華電氣製作所首先停業，中旬又有東亞

〔註 158〕〔日〕樋口弘：《日本對華投資》，北京編譯社譯，商務印書館，1959 年版，第 29、32 頁。

製麻、中華皮革、康泰、寶山、明華糖廠、公興鐵廠相繼停工。在租界外的日廠中，寶山玻璃廠停產，瑞寶洋行雖勉強維持生產，但產品庫存日增，賒欠款項亦也難以及時收回。在 1928 年的抵貨運動中，與華廠生產同類產品的工廠深受打擊。玻璃業各廠 6 月以後產品難以賣出，7 月開始再未簽訂新合同，庫存日增。肥皂業遭受抵貨運動的打擊甚大，日廠產品 70%銷往長江一帶，30%銷往華北，但運動導致產品在長江一帶滯銷，各廠被迫減產。隨著天津抵貨運動的推進，銷路完全中斷，1929 年春節後全無訂貨，而往年此時正值訂貨高峰。即使將生產能力壓至最低，尚有三分之二的產品積存，只好暫時停業。1928 年 7 月，製革工廠基本停工。明華糖廠自創辦以後即一直是抵貨運動的主要目標，自 5 月以後交易斷絕，已訂貨的 3.8 萬包糖只能積壓於倉庫，直到 8 月以後仍無客戶訂貨，工廠被迫停產。〔註 159〕

九一八事變後的抵貨運動給上海日廠造成「前所未有的深刻打擊」，遭受合同作廢、產品滯銷、賒賬無法回收、銷售額銳減、沒有新訂貨、受資金影響低價拋售、減產或停產、原料斷檔、熟練工被其他廠挖走、工人罷工、出現代用品等諸多因素的影響。運動甫一發生，除了部分以日人為顧客的鐵工廠和印刷廠之外，各廠幾乎均處交易斷絕狀態。〔註 160〕據朱斯煌統計，截至 10 月 21 日止，除紗廠之外，在華停閉之日廠共有 130 家，計玻璃工廠 22 家，製管工廠 20 家，其他小工場 88 家。即有繼續開工者，亦多減少工作。〔註 161〕以不履行合同、賒賬無法回收等造成的損失為例，精版印刷株式會社因訂單取消而損失 15 萬元，因要求延長交易而損失 10 萬元。瑞寶洋行已售 23 箱肥皂遭到退貨，人和公司因合同被取消損失 4 千兩，另有 2 千兩賒賬無法收回。寶山玻璃廠因先施公司中止玻璃和化妝品合同而損失 34.9 萬元，中華染色整煉公司 9 月下旬應收加工費 9.6 萬元，結果僅收回不足 1.5%的費用，公和製銅廠期票 1.5 萬兩遭拒，榮發玻璃廠 1200 元賒賬末能及時收回〔註 162〕。由於中國買辦和骨幹工人離廠，上海印刷株式會社、南華印

〔註 159〕許金生：《近代上海日資工業史（1884～1937）》，學林出版社，2009 年版，第 273～280 頁。

〔註 160〕上海日本商工會議所編：《滿洲事變後的對日經濟絕交運動》，1931 年，第 113 頁。

〔註 161〕朱斯煌：《中日貿易之研究》，《經濟學季刊》，1932 年第 4 期，第 279 頁。

〔註 162〕許金生：《近代上海日資工業史（1884～1937）》，學林出版社，2009 年版，第 282～283 頁。

刷公司、上海瓷業公司、元大洋行、瑞寶洋行等停工，而中國原料供應商拒絕供貨而使得不少日廠被迫停產。〔註163〕據統計，1931 年 10 月，上海 136 家日資雜工業工廠中，因無法經營而關門者爲 60 家，37 家加盟「上海工業同志會」的會員工廠中，有 22 家全部停業，未停業者亦被迫裁員減產。當年年底，日廠經營狀況進一步惡化，「上海工業同志會」55 家加盟工廠中 35 家停產，正常運行者僅 1 家，開工七八成者 3 家，五成者 7 家，三四成者 4 家，開工一成和情況不明者各 1 家，損失合計達 161.8 萬多兩。而從 1932 年 1 月開始，加盟工廠每月損失估計則高達 29.3 萬餘兩。〔註164〕因此，上海日本商工會議所慨歎：「像中華染色整煉公司那樣需要特種技術、擁有數百家中國老客戶的特種工廠，在歷次抵貨運動中一次也沒有遭到停產的厄運，這次生意也完全斷絕，終至停產。由此可知此次經濟絕交運動有多麼深刻。」〔註 165〕

　　一二八事變的戰火重創了上海的中國民族工業，也給日資雜工業帶來災難性打擊。作爲交戰區的閘北與北四川路一帶，恰恰是玻璃、橡膠、製革、熱水瓶等日資中小工廠的主要廠區。歷經一二八事變，這些小工廠多成廢墟。而自 1931 年夏開始，斷斷續續延至 1934 年方才徹底告終的抵貨運動，則導致上海日資雜工業之維繫或復業更加艱難。戰爭後倖存的工廠大多無法開工。與部分根基深厚的老廠相較，1928 年以後投資熱潮中創建的新工廠基礎薄弱，停產關門者多達 46 家，其餘則「勉強開工以苟延殘喘」。1932 年 6 月，「上海工業同志會」所屬 60 家工廠中，39 家依然歇業，21 家勉強開工，而開工率五成者 5 家、二至四成者 11 家、一成者 5 家。10 月，上海日文報紙及日本國內媒體認爲，日人在滬經營的各種製造工業甚至紡織業都已陷入「異常苦境」，「以小資本經營的雜工業在抵貨運動的持續打擊下更是受到了致命性打擊」，除紡織業之外的各種製造廠組成的工業同志會 59 家加盟廠中，全部停工者 31 家，恢復開工者 28 家，其中完全開工者 3 家，五成者 7 家，三成者 3 家，兩成者 4 家，一成者 1 家。日媒認爲，這些工廠之所以如此衰微，

〔註163〕上海日本商工會議所編：《滿洲事變後的對日經濟絕交運動》，1931 年，第 115 頁。

〔註164〕許金生：《近代上海日資工業史（1884～1937）》，學林出版社，2009 年版，第 281、283 頁。

〔註165〕上海日本商工會議所編：《滿洲事變後的對日經濟絕交運動》，1931 年，第 113 頁。

原因在於抵貨運動導致各廠訂貨銳減，資金周轉十分困難〔註166〕。1932 年 1 月，蘇聯《眞理報》記者也聲稱，在抵制的壓力下（瑞典火柴的傾銷只是部分原因），日本在滬一家最大的火柴廠宣告破產，上海 150 家中小型日本工業企業中已有 90%停產，部分大廠家亦陸續倒閉。天津和漢口日本工業企業的情況也大致相似〔註167〕。

顯然，與作爲日本「國策」工業的紡織業相比，一般工業遭受抵貨運動的打擊嚴重得多。不過必須注意的是，日本在華紡織業的投資規模遠遠超過其一般工業。「七七事變」前，日本在華紡織的投資大概在 28 千萬至 31 千萬日元左右，而除紡織業之外的一般製造業僅僅 7 千萬日元左右。〔註168〕換言之，一般工業的投資額最多不過紡織業的四分之一而已。

（二）抵貨運動與日本在華航運

自《馬關條約》獲得在華部分口岸航行權以後，日本極力發展在華航運事業，並迅速成爲唯一一個能夠挑戰英國在華地位的外國航運勢力。抵制日本航運服務，乃是歷次抵貨運動的核心內容之一。

1、重創日本在華航運：個案審視

國人拒乘日船以及華商貨物拒用日輪裝載，這是歷次抵貨運動的核心內容或重要規約之一。因此，日本在華航運業勢必受到衝擊。1915 年抵貨期間，國人即已開始抵制日船，武漢曾經出現日輪每次開行無人搭裁的局面，〔註169〕漢商貨物亦多改用中國招商局輪船裝運，並且「皆特此辦理」。〔註170〕五四期間，日本駐滬總領事有吉在致江蘇交涉員的公函中表示，因中方乘客受到威脅，從而導致安慶日輪「竟無一客搭載」。〔註171〕

日船在華貨運業務亦不乏類似狀況，所受衝擊甚至可能更大。1919 年 5

〔註166〕許金生：《近代上海日資工業史（1884～1937）》，學林出版社，2009 年版，第 284～285 頁。

〔註167〕《中國抵制日貨運動及其結果（1932 年 2 月 12 日）》，參見安徽大學蘇聯問題研究所等編譯：《蘇聯〈眞理報〉有關中國革命的文獻資料選編第二輯（1927～1937）》，四川省社會科學院出版社，1986 年版，第 395～398 頁。

〔註168〕〔日〕樋口弘：《日本對華投資》，北京編譯社譯，商務印書館，1959 年年版，第 43、52 頁。

〔註169〕《時報》，1915 年 6 月 4 日第 4 版。

〔註170〕《時報》，1915 年 3 月 29 日第 3 版。

〔註171〕上海社會科學院歷史研究所：《五四運動在上海史料選輯》，上海人民出版社，1980 年版，第 799 頁。

月 28 日，日本領事有吉聲稱，日清汽船、戴生昌以及滿鐵等輪船公司，自 19 日中國報關業公會決定不用日船載貨以後，雖然尚有若干乘客，但已全無華貨載運。戴生昌載貨量減少四分之一，日清減少三分之一，滿鐵甚至減少三分之二。尤其是日清及戴生昌等輪船公司，均以競爭極其激烈的中國長江或內河航路爲其唯一生命，所受打擊甚大，「料不易恢復原狀」。〔註172〕而據馮玉祥回憶，甚至地處湖南西部的常德，素有日本大阪公司輪船定期往來，但因學生勸阻國人乘載，致使其受到「制命的打擊」。〔註173〕在 1928 年的五三抵貨運動中，日輪公司的進出口業務均「一落千丈」。〔註174〕中國輿論認爲，此次抵貨「與歷屆不同，國人咸同一致，進行甚烈」，各日輪公司因「委實無貨可裝」，只好放棄中國至歐洲的航線。〔註175〕長江日輪僅有本國商行的轉口貨運業務，營業額減少 75%。華南地區日輪則僅有臺灣方面業務，北洋航線日輪甚至放空往來。自 5 月 10 日至 6 月 20 日的 40 日內，僅上海日輪貨運量即減少 25 萬噸左右，到滬日輪減少 30 餘艘，甚至有日輪業主因而歸國請願，要求日本政府要麼「速定對華新方針」，要麼「設法救濟」。〔註176〕因中日間遠洋航線「暗虧極大」，日本政府被迫訓令分別停駛日本至上海和長江沿岸城市的班輪 11 艘。

按照朱斯煌的說法，1931 至 1932 年，日本在華航運「亦有岌岌不可終日之勢」。遠洋方面，在抵貨運動的打擊下，日本各大航運公司被迫大量裁撤航線、停駛班輪。大阪公司首先被迫裁撤上海至歐洲航線，並停駛日本至廣東和福建的班輪 5 艘。大連汽社將營口、安東、大連等地貨船停駛 25 艘。川崎和日郵的太平洋航輪在上海始發時每船僅裝載少數噸量，前者只好將滬津兩地班輪撤銷。日清公司的南北洋 5 輪亦減爲 2 艘。往來中日之間及南北洋各口岸的日本在華沿海商輪最多時達到近 2 百艘，而抵貨事起，兩個月內停航者超過 90%。1931 年底勉強運營的外洋沿海輪船僅 10 餘艘。內河沿江航線方面也大致相似。抵貨運動爆發以後，中國各廠商大多停止雇用日船，客幫停止裝貨，旅客拒不乘坐，甚至碼頭工人亦相率罷工，上游引水也拒絕領江，

〔註172〕上海社會科學院歷史研究所：《五四運動在上海史料選輯》，上海人民出版社，1980 年版，第 796 頁。
〔註173〕馮玉祥：《我的生活》，上海教育書店，1947 年版，第 351 頁。
〔註174〕《日商恐慌狀況》，《申報》，1928 年 6 月 21 日第 14 版。
〔註175〕《拒貨聲中之航訊》，《申報》，1928 年 6 月 2 日第 13 版。
〔註176〕《日商恐慌狀況》，《申報》，1928 年 6 月 21 日第 14 版。

於是日本江輪不得不相繼停航。長江航路方面，一般有 20 餘艘日船分行長江上下游各口岸，而 1931 至 1932 年之交，長江上游僅保留一「信陽丸」，下游則僅有 4 艘營運，但多為放空。據朱斯煌統計，1931 年 9 至 11 月底的 3 個月與 1930 年同期相較，擁有對華定期航線的日本郵船、大阪商船、原田三大航運公司的載貨量無不銳減，上海航線減少 33416 噸，大連航線減少 11249 噸，天津航線減少 7887 噸，青島航線減少 7017 噸。大阪和日清公司 4 個月共損失日金 1.8 千萬多元，其他三井、大連、川崎以及不定期班輪共損失 3.7 千萬餘元，堪稱「日本航業界向來所未有之大創」。〔註 177〕

蘇聯《真理報》記者於 1932 年 2 月在上海撰寫的有關中國抵制日貨運動的報導，與朱斯煌的看法基本一致。他認為，無論是中國內河還是各海港之間，或者中日之間的航線均遭巨額損失。即使日本輪船公司不願將「活動場所」讓給英、美和中國公司這些競爭對手而保持原有航次，但多數輪船都是空船往返。他根據日本船長和海員協會提供的情況，認為當時「閒泊無事可做」的日本商船總噸位數高達 70 萬噸，在太平洋其他地區為 17 萬噸，另有原來航行於印度、南海諸島及日本之間的總排水量為 12 萬噸的船隻也「閒著無事」。大連汽船公司 21 艘總噸位高達 7 萬噸的輪船都停泊港內，日本汽船公司也有 17 艘輪船空置。〔註 178〕1922 至 1931 年的「北海關十年報告」指出，1931 年，因當地「排日風潮澎湃」、「抵日風潮洶湧」，日輪遂受排斥，日本航商「受影響莫大焉」。〔註 179〕而日本學者臼井勝美在有關 1931 至 1933 年福州市抵制日貨運動的個案研究中也認為，1931 年大阪商船會社的所有船隻均無華貨可供裝載，在福州的貨物運載量亦急劇減少，九一八事變發生前月均運出 25 百噸，運入 28 百噸，而 11 月份僅僅運出 527 噸，運入 207 噸。〔註 180〕

成立於 1907 年的「日清汽船株式會社」，或稱日清公司，係二戰前日本

〔註 177〕朱斯煌：《中日貿易之研究》，《經濟學季刊》，1932 年第 4 期，第 276～277 頁。

〔註 178〕《中國抵制日貨運動及其結果（1932 年 2 月 12 日）》，參見安徽大學蘇聯問題研究所等編譯：《蘇聯〈真理報〉有關中國革命的文獻資料選編第二輯（1927～1937）》，四川省社會科學院出版社，1986 年版，第 396～397 頁。

〔註 179〕《中國海關北海關十年報告（1922～1931 年）》，北海市地方志編纂委員會：《北海史稿匯纂》，方志出版社，2006 年版，第 77 頁。

〔註 180〕〔日〕臼井勝美：《1931～1933 年福州市抵制日貨運動實錄》，《中國における排日ボイコット——一九三一～三三年福州の場合——》，細谷千博：《太平洋・アジア圏の國際經濟紛爭史——1922～1945》，東京大學出版會，1983 年版。

在華航運企業的重要代表。作爲擔負日本政府國策使命的「國策會社」，該公司在華航業的地域範圍主要爲抵貨運動大多比較激烈的長江流域，因此損失較大。1919 年，日清輪船公司 4 月份載貨量爲 5552 噸，5 月份下降爲 2157噸，6 月份僅 37 噸，7 月份不過 87 噸。1918 年月均載貨量爲 166 噸，但 1919年降至 71 噸。1918 年 6 至 10 月 5 個月航行 115 次，共載貨 16210 噸，每次平均載貨量爲 141 噸，但 1919 年 6 至 10 月航行 116 次，載貨量僅爲 521 噸，每次平均載貨量不過 4.5 噸。「不寧惟是，滬漢間日清之乘客，竟有減至 5 人者。而漢口與大阪之間，幾無貨可運。」〔註 181〕另據該公司自己的說法，五四抵貨期間的乘客一度較平時減少 30%。其輪船「大福丸」號由滬開出，每次載貨量一般都超過 200 噸，但 5 月 19 日僅有 20 噸。次日開行的「大利丸」號，原由華商預定噸位 130 噸，但又臨時取消已訂合約。中國勞工拒絕爲日船卸貨，導致香港和廈門之間的日船裝載量大爲減少。〔註 182〕另據 1923 年 5月 25 日《民國日報》的報導，長江上游的抵貨運動導致日清公司的長江船舶半數停航。〔註 183〕而 1925 年，儘管抵制日貨運動僅僅持續 2 個月，但日清公司在九江的營業「可謂毫無」。〔註 184〕

抵貨運動導致日清公司營業銳減，收入自然也深受影響。若將抵貨年份貨運與客運收入之和與前一年進行比較，除 1915 年不降反增之外，1919 年及其以後的歷次抵貨運動，其營業收入均有明顯甚至大幅下降。1919 年兩項收入合計 8018642 日元，比 1918 年的 8256250 日元減少 237608 日元，跌幅爲2.88%。1923 年爲 4382975 日元，比上一年的 4949381 減少 566406 日元，跌幅是 1.14%。1924 年爲 8805102 日元，1925 年是 7007708 日元，減少 1797394日元，跌幅高達 20.41%。1928 年的 7026918 日元比 1927 年的 9305637 日元減少 2278719 日元，比 1925 的跌幅更大，達到 24.49%。1930 年合計 4623326日元，但 1931 年則僅爲 2079468 日元，減少 2543858 日元，跌幅則超過 55%。1932 年是 1583135 日元，比上一年減少 496333 日元，跌幅爲 23.87%，

〔註 181〕馬寅初：《如何提倡中國工商業》，《馬寅初全集》（2），浙江人民出版社，1999年年版，第 474～475 頁表格。
〔註 182〕《申報》1919 年 6 月 3 日。
〔註 183〕韓信夫：《中華民國大事記第 2 冊第 13～19 卷》，中國文史出版社，1997 年版，第 46 頁。
〔註 184〕上海社會科學院歷史研究所：《五卅運動史料》（3），上海人民出版社，2005年版，第 315 頁。

但倘與 1930 年相比，減額爲 3040191 日元，而跌幅則高達 65.76％。1933 年雖比 1932 年有所上昇，達到 1765926 日元，但與 1931 年相較，仍然相差 313542 日元，而與 1930 年相比則相差 2857400 日元。〔註 185〕五四運動發生不久，日清公司曾向有吉稟呈日益劇烈的抵貨運動給它帶來的巨大困境：「本公司輪船承裝華商貨物日漸減少，在前十餘日尙有少數之裝運，旋經排日之徒四出煽動，對於各處貨主種種脅迫，強制其自由之行動，而裝運貨物遂已絕跡……所受損失難以數計。」〔註 186〕

　　因此，如果對歷次抵貨運動進行個案審視，日本航運業所受打擊似乎極其巨大。但是，中方輿論往往突出強調甚至放大抵貨運動的經濟效果，以此作爲動員國人參與和持續進行經濟抵制的基本手段，而日本朝野各方則常將抵貨運動的經濟效果，作爲向中國當局施加政治和外交壓力甚至進行國際宣傳的重要籌碼。並且以上討論的時限大多比較短暫，往往局限於運動的高潮時期，而將此作爲測度近代中國抵制日貨運動經濟效果的證據，肯定有失偏頗。尚須放寬研究視域，拉長歷史時段，將頻繁發生的抵貨運動與日本在華航業的發展態勢以及中國航業格局的演變趨勢相連接，方能較爲全面客觀地評估抵貨運動的經濟效度。

2、微創日本在華航業：整體觀照

　　在華航業與日本其他投資一樣，具有區位分佈相對集中的特徵，主要分佈在東北、華中地區和華北的天津和青島等城市。在此，撇開抵貨運動向不激烈的東北地區而不論，按照從微觀到中觀、再到宏觀的基本邏輯，分別考察抵貨運動對日本在天津和中部地區以及在華整個航業造成的具體影響。

　　首先考察抵制日貨運動中的津埠日本航業。廈門海關稅務司侯禮威曾經指出，自 1922 至 1931 年的 10 年中，進出廈門口岸的船舶總噸位增長迅速，1922 年不到 3 百萬噸，但到最後兩年則年均均逾 5 百萬噸。而面對抵制運動，日本航運公司不僅仍然能夠保證其輪船正常航行，並且不斷增加更大噸位輪船而從事沿海航運。1929 年，大阪商船株式會社甚至新增日本與廈門間的直接航線。因此，他認爲，「時常發生的抵制運動雖然使被抵制國家的大量船貨

〔註 185〕關於該公司每年貨運和客運收入的數據來自淺居誠一：《日清汽船株式會社三十年史及追補》（日清汽船會社，1941 年版）一書中的「各收入累年表」，有關抵制年份的減額與減幅爲筆者計算結果。

〔註 186〕上海社會科學院歷史研究所：《五四運動在上海史料選輯》，上海人民出版社，1980 年版，第 798～799 頁。

被拒絕接受，但對這些國家來廈的船隻數量和噸位，相對而言幾乎並無影響。」
〔註187〕1922 至 1931 的「津海關十年報告」也指出了類似現象。在此 10 年的
前 8 年間，天津航業進展「堪稱與歲俱增」，最後兩年則因「世界貿易消沉乃
趨下游」，但其噸位則超過前 6 年。〔註188〕關於這 10 年各國船舶進出天津的
噸位數值，該報告列有下表：

**圖表 16：1922～1931 年出入天津的中外船舶噸位數及華、日輪所佔
　　　　　百分比** （單位：噸）

年份	美輪	英輪	德輪	日輪	華輪	共計	華輪比例	日輪比例
1922	266869	118502	77216	1257992	650194	3628630	17.92	34.67
1923	390396	1220741	207844	1202564	714427	3853831	18.54	31.20
1924	319144	1228115	259852	1297416	760960	4050065	18.79	32.03
1925	370464	1264107	284019	1840500	921423	4840191	19.04	38.03
1926	372198	1301424	304612	1802057	713284	4825775	14.78	37.34
1927	347862	1234012	359316	1855931	727376	4592867	15.84	40.41
1928	448347	1573529	397856	2028665	917341	5591786	16.41	36.28
1929	393005	1514907	478926	2124113	860471	5627031	15.29	37.75
1930	389689	1445511	450384	2097438	745838	5290248	14.10	39.65
1931	335852	1379857	439598	1785686	744706	5000331	14.89	35.71

　　天津海關譯編委員會編譯：《津海關史要覽》，2004 年版，第 147 頁。總數爲表中
5 國加上其他各國噸位數，但上表未錄其他各國數值。華、日輪在總噸位數中所佔比
例爲筆者計算結果。

　　從上表所列數據看，1923 年日輪比上一年減少 55428 噸，跌幅爲 4.41%，
但各國船隻總噸位數比上一年卻增加 20 萬多噸，增幅達 6.21%。但如果據此
認爲抵貨運動導致日輪進口噸位的減幅超過 10%，恐怕失之偏頗。日本當年
下半年發生的關東大地震，當爲影響日輪進出天津噸位數銳減的重要因素之
一。1925 年抵制日貨僅僅 2 個月，日輪噸位反而增加 54 萬多噸，增幅高達
41.86%，且遠遠高於當年中外船舶總噸位 19.51%的增幅。因此，「津海關十

〔註187〕廈門市志編纂委員會：《近代廈門社會經濟概況》，廈門鷺江出版社，1990 年
　　　　版，第 388 頁。
〔註188〕《津海關十年報告（1922～1931）》，天津海關譯編委員會編譯：《津海關史要
　　　　覽》，中國海關出版社，2004 年版，第 147 頁。

年報告」的撰稿者感慨道：1925 年上海五卅慘案發生，「英輪營業大受影響，日輪遂獲漁人之利矣。」〔註189〕1927 年，中外船隻總噸位數減少 4.83％，而日輪噸位數反而增加 3％。1928 年抵貨效果較為明顯，日輪噸位數僅增加 9.31％，但中外船隻總噸位數則增加了 21.75％，二者增幅相差超過 10％。1931年，日輪噸位減少 14.86％，而中外船隻總噸位數則僅減少 5.48％，二者增幅相差也超過 9％。但至為顯明的是，日輪噸位自 1922 至 1924 年均為 120 餘萬噸，1925 至 1927 年則都超過 180 餘萬噸，1928 至 1930 年竟然都在 2 百萬噸以上。1931 年雖較前 3 年有所下降，但仍然 170 萬噸以上，遠遠超過本期十年前 3 年的噸位數。更須注意，在世界經濟大蕭條的背景下，1931 年津埠英、美、德輪噸位數均呈下降態勢，甚至華輪亦不例外。

日本與天津中外船舶總噸位的比例亦可揭示：頻繁的抵貨運動並未動搖日居首位的天津航業格局。1923、1928 和 1931 年日輪分別下降 3.47％、3.13％和 3.84％，共計 10.44％，1925 年則上昇 6％，1927 年也上昇 4.13％，共計10.13％。因此，雖有 3 年下跌，但也有兩年為上昇趨勢，且升降之間恰恰大體持平。尤為重要的是，日輪十年期間所佔比例均逾 30％，1927 年竟然超過40％。況且，即使與英國這一在華航業的重要勢力相比較，除 1923 年略低之外，其餘年份噸位數均出其右。上表數據表明，如果按照船舶噸數排序，則顯然日輪居首，英輪與華輪分列第三和第四，而德居第五。上述「十年報告」認為，1925 年以後日輪營業急劇發展，原因約有數端：一是日本距離天津較近，地理位置上佔有優勢；二是「自比歲以還，世界各處航業蕭條，日商乃積極經營中日航運」，並大量增加往來日津之間的船隻；三是英國作為日本在華航業的主要競爭者，在五卅運動期間遭到中國激烈抵制，日輪遂獲漁人之利〔註190〕。

其次，抵貨運動與中部地區日本航業。中部地區尤其是長江流域，向為英國勢力範圍，但日本航業也發展迅速。下表 2 顯示，從日本船舶噸位的變動趨勢看，1908 和 1909 兩年，中部地區並未發生抵貨運動，日船變動顯係其他因素所致。1915 年以後，中部地區都是抵貨運動中心區域，其中 1915、1923、

〔註189〕《津海關十年報告（1922～1931）》，天津海關譯編委員會編譯：《津海關史要覽》，中國海關出版社，2004 年版，第 148 頁。

〔註190〕《津海關十年報告（1922～1931）》，天津海關譯編委員會編譯：《津海關史要覽》，中國海關出版社，2004 年版，第 148 頁。

1928 以及 1919 至 1922 的 7 個抵貨年份，日船噸位均有或多或少的增加，而 1925、1927 以及 1931 至 1932 的 4 個抵貨年份，則有大小不等的減額。值得特別注意，在日船噸位數減少的年份，無論是其他外國船舶總噸位還是中外船舶總噸位都較上年有所降低。並且 1923 年，中外船舶或其他外國船舶噸位均呈下降之勢，而日船噸位卻反而有所增加。因此，自 1908 年以降，除 1914 年因大戰爆發而略受影響外，中部通商口岸的日本船舶噸位從 1200 多萬噸逐年遞增，到 1924 年突破 2 千萬噸。此後近 10 年，噸位實數常小有起伏，1925 年較上年有所下降，但次年隨即增加，並超過 1924 年數值。1927 年與 1926 年相比減額較大，但 1928 年基本恢復到 1926 年的數值。1930 年雖出現一波發展高峰，但 1931 和 1932 兩年則逐步銳減。

再從日船在中外船舶總噸位中所佔比例看，在 1928 及 1919 至 1922、1931 和 1932 的 7 個抵貨年份裏，日船跌幅參差不等，1932 年最大，將近 12 個百分點，1928 年也超過 7%，而五四抵貨期間和 1931 年的跌幅較小，均低於 4%。除 1928 年外，其餘年份大多高於其他外船跌幅，或者大體相當。但尚須注意，1915、1923、1925 和 1927 年日船比例反為上升，並且外國船舶總噸位除 1927 年同樣是上升外，其餘 3 年則反而下降。此外，除了一二八淞滬戰爭及經濟大蕭條導致 1932 和 1933 兩年日船所佔比例低於 20%之外，其餘年份多在 25%以上，甚至還有 3 年超過 30%。

圖表 17：1907～1933 年中國中部 16 個通商口岸船舶噸位及百分比比較表 　　　　　　　　　　　　　　　　　　　（單位：噸）

年份	中外總數		外國總數		中　國		日　本	
	噸數	百分比	噸數	百分比	噸數	百分比	噸數	百分比
1907	49752229	100	40195276	80.79	9556953	19.21	20749331	41.71
1908	53190663	100	44106335	82.92	9084328	17.08	12209449	23.00
1909	53402548	100	43860753	82.13	9541795	17.87	12643520	23.68
1910	54081605	100	43686710	80.78	10394895	19.22	12647732	23.39
1911	51721217	100	42257002	81.70	9464215	18.30	13210068	25.54
1912	53081649	100	43757961	82.44	9323688	17.56	14340101	27.02
1913	55655285	100	45358896	81.50	10296389	18.50	15007232	27.00
1914	57663175	100	45572929	79.03	12090246	20.97	14773126	25.62
1915	59274753	100	45668770	77.05	13605983	22.95	15893681	26.81

年份	中外總數		外國總數		中　國		日　本	
	噸數	百分比	噸數	百分比	噸數	百分比	噸數	百分比
1916	55438664	100	42233277	76.18	13205387	23.82	16273590	29.35
1917	55271276	100	41601872	75.27	13669404	24.73	16666531	30.15
1918	52295143	100	39221684	75.00	13073459	25.00	16850309	32.22
1919	61852554	100	46027651	74.42	15824903	25.58	17543190	28.36
1920	68515868	100	51840953	75.66	16674915	24.34	18354688	26.79
1921	73094126	100	53777943	73.57	19316183	26.43	19578924	26.79
1922	85477858	100	64790092	75.80	20687766	24.20	19760206	23.12
1923	83186839	100	61230997	73.60	21955842	26.40	19873103	23.89
1924	88991787	100	66084243	74.26	22907544	25.74	20746671	23.31
1925	80066335	100	57681817	72.04	22384518	27.96	19171664	23.94
1926	85911716	100	67571600	78.65	18340116	21.35	21824971	25.40
1927	58887482	100	48733896	82.76	10153586	17.24	17942081	30.47
1928	90481182	100	66264382	73.24	24216800	26.76	21047186	23.26
1929	88251179	100	69444844	78.69	18806335	21.31	22161048	25.11
1930	90140426	100	71905694	79.77	18234732	20.23	25299346	28.07
1931	89729701	100	70115957	78.14	19613744	21.86	22847129	25.46
1932	79836625	100	57119998	71.55	22716627	28.45	10808090	13.54
1933	84556586	100	59745251	70.66	24811335	29.34	12870142	15.22

1、16個通商口岸城市分別為重慶、萬縣、宜昌、漢口、沙市、長沙、嶽州、九江、蕪湖、南京、鎮江、上海、蘇州、杭州、寧波和溫州；

2、根據實業部國際貿易局編纂的《最近三十四年來中國通商口岸對外貿易統計(1900～1933)》（中部）第206～237頁各口岸統計表（商務印書館，1935年版）重新編排計算。原表係根據《關冊》數字編製。

再次，抵貨運動與日本在華航業。在1907至1934年的28年中，日本在華航業共經歷10次抵貨運動，有10餘個年份均須面對中國抵貨運動的打擊。下表3清楚顯示，在前8次抵貨運動中，中國通商口岸的日本船舶噸位僅有3個年份與上年相比有所減少，1910年比1909年微減4千多噸，1915年比上年減少12萬餘噸。1927年雖比1926年銳減3百多萬噸，但其總額則仍然超過1925年數值。此次大幅減少，應當更多是緣於中國國內戰爭的影響，因為中外船舶總噸位均有減少，且1926年又恰為日本在華航業自1907年以來的

發展頂峰。也就是說，8 次抵貨運動中僅有 2 次導致日輪噸位有所降低，而在其餘 6 次運動中，日輪噸位則不降反升。開始於 1931 年夏季而綿延數年之久的抵貨運動值得特別關注。1931 年比上年減少 2 百餘萬噸，但 1932 年則銳減 2 千餘萬噸。此後兩年雖有所回升，但均未有大的起色。但倘將 1932 至 1934 年日本噸位成倍減少的原因主要歸結為抵貨運動，〔註191〕肯定有失偏頗。因為，此次抵貨運動的高潮是在 1931 年的後 3 個月和次年 1 月，而 1931 年日本噸位減額卻明顯大大低於 1932 年。因此，在造成日本噸位銳減的各種複雜因素中，一二八淞滬戰爭以及經濟大蕭條或許佔有更大權重。於此同時，日本在華航業呈現明顯的的遞增趨勢。1907 至 1912 年均在 1.5 至 2 千萬噸之間，1913 年大幅增長，此後延續擴張態勢，1921 年突破 3 千萬噸，1929 年則突破 4 千萬噸，並且連續三年保持在這一高值以上，甚至 1931 年亦不例外。作為這一時期的最高值，1930 年的 4.5 千萬噸已是 1907 年的近 3 倍。

再對日本在中國通商口岸中外船舶總噸位中所佔比例進行考察。1908 的比例高於 1907 年，1909 年不僅高於 1907 年，也高於 1908 年。但這兩年的抵貨運動均是區域性的，規模也不甚大，一次局限於廣東一隅，一次則僅限於東北，均可另當別論。而由於戰後歐美勢力捲土重來，加之中國抵貨運動的打擊，1919 至 1922 年日輪噸位數不僅有所遞增，且其所佔比例與 1918 年相比，雖均有小幅下跌，但與 1917 年相較則相差不大，而 1918 年日輪所佔比例是中國近代史上最高的一年，或者正如有關學者所指出的那樣，日本係「惟一一個在華船運噸位數字不受一戰影響而持續增長的國家」。〔註192〕1923 年雖有小幅下跌，但明顯低於 1928 年 5 個多百分點的跌幅。1915 年日輪噸位數比上年有所下降，但其所佔比例則反而上升 1.84%。1927 年的抵貨運動規模很小，故其所佔比例也不跌反升，也是 1.84 個百分點。1925 年國人聯合一致對英，抵制日本的時間很短，日船噸位和所佔比例均較上年增大。同時，日輪所佔比例除 1907 年和 1932 至 1934 年略低於 20% 和 1918、1927 這兩年略高於 30% 之外，其餘年份均在 20 至 30% 之間波動。

〔註191〕顯然，1932 年日本輪船進出中國數字的陡降，與 1931 年日本侵佔中國東三省，所引發的全國性抵制日貨愛國運動對日本航運業的打擊有關。朱蔭貴：《1927～1937 年的中國輪船航運業》，《中國經濟史研究》，2001 年第 1 期。

〔註192〕汪敬虞：《中國近代經濟史：1895～1927》（上），人民出版社，2000 年版，第 708 頁。

圖表 18：1907～1934 年中外船舶進出口中國通商口岸噸數及百分比

年份	中外噸數合計		外國噸數合計		中　　國		日　　本	
	噸數	%	噸數	%	噸數	%	噸數	%
1907	80109424	100	63423119	79.17	16686305	20.83	15598213	19.47
1908	83991289	100	67045429	79.82	16945860	20.18	18055138	21.50
1909	86772809	100	68910999	79.42	17860810	20.58	18949404	21.84
1910	88776689	100	69178867	77.92	19597822	22.08	18903146	21.29
1911	85772973	100	67890431	79.15	17881542	20.85	19172727	22.35
1912	86206497	100	68929090	79.96	17277407	20.04	19913385	23.10
1913	93335830	100	73439886	78.68	19894944	21.32	23422487	25.10
1914	97984213	100	72923625	74.42	25061588	25.58	23996972	24.49
1915	90663005	100	66503986	73.35	24159019	26.65	23873016	26.33
1916	88020101	100	64622992	73.42	23397109	26.58	24233835	27.53
1917	86907049	100	62884232	72.36	24022817	27.64	24581647	28.28
1918	80247706	100	58465002	72.86	21782704	27.14	25283373	31.51
1919	95725935	100	68636173	71.70	27089762	28.30	27532449	28.76
1920	104266695	100	76613386	73.48	27653309	26.52	28191592	27.04
1921	114629544	100	82828065	72.26	31791479	27.74	31738783	27.69
1922	124131361	100	91273616	73.53	32857745	26.47	32961333	26.55
1923	131304556	100	98870709	75.30	32433847	24.70	33288617	25.35
1924	141432827	100	108144464	76.46	33288363	23.54	34759884	24.58
1925	128203625	100	952199689	74.26	33002936	25.74	35081116	27.36
1926	134659606	100	106265975	78.91	28393631	21.09	38948844	28.92
1927	116210785	100	94574394	81.38	21636391	18.62	35745535	30.76
1928	152630001	100	116107780	76.07	36522221	23.93	39065724	25.60
1929	154667910	100	124783574	80.68	29884346	19.32	42349647	27.38
1930	155605954	100	126406784	81.24	29199170	18.76	45630705	29.32
1931	160005101	100	127306478	79.56	32698623	20.44	43042411	26.90
1932	135409496	100	101521328	74.98	33888168	25.02	19775917	14.60
1933	137379174	100	100124331	72.88	37254843	27.12	20168140	14.68
1934	140473933	100	99322536	70.70	41151397	29.30	20139115	14.34

　　1907 至 1928 年的噸位數來自楊端六等編：《六十五年來中國國際貿易統計》（國立中央研究院社會科學研究所專刊第 4 號，1931 年版）第 132～140 的第 18 和 19 兩表，其數據起訖年份爲 1863 和 1928 年。1929 至 1934 年的噸位數來自朱蔭貴：《1927～1937 年的中國輪船航運業》第 74 頁表 1（《中國經濟史研究》2001 年第 1 期第 74 頁）。兩部分的數據均係根據《關冊》數字編製，而各百分比均係筆者計算。

　　「吾國沿江沿海以及內河之日輪，常視貿易之盛衰，與吾國抵制日貨之消長而有增減」〔註 193〕，但在 1906 年大幅度趕超德國航運勢力後的數十年中，日本始終是惟一能夠威脅英國在華航運地位的外國船運勢力，並且中國形成英、日、中三強爭雄的基本航業格局。儘管中國抵貨運動頻仍，但除了爲數不多的幾個年份低於中國之外，日船所佔份額均始終位居第二。因此，從天津、中部乃至整個近代中國的情形來看，抵貨運動雖給日本航運業的發展帶來波折，但絕沒有延緩更不可能阻遏其發展向上的趨勢。尤其值得注意的是，從我國對外進出口船隻噸位次序來看，抗戰時期英、日、中三國的消長情形，與此前亦大致類似（詳見下兩表）。

圖表 19：1914～1934 年中、英、日三國在中國航運業的勢力排序

年份	14	15	16	17	18	19	20	21	22	23	24	25	26	27	28	29	30	31	32	33	34
中	2	2	3	3	3	3	3	2	3	3	3	3	3	3	3	3	3	3	2	2	2
英	1	1	1	1	1	1	1	1	1	1	1	1	1	1	1	1	1	1	1	1	1
日	3	3	2	2	2	2	2	3	2	2	2	2	2	2	2	2	2	2	3	3	3

　　根據楊端六等編：《六十五年來中國國際貿易統計》（國立中央研究院社會科學研究所專刊第 4 號，1931 年版）第 132～140 的第 18 和 19 兩表，以及朱蔭貴：《1927～1937 年的中國輪船航運業》第 74 頁表 1（《中國經濟史研究》2001 年第 1 期第 74 頁）編製。第一欄中所有年份均爲 19XX 年。

圖表 20：1936～1941 年我國對外進出口船隻噸位次序

年　份	中	日	英
1936	3	2	1
1937	3	2	1

〔註 193〕趙蘭坪：《日本對華商業》，商務印書館，1933 年版，第 56 頁。

年　份	中	日	英
1938	3	2	1
1939	3	1	2
1940	3	1	2
1941.1～10	3	1	2

可泉：《中日貿易之研究》〈下〉第 10 表，《中央經濟月刊》，1942 年第 10 期。

（三）抵貨運動與日本在華商業

在 1915 年抵貨運動時期，日人在華開設的「餐廳」、「公共場所」、「行駛的輪船」、「銀行的匯兌和紙幣」都遭到國人抵制，「無人過問」〔註 194〕。武漢，不僅日本商品「市中已不多見」，且日商「自行設肆者，皆終日無人過問」〔註195〕。上海，嚮用日本器具的商店、茶館，均改接中國貨〔註 196〕。天津，日人商店無華人購物〔註 197〕。東北各地，抵貨「實較他省爲更甚」，日商「雖以 8 折出售之廣告黏貼滿目，而門前仍可羅雀」。〔註 198〕哈爾濱，「華人一致不買日本貨，概不與日人交易，並不赴日人所開餐館及公共場所，有萬眾一心之概」。〔註 199〕重慶，日人新利洋行「與華人幾斷來往」〔註 200〕。

據日本學者味岡徹研究，1919 年 7 月以後，抵制日貨運動逐漸鬆懈，但是，有中國產品和英國產品可以替代的棉織品、雜貨，以及日貨色彩鮮明的酒類和藥品、可有可無的食品和奢侈品等，仍然受到強烈抵制。不少在華棉織品商人和海產物商人或陷入經營困境，或因銷售不景氣而倒閉。爲了解決貿易不振給日商造成的困難，駐津總領事船津倡議，7 月 22 日組織「天津日本商務維持會」，決定貸款給比較窮困的日商作爲生活費。船津同時電請日本外相，要求政府借貸生活費用。日本政府遂於 8 月在橫濱正金銀行天津分號出借有關資金。上海也有約 120 戶生活困難的日商接受僑民團的救濟。〔註 201〕

〔註 194〕趙親：《1915 年抵制日貨運動》，《復旦》，1959 年第 8 期。
〔註 195〕《時報》，1915 年 6 月 4 日第 4 版。
〔註 196〕《時報》，1915 年 3 月 25 日第 7 版。
〔註 197〕《時報》，1915 年 5 月 23 日第 3 版。
〔註 198〕《時報》，1915 年 6 月 19 日第 4 版。
〔註 199〕《時報》，1915 年 4 月 10 日第 3 版。
〔註 200〕《時報》，1915 年 6 月 15 日第 4 版。
〔註 201〕〔日〕味岡徹：《五四運動中的民眾鬥爭》，國際歷史學會議日本國內委員會編：《戰後日本的中國現代史研究綜述》附錄一，官長爲等譯，延邊大學出版社，1988 年版，第 105～106 頁。

由此可見，抵貨運動給在華日商造成嚴重影響。據外務省通商局調查，1928年抵貨運動爆發不久，以中國人爲顧客的日本零售業買賣幾乎斷絕，僅靠節省營業費用而勉強維持營業。〔註202〕

據蘇聯《眞理報》記者 1932 年 1 月的觀察，四川成都、重慶和萬縣等市，多數日商不得不關閉自己的商號和企業返回日本，因爲中國居民不僅不買他們的商品，並且拒絕向他們出售食品。湘鄂兩省及九江、蕪湖、大治、安慶和南京等市的所有日商均已停業。截至 1931 年 11 月份，除上海之外，中國各城市停業的日商總數高達 800 家。12 月份，汕頭、廣州、福州、溫州、蘇州及諸多較小城市的日商亦接連停業。〔註203〕日本學者臼井勝美曾對 1931 至 1933 年福州的抵制日貨運動進行了考察，認爲從九一八事變爆發到當年 11 月，無論何種行業，所受打擊都是「毀滅性的」。福州代表性的日本商店受抵制日貨運動影響的情況如下表所示。

圖表 21：抵制日貨運動在福州產生的影響　　　　　　（單位：日元）

行　業	商家名稱	運動發生前月均交易額	9 月交易額	10 月交易額	11 月交易額	減少額
雜貨商	天田洋行（日）	7500	3000	1500	1400	81%
	宜昌洋行（日）	6000	2000	1700	1000	83%
貿易商	廣貫堂（日）	68000	30000	10000	2000	97%
	東升洋行（臺）	40000	8000	3000	3000	92%
海產棉布	坤記洋行（臺）	30000	16000	500	——	98%
	泰隆洋行（臺）	25000	23580	2500		90%
煤炭商	振利洋行（臺）	24000	——	4800		80%
	施合發洋行（臺）	10000		600		94%
水果商	昭惠公司（臺）	15000	4000	500	600	96%
	山海公司（臺）	10000	2500	311	——	97%

《中國における排日ボイコット——一九三一～三三年福州の場合——》，細谷千博：《太平洋・アジア圈の國際經濟紛爭史——1922～1945》，東京大學出版會 1983年版。（日）指本土日本人經營的商號，（臺）指臺灣人經營的商號。

〔註202〕許金生：《近代上海日資工業史（1884～1937）》，學林出版社，2009 年版，第 278 頁。

〔註203〕安徽大學蘇聯問題研究所等編譯：《蘇聯〈眞理報〉有關中國革命的文獻資料選編第二輯（1927～1937）》，四川省社會科學院出版社，1986 年版，第 395～398 頁。

　　七七事變引起全國民眾憤慨，上海「日商營業，已呈極度衰落，其定貨者亦因時局關係，均中止進行，而現購者，則除幾種必需品稍有交易者外，餘均完全停滯。今後時局若不平靖，則日貨對華交易，勢必更受打擊。」〔註204〕

（四）抵貨運動與日本在華銀行

　　日本在華銀行在抵貨運動中的困境，主要是擠兌和所發鈔票難以流通。

　　1915年，日本銀行匯兌和紙幣即已遭到抵制。〔註205〕五四抵貨期間，北京的橫濱正金銀行支行遭到2萬餘元的擠兌。〔註206〕黃遠生認為，福建地區「華人實際上排日之行動，係提取日本銀行之存款」。福州不用日本臺灣銀行的支票。〔註207〕1919年，日本駐滬總領事有吉對上海日資銀行遭受擠兌的情況曾有詳盡調查，正金、臺灣兩銀行均受抵貨影響，自5月8日起發生擠兌情形。正金銀行由8日的1萬元開始，以12日之8萬元為最高，以後漸次遞減。臺灣銀行自8日的7千元開始，以12日之6萬為最高，以後亦逐日下降。16日，正金銀行總共兌現僅3萬元，臺灣銀行僅僅2萬元。從8日至16日，兩銀行擠兌款合計為46萬元，不但僅占紙幣流通額極為微小的比例，且擠兌者主要是下層民眾，因為款項多為5元或10元，絕無一筆兌換100元以上之大商店或大錢莊，有吉據此估計，此種擠兌風潮「不出數日當可終熄」，「毫不足憂慮也」。〔註208〕5月26日，日本駐濟南代理領事山田一郎致函山東督軍省長，聲稱「排日感情及排日貨之舉愈趨愈惡，報紙無日不有排日之記載，學生到處演說，商人到處運動抵制日貨。尤惡者，各銀行及錢莊均不用日本軍用鈔。此足以毀壞敝國人民之生活。」〔註209〕28日，有吉也談及正金與臺灣兩銀行的紙幣幾乎完全不能流通。〔註210〕

〔註204〕《華北事變後日貨交易停頓》，《中外經濟情報》，1937年第190期。

〔註205〕《時報》，1915年3月25日第7版。

〔註206〕〔日〕味岡徹：《五四運動中的民眾鬥爭》，國際歷史學會議日本國內委員會編：《戰後日本的中國現代史研究綜述》附錄一，官長為等譯，延邊大學出版社，1988年版，第102頁。

〔註207〕黃遠庸：《黃遠生遺著》（4），商務印書館，1920年版，第152頁。

〔註208〕上海社會科學院歷史研究所：《五四運動在上海史料選輯》，上海人民出版社，1980年版，第793～795頁。

〔註209〕《山東史志資》1983第3輯，山東人民出版社，1983年版，第115頁。

〔註210〕上海社會科學院歷史研究所：《五四運動在上海史料選輯》，上海人民出版社，1980年版，第795～798頁。

　　九一八事變之後，日本在華銀行遭受了更加嚴厲的抵制。據朱斯煌的說法，「銀錢金融各界亦實行抵制政策，首以銀元及紙幣禁止買賣，更中止匯票交易，嚴禁標金買賣，復停止莊票之對日支付，中日商人之信用往來，至此已完全破壞，日商銀行 6 家，曾以此事互相集議，冀圖挽救，擬轉託英美商銀行代為出而相助。然英美銀行，深恐引起反英反美風潮，均不敢承允，致日商銀行陷於孤立地位。且日本商行，因莊票不能往來，其與華商方面之交易，完全不能進行，歷來之反日運動，從未有如今次之徹底而斷絕中日商家之信用往來者也。」〔註211〕據上海日本商工會議報告，當年 10 月日本在滬銀行遭到華方銀行和錢莊拒付的情況如下表所示：

圖表 22：1931 年 10 月上海銀行和錢莊拒付日本銀行情況

時　間	日本銀行	拒付件數	華商銀行或錢莊
10 月 1 日	三菱銀行	1	上海通易銀行
10 月 2 日	三菱銀行	4	寶豐、乾元、元昌；香港國民銀行
10 月 3 日	三井銀行	1	上海通易銀行
10 月 5 日	住友銀行	1	上海通易銀行
10 月 5 日	三井銀行	1	上海通易銀行
10 月 6 日	住友銀行	1	隆泰
10 月 8 日	朝鮮銀行	2	中國通商銀行、辛泰銀行
10 月 10 日	住友銀行	3	承裕、益泰、同春
10 月 11 日	住友銀行	2	嘉定、同安
10 月 12 日	住友銀行	1	同祥
10 月 12 日	三菱銀行	1	協和
10 月 12 日	朝鮮銀行	1	惇敘商業儲蓄商業銀行
10 月 13 日	三井銀行	1	滋豐
10 月 14 日	住友銀行	1	元昌
10 月 15 日	三井銀行	1	明華商業銀行
10 月 16 日	三井銀行	1	滋豐
10 月 16 日	三菱銀行	2	益康、和豐

　　上海日本商工會議所編：《滿洲事變後的對日經濟絕交運動》，1931 年 10 月 30 日，第 126～127 頁。

〔註211〕朱斯煌：《中日貿易之研究》，《經濟學季刊》，1932 年第 4 期，第 278～279 頁。

此外，中方職員離職以及中方金融機構的抵制行動，也給金融機構帶來麻煩，所謂「銀行輪船，因買辦辭職，各有礙其營業機能。尤其辦理特殊通幣之銀行，無買辦不能繼續辦理，又因中國錢莊銀行，拒付莊票，拒售銀元，業務頓行閒散。」〔註212〕中國港口停止運送已經交付的商品，日本金融界受到嚴重影響。而且，由於大量在華小工廠的金融困境，與他們有商業聯繫的日本銀行支行難以兌現賬單，以及其他種種尷尬。〔註213〕八一三淞滬抗戰期間，由上海市各界抗敵後援會發起，於10月9日召開國民對日經濟絕交委員會成立大會。該組織負責組織全市國民進行對日經濟絕交事宜，確定對日經濟絕交之範圍，其一即為對日金融關係之絕交〔註214〕。銀錢兩業同業公會通告實施對日經濟絕交後，各銀行即自動停止與日商銀行一切往來，中央銀行停止日匯掛牌及交易。錢莊雖與日商各銀行向無直接往來，但對所有日商各銀行本票、支票等均一律拒絕收受。在滬日商銀行正金、三井、三菱、臺灣、住友、朝鮮、上海、漢口等八家，其所雇用華籍職員等紛紛自動退出，日商銀行之鈔票亦遭拒用〔註215〕。

以上所論，主要集中於抗戰以前抵貨運動對日本在華工商業的打擊。抗日戰爭時期，日本在國統區不可能存在任何經濟力量，但在日本佔領區，其經濟勢力則發展迅速，規模亦甚為龐大。據日本大藏省調查，1945年日本投降時，日本在上海留下87936866百萬元的巨額財產，相當於18.3億美元，占日本在華中、華東、華南總資產的90%以上。其中金融業504667百萬元、中支振興株式會社29767525百萬元；運輸通信業3802967百萬元；貿易及商業方面，貿易收買業16914465百萬元、物品販賣業787854百萬元。工業方面，紡織業18949279百萬元、金屬工業2920104百萬元、造船業1546050百萬元、機械器具工業1859425百萬元、化學工業3461348百萬元、纖維工業1450091百萬元、麵粉業295054百萬元、食品工業889018百萬元，其他工業2111169百萬元。倉庫業土木建築業方面，倉庫業158543百萬元、土木建築業425633

〔註212〕《抵貨不息，足以制敵死命》，《申報》，1931年10月29日第7版。

〔註213〕Anti-Foreign Boycotts in China, Tokyo May, 1932，亞洲歷史資料中心檔案 B02030454000。

〔註214〕上海市檔案館：《上海檔案史料叢編：上海抗敵後援會》，檔案出版社，1990 年版，第391頁。

〔註215〕上海社會科學院歷史研究所：《上海史資料叢刊：「八一三」抗戰史料選編》，上海人民出版社，1986年版，第316～317頁。

百萬元；雜業方面 267733 百萬元；非營利事業方面 903088 百萬元；醫業方面 514863 百萬元；文化事業文化設施方面 407990 百萬元〔註216〕。

　　因此，個案性地考察，抵貨運動大多造成日貨進口減少，日本在華工商業遭遇困境，而倘若延展歷史時段則不難發現，頻繁的抵貨運動並未能夠阻斷中日貿易的發展以及日本在華經濟勢力的擴張。尤為重要的是，抵貨運動絕對沒有象抵貨輿論所預期的那樣，在經濟上「制日死命」。既然如此，抵貨運動大多未能較好地實現其政治目標，則在情理之中。以下將逐章分析抵貨運動的重重困境。

〔註216〕陳祖恩：《上海日僑社會生活史：1868～1945》，上海辭書出版社，2009 年版，第 510～511 頁。

第二章　抵無可抵：抵貨運動的經濟困境

　　日貨在華無處不在，既是國人頻繁發動抵制日貨運動的必要條件之一，亦爲中國民族經濟發展水平低下的反映。此種政治與經濟之間的結構性矛盾，導致抵貨運動面臨的第一重困境，便是替代性國貨嚴重不足。本章首先以日紗、煤、紙和日本在華金融爲中心，細緻考察抵貨運動對民族工、商兩業的諸種影響，繼而探討抵貨運動如何波及普通民眾的日常生活，最後則試圖討論此種經濟困境對抵貨運動力度與持久進行的深刻制約。

第一節　抵制日紗與布業困境

　　確定無疑的是，抵制日紗給中國紗業發展提供了一定的機會。但是，中國紗業儘管發展較快，卻並未完全實現進口替代，中國布業不僅尚須使用大量廉價日紗，尤其是所需細紗仍然不得不依賴於日本。因此，抵制日紗便不可避免地造成布業的原料困境。

一、中國布業對日紗的依賴

　　日紗包括由日進口和在華企業生產兩大部分。從歷次抵貨運動前一年的日紗輸華值看，下表顯示，1907 年日紗輸華值爲 25187 千元，1914 年爲 64559 千元，1918 年爲 86366 千元，1922 年爲 62185 千元，1924 年爲 40884 千元，1926 年爲 25706 千元。也就是說，價值高達 2 千餘萬甚至 8 千餘萬元的進口日紗，國人必須捨棄不用。此外，第一章對在華日本紡織業發展情況的討論表明，五四抵貨時期日本在華紗業在中國紗業中的比例超過 20％，1927 至 1929

年抵制期間，其比例則超過 35％，1931 至 1932 年抵制期間則已超過 38％。
這些數量巨大的日紗，除了供給日本在華布業和出口之外，大部分爲我國市
場所吸納。

圖表 23：1907～1932 年日本棉紗輸華消長表

年　度	價　值	占日本輸華總值百分比
1907	25187	29.4
1908	16361	27.0
1909	28898	39.5
1910	40224	44.6
1911	35423	40.2
1912	45758	39.8
1913	60096	38.8
1914	64559	39.7
1915	55503	39.3
1916	63843	33.1
1917	85801	26.9
1918	86366	24.0
1919	84118	18.8
1920	81060	19.7
1921	47113	16.4
1922	62185	18.3
1923	38503	14.1
1924	40884	11.7
1925	52072	11.1
1926	25706	6.9
1927	9205	2.7
1928	8110	2.1
1929	6651	1.9
1930	2579	0.9
1931	489	0.3
1932	692	0.5

　　浦松（S.ueamatsu）：《抵貨比較研究（Comparative Study of Boycotts）》第 6 頁，
轉見李湘、張仲禮：《1905～1937 年中國人民抵貨運動對棉紡織品市場的影響》，《商
業研究》，1963 年第 3 期。

更有甚者，國產多為粗紗，而日紗則多係細紗。1918 年，中國修正此前的進口棉紗單一從價稅徵收規則，而採用複雜從價稅則，即將粗紗與細紗區別徵收關稅。日本紡織業「遂目為對華貿易之大障礙，不如在華設廠，當地推銷紗布，可免關稅之煩」，因此改變紗業方針，「凡屬粗紗，概由在華日廠製造，而本國紗廠，則注全力於細紗之製造。有時本國需用之粗紗，亦反取給於在華之日廠，蓋一則可以避免中國之排斥日貨運動，一則可以利用中國低廉之勞工也。」〔註1〕30 年代，日本在華紗廠亦轉向細紗生產，據日人草野三郎 1933 年的說法，「在華日廠所出之紗，種類甚多，主要出品，則為 16 至 20 錢。近年趨勢，逐漸側重出產高價紗，日本本國亦如此，粗紗則由中國自產。中國紡織事業，近年亦異常進步，故紗之供給，幾可自足。僅有少數 42 錢價格及其以上之紗，現仍由日本運來。」〔註2〕

因此，中國布業對日紗的依賴性顯然不低。上海海關稅務司洛德在「海關十年報告（1912～1921）」中指出，造船等工業仍然全部依賴國外原材料，而棉紡織工業則係部分使用進口原料的例證，外資紡織廠專紡細支棉紗，華資紗廠則仍紡低支棉紗，主要是 16 支和 20 支紗，僅有兩三家華資紗廠能紡數量有限的 42 支紗〔註3〕。1919 年，廣州布業用紗竟然 70％來自日本〔註4〕。1923 年 5 月 19 日，上海紗廠聯合會代表張君出席上海市民對日外交大會執行委員會議時即特別強調，因受原料和技術的制約，中國紗廠以粗紗居多，且品質低劣，因此用戶多購用日紗，甚至各紗廠所產粗紗亦不足以供給全國市場所需，唯有仰求於外紗〔註5〕。據陳覺的看法，1931 年初，中國紗廠所產棉紗及疋頭的 40％依賴日商紗廠產品為原料〔註6〕。甚至有人認為，1931 年前後上海華商棉織業所用日紗仍然超過 70％〔註7〕。因此，極為反諷的是，即使

〔註1〕《上海之紗布業》(1)，《社會月刊》，1930 年第 8 期。

〔註2〕〔日〕草野三郎：《日本在華之紡紗業》，方道元譯，《復興月刊》，1933 第 3 期。

〔註3〕徐雪筠等譯編：《上海近代社會經濟發展概況（1882～1931）:〈海關十年報告〉譯編》，上海社會科學院出版社，1985 年版，第 209、211 頁。

〔註4〕《中華民國 8 年廣州口華洋貿易情形論略》，廣州市地方志編纂委員會辦公室：《近代廣州口岸經濟社會概況：粵海關報告彙集》，暨南大學出版社，1995 年版，第 637 頁。

〔註5〕《對日市民大會緊急會議紀》，《申報》，1923 年 5 月 21 日第 14 版。

〔註6〕陳覺：《「九·一八」後國難痛史資料》(3)，東北問題研究會 1933 年版，第 464～465 頁。

〔註7〕劉仲廉：《經濟絕交於中日之影響》，《商業月報》，1931 年第 11 卷第 12 期，

所謂「愛國布」，亦繫日紗織成〔註8〕。

二、抵貨期間國紗漲價

中國市場存在數量巨大的日紗，一經抵制，勢必導致供需失衡，從而導致華紗漲價。五四抵貨時期，華紗乘機漲價現象十分突出。江蘇無錫布廠指出，抵貨運動爆發之後，國產 42 支雙紗的價格每件高出日貨 13 兩，而抵貨之前則低廉 18 兩，亦即每件飛漲 30 餘兩，且花價並無變動〔註9〕。「藍魚」和「雙鹿」紗線繫日產，市價多售 320 兩左右，而「雙喜」和「文明」兩種滬產紗線價格，向來比前兩種日紗便宜 4 至 5 兩，抵貨期間的價格增至 328兩，反而高出日貨 8 兩〔註10〕。江陰斜紋布廠所用 20 支紗，因抵制日貨而求過於供，「價值飛增，幾有一日數市之驚」〔註11〕。

1927 年，《紡織時報》刊文指出了抵貨期間紗價大漲的具體路徑：

既言抵制矣，則華廠出品，當然為愛國人士所樂用，需要既增，價格必漲，此本為當然之趨勢；然國內各華廠能於此時平準時價，增多生產，以應各方之需要，專心一志推銷方面上著想，則未必不為劣貨之勁敵。乃計不出此，利令智昏，始則閉門不售，繼則狂討大價，一般字號與掮客輩尤推波助瀾，視為大利之機，互相爭競，爾鑽吾營，百計千方，一再抬價，務使廠方心動而開。既開之後，則一方居奇，

第 3 頁。
〔註 8〕1919 年 7 月 14 日，天津某布廠工人致函《南開日刊》，聲稱：「敝人等今日成立一個團體。因為吾們織布工人，每日用的皆是日本合股洋線。咱們中國人織布，用中國線叫愛國布，刻下這愛國布，皆日本線織的，不能叫他愛國布，叫他亡國布。廠主雖願做日人奴隸，我們工人不能與他做奴隸。刻下敝團於月之二十號實行罷工。作工者雖皆是寒家，指著手藝吃飯，然亦不能輕易開工，餓死我們工人是小事，亡國後四萬萬同胞與外人作奴隸是重大事。工廠如用日線，我們死不開工。抵制日線提倡本國線，是我們的宗旨，請問愛國布是真國貨否？不用本國線何能叫他愛國布呢？」天津歷史博物館等：《五四運動在天津歷史資料選輯》，天津人民出版社，1979 年版，第 247 頁。
〔註 9〕中共江蘇省委黨史工作委員會：《五四運動在江蘇》，江蘇古籍出版社，1992年版，第 165 頁。
〔註10〕蘇州布業公會為要求降低國產紗價以抵制日紗致蘇州總商會函（1919 年 6 月7 日），蘇州市地方志編纂委員會辦公室：《蘇州史志資料選輯第 1 輯：蘇州五四、五卅運動資料專輯》，1984 年版，第 64～65 頁。
〔註11〕中共江蘇省委黨史工作委員會：《五四運動在江蘇》，江蘇古籍出版社，1992年版，第 258～259 頁。

一方又以較大之價，向廠中開一小數（例以首批開 2 千件價爲 6 兩，彼等復於次日以 6 兩 2 錢 5 分開 1 百件），此之所謂對内杜絕他人之染指，對外更可以證明廠中開出大價，而作增高其存貨售價地步。此種互相朋比之結果，既一而再，貨價亦步步高升，使市上門莊店進本過巨，圖利維艱，於是又不得不想念及於東洋貨矣。倘廠方售價公開，限制壟斷，使牟利之輩無從操縱，使各門莊店鋪均可直接轉賣，推銷既廣，則劣貨之銷路自無立足之道矣。〔註12〕

九一八事變爆發後，抵制日紗亦引起棉紗價格大幅上揚。1931 年 7、8 兩月，因萬鮮慘案發生抵貨運動，華紗銷售一度暢旺，市上存底大減，雲南、四川等内地商幫擔憂抵貨運動導致貨源中斷，亦預先吸進一批 10 支粗紗，因此，上海所存華、日紗僅僅 6 萬餘包，遠遠低於往年存貨數量。儘管存貨不足，但由於美棉價格低迷以及長江大水災等不利因素影響，上海紗市缺乏興起動力，故而 9 月初旬，棉紗價格每包跌到近 150 兩之低谷，中旬亦不過上漲 1、2 兩左右。九一八事變成爲上海紗市重振的重要契機。19 日，日占東北之驚耗傳至上海，「市場人氣漸呈興奮」，21 日，儘管東北局勢已經極其嚴峻，然仍因美棉再跌，「買風未見熱烈」。22 日，上海反日會議決嚴屬抵制日貨後，「市場情態頓變，散戶固湧抵甚亟，而大戶空頭且從而翻多」，當天，10 月份最高期價超過 159 兩，嗣後市價逐步上漲，30 日的 10 月期價已超過 165 兩。

圖表 24：1931 年 9 月 18 日以降上海標紗市況比較表 （單位：兩）

月期	18 日	19 日	21 日	22 日	23 日	24 日	25 日	28 日	30 日
	收盤	收盤	收盤	收盤	收盤	收盤	收盤	收盤	收盤
9 月	154.5	155.2	156.7	158.2	159.4	159.5	158.1		
10 月	154.1	155.4	154.3	159.0	160.5	160.5	162.1	164.9	165.3
11 月	153.8	155.0	153.2	158.5	160.4	160.7	162.6	166.0	165.9
12 月	153.0	154.5	152.6	158.0	159.8	160.6	162.8	166.1	165.7
1 月	152.9	154.3	152.6	157.7	159.0	160.2	162.7	165.9	166.6
2 月	152.8	154.2	152.4	157.7	159.3	160.3	163.2	165.9	166.0

子明：《抵制日貨中之棉紗》，《銀行周報》，1931 第 15 卷第 38 號。

〔註12〕 《東貨匹頭抵制失敗談》，《紡織時報》，1927 年第 5 卷 423 號，第 91 頁。

　　棉紗期價逐步上揚，原因無非在於：抵制日紗導致供給驟減，「勢非漲價不可」。中國棉產本來不足，而棉質惡劣影響紡織。隨著社會進步，棉織品日趨精良，細紗原料需求益亟，而我國所產棉花不適於紡織細紗。「歷來抵制日貨，日紗恒銷行如故。此次則情形嚴重，日紗貿易幾於完全斷絕。蓋商人終不敢冒此大不韙，以自棄於國人也。在此日商銷路斷絕之時，竟有少數醉生夢死之奸商，轉利用此時機，抬高本國之紗價，以爲奇貨牟利之圖。投機之輩，亦大做多頭，以掀風作浪。於是紗銷尚未暢旺，而紗價已扶搖直上。」〔註13〕

　　非抵貨時期，日紗具有價格低廉的競爭優勢。而抵貨期間，華紗乘機漲價，日紗則跌價低價傾銷，從而進一步拉大了兩者之間的價格差距。九一八之後的抵貨運動期間，日紗跌價傾銷政策最爲典型。此種跌價傾銷政策主要由日本在華紗廠執行，據調查，1931 年 6 月與 1932 年 6 至 11 月的日、華紗價對比如下：

圖表 25：1931 年 6 月與 1932 年 6～11 月日、華紗價對比

（單位：每包規元兩）

日　　期	華紗（20 支金城）	日紗（20 支藍鳳）	差　　額
1931 年 6 月	189.00	187.50	1.50
1931 年 7 月	189.00	186.50	2.50
1931 年 8 月	194.00	185.625	8.375
1931 年 9 月	191.25	176.00	15.25
1932 年 6 月	167.75	136.75	31.00
1932 年 7 月	164.00	134.75	29.25
1932 年 8 月	171.00	136.00	35.75
1932 年 9 月	169.00	139.50	29.75
1932 年 10 月	164.25	133.00	31.25
1932 年 11 月	156.40	135.00	21.50

　　陳眞：《中國近代史工業史資料第 4 輯：中國工業的特點、資本、機構和工業中各行業概況》，三聯書店，1961 年版，第 215 頁。

　　由上表可見，金城與藍鳳兩種棉紗價格，抵貨之前相差不大，而抵貨之後，日紗價格之低於華紗日甚一日，至 1932 年 8 月竟相差 35 兩以上。1940

〔註13〕子明：《抵制日貨中之棉紗》，《銀行周報》，1931 年第 15 卷第 38 號。

年，日產棉紗走私至四川萬縣，每件 600 餘元，較國產紗便宜 400 元〔註14〕。

三、布業困境與抵貨運動

國紗既產量不足，且乘抵貨之機漲價，織布業苦不堪言，陷入國權與私利的兩難抉擇之中。

1919 年，江蘇部分佈廠深感國紗漲價之苦。5 月 28 日，江陰斜紋布廠致函《錫報》報館並轉國民大會，自稱所產斜紋布乃「完全國貨」，「實爲抵制洋貨之要品」，但所用原料 20 支紗貨源緊缺，價格飛漲，「一日數市」，可見華商紗廠不僅「不肯犧牲其利益，反利用時機，以操居奇之勝」。該布廠宣稱，布業專「恃紗以接濟，而成本過昂，不合銷售，雖提倡國貨者，或不惜耗其血本，以求平價出售，奈原料缺乏，誓願勿買日紗，倘停止營業，恐將絕貧工生活之機。」因此呼籲「我國各紗廠竭力趕造廿支紗，以濟目前之急。更祈平價出售，勿爲外人乘隙而入，以搖惑國民之心，庶幾斜紋一業，得以維持。」〔註15〕同年 6 月，蘇州震豐、公民、興業、一新、愼昌、兄弟等 6 家布廠向布業公會申說被迫購用日紗之原委：「抵制日貨，經學界提倡以來漸及各界，已有一致之現象，所最困難者，莫如我布廠所用之經線。查此項雙股線，本國出品只有 4 家，日夜趕做，不及 20 包之數，而各廠所用未及十分之一，已勢不能全用國貨。然愛國心人人皆有，自然先盡國貨，實在不敷，而又迫於工人之待米而炊，萬不能停工以陷勞動家於困苦流離之地，始不免忍辱含垢，補用東貨。」同時呼籲紗廠擴大產量，紗商平抑紗價：「製造紗線廠家，亦宣體此艱難，竭力推廣出數，以救時局，此兩利之道也。即各紗線號家，各紗線販戶、掮客，苟有天良，亦當共體此心，集合團力，堅持平價，斷不可使國貨之價高出東貨之上，隱爲東人解圍。」經布業公會查核，布廠所陳各節「委係實情」，因此致函總商會請求「據情函告上列各會廠，原有自製紗線，務須刻日平價，一而逐漸改良，務使物品優美，超過東貨，爲有系統之抵制，自然源遠流長，於紗線、布廠前途兩有裨益。」〔註16〕

布業認爲抵制日紗可能導致自身的行業困境，或許並非全係誇大其詞。

〔註14〕劉不同：《敵我經濟戰之前瞻》，《時代精神》，1939 年第 1 卷第 5 期。

〔註15〕中共江蘇省委黨史工作委員會：《五四運動在江蘇》，江蘇古籍出版社，1992年版，第 258～259 頁。

〔註16〕蘇州市地方志編纂委員會辦公室：《蘇州史志資料選輯第 1 輯：蘇州五四、五卅運動資料專輯》，1984 年版，第 65 頁。

1928 年的廣州，上半年日本棉紗進口旺盛，但下半年抵制日紗，市上行銷者僅有英國紗，「本地織造廠，因不得日本紗，不能與香港工廠爭勝，不得已停止工作。蓋香港工廠，向能採用廉價之日本紗也。」〔註17〕九一八事變之後，浙江內地各廠因抵制日貨而改用麻紗，導致成本價格提高，「營業更見慘落」〔註18〕。1931 年 11 月 1 日，《申報》刊文指出，「對日經濟絕交，乃為我國民不得已而行之之一法。試觀彼國炮艦迭來示威，亦可見此事之久必有效。惟自抵制迄今，為期僅逾 2 月，而我國貨工廠之停業者，已比比皆是。在廠主固突遭巨損，而勞工亦有失業之虞。是則抵制之結果，豈非有類於自殺。天下至愚之事，孰逾於此。與當推考其故，始知其癥結所在。蓋我國各工廠（尤以絲織業為最），平日之賴以經營者，幾皆為彼方所出之原料，今不幸來源告絕，竟至俱無辦法，足見仰人鼻息之營業，終不可恃。」〔註19〕據 11 月 8 日的《民國日報》報導，抗日聲中上海針織業發生原料恐慌，停業者竟然高達三分之一〔註20〕。

　　日方對於抵制日紗給中國自身造成的原料困境亦了然於胸。1923 年抵貨期間，《銀行周報》載文指出：

> 華商因紗價之低落，利用排日機會，以阻止日紗之輸入，並抵制國內日廠之出品……抵制日貨影響之最大者為本國粗細紗及在華日廠出品，幸目下尚無妨礙。預計至 10 月後排日熱度必消減至無形矣。自入秋以來，粗細白布，存貨甚少，他時，中國一屆需要之期，則華商必深感缺貨之苦。當 3、4 月間，華人買進甚多，現時尚有存貨，且非需要之期，更無進貨之必要。排日足使日貨價格之低落，苟此時有大批之交易，反多損失，不如靜待時機之為愈也。若論檢查日貨，雖云認真，然棉紗布商莫不有其勢力，即訂貨單與現貨，未必盡行宣佈。外交大會所發表之數目，恐大半不確，蓋華人圖利，互相庇護也。惟排日與英貨以莫大之銷行機會，然一方適以提高英

〔註17〕《粵海關民國 17 年華洋貿易統計報告書》，廣州市地方志編纂委員會辦公室：《近代廣州口岸經濟社會概況：粵海關報告彙集》，暨南大學出版社，1995 年版，第 765 頁。

〔註18〕實業部國際貿易局：《中國實業志：浙江省（第 7 編）：工業》，實業部國際貿易局，1933 年版，第 74 頁。

〔註19〕周才良：《抗日聲中亟應創設細紗工廠之我見》，《申報：自由談》，1931 年 11 月 1 日第 19 版。

〔註20〕《民國日報》，1931 年 11 月 8 日第 3 張第 2 版。

貨價值，使華人覺英貨價昂，反足引起日貨之需要，於精製品爲尤
甚。如此時利用廉價時期，努力製貨，則一屆秋涼，希望無窮，況
絨布素爲日本之獨佔貿易，不致因排日而受影響，因可改充歐美之
品也。〔註21〕

　　華紗在數量、質量和價格方面均難以滿足布業的原料需求，自然很難杜
絕布廠購用日紗。1919 年，廣州布業用紗 70％來自日本，因此在粵海關署稅
務司魏阿蘭看來，日紗這一重要商品「並未受抵制影響也」〔註22〕。而即使
抵制激烈地區，偷運偷賣現象亦不絕如縷。因此，抵制日紗的力度肯定大打
折扣。1908 年日紗輸華總值爲 16361 千元，比上年的 25187 減少 35.04％。1914
年爲 64559 千元，1915 年降至 55503 千元，跌幅爲 14.03％〔註23〕。從中國海
關進口的日本棉紗和紗線數值看，1914 年爲 71716849 海關兩，1915 年降至
68572180 海關兩，跌幅爲 4.38％。1923 年在中國紗業危機、日本關東大地震
以及中國抵貨運動影響下，1923 年比上年下跌 37.98％。自 1927 至 1931 年，
進口數值依次遞減，1926 年爲 31163048 海關兩，1927 年爲 19899614 海關兩，
1928 爲 19222867 海關兩，1929 年爲 16619118 海關兩，1930 年 12778344 海
關兩，1931 降至 6877208 海關兩〔註24〕。不僅難以全面抵制日紗，甚至出現
抵貨年份日紗進口不減反增的悖反詭異現象。1918 年爲 59146161 海關兩，1919
年增至 79134082 海關兩，漲幅爲 33.79％，次年在此基礎上再增加 6.79％。
1925 年進口 41353981 海關兩，比上年的 36810588 增加 12.34％〔註25〕。同時，
日本在華紡織業雖屢經抵貨運動打擊，但仍然逐漸達到與中國紡織業勢均力
敵的地步。方顯廷針對九一八事變後抵貨運動這一個案所得出的下述結論，
實際上基本上適用於整個抵貨運動：

〔註21〕《日本對華紗布貿易之前途》，《銀行週報》，1923 年第 304 號。

〔註22〕《中華民國 8 年廣州口華洋貿易情形論略》，廣州市地方志編纂委員會辦公
　　　　室：《近代廣州口岸經濟社會概況：粵海關報告彙集》，暨南大學出版社，1995
　　　　年版，第 637 頁。

〔註23〕浦松（S.ueamatsu）：《抵貨比較研究（Comparative Study of Boycotts）》第 6
　　　　頁，轉見李湘、張仲禮：《1905～1937 年中國人民抵貨運動對棉紡織品市場的
　　　　影響》，《商業研究》，1963 年第 3 期，第 44～45 頁。跌幅爲筆者計算。

〔註24〕蔡正雅：《中日貿易統計》，中國經濟學社中日貿易研究所 1933 年版，附表 2
　　　　「我國輸入貨品分類統計表」續（1912～1931）。

〔註25〕蔡正雅：《中日貿易統計》，中國經濟學社中日貿易研究所 1933 年版，附表一
　　　　「歷年來日本對外及對華貿易貨值比較表（1868～1931）」。

愛國心是極難持久的，時間一長，消費者的經濟打算終究會勝
過他的愛國熱忱，日本紗貨質量較高，如果再價錢便宜一點，在市
場上自然佔了優勝。〔註26〕

第二節　抵制日煤釀成煤荒

「煤爲機器動力之源，近世科學昌明，用途愈廣，一國工業之興衰，與
用煤之多寡有密切之關係。」〔註27〕近代中國煤業落後，交通不暢，抵制日
煤往往釀成煤荒。

一、抵制日煤與煤荒問題

根據近人蔡正雅對 1912 至 1931 年日煤進口數值的統計，1915 年中國進
口日煤 978458 噸，比上年的 1216408 噸減少 237950 噸，跌幅爲 19.56％，1919
年進口 846006 噸，比上年的 848980 噸僅僅減少 2974 噸，跌幅爲 0.35％，1923
年進口 834965 噸，比上年的 676970 噸反而增加 23.34％，1925 年進口 2242637
噸，比上年的 1156986 噸增加 1085651 噸，漲幅高達 93.83％。1926 年高達
2356672 噸，係這 20 年中的最高峰，此後數年的進口數值則依次遞減。1927
年比上年下降 31.96％，1928 年比上年下降 6.60％，1931 年比上年下降 28.15
％。〔註28〕

五四抵貨運動對上海日煤打擊甚小，蓋「上海若無日本煤之供給，工廠
之大部分皆將休業也。」〔註29〕五卅運動期間，上海「煤斤缺乏」，出現「船
少難運國貨煤之苦況」〔註30〕。蘇州坤震公所對抵制日煤之難境和被迫使用
日煤之苦衷頗具代表性：「欲維持工廠之工作，輪舶之通行，不得不謀燃料
之供給，採用日煤，實爲不得已之苦衷，必不用日煤，勢必各工廠因此而停

〔註26〕 方顯廷：《中國棉紡織業之危機》，《紡織周刊》，1933 年第 3 卷第 20 期。
〔註27〕 《大可注意之煤荒問題》，《銀行周報》，1931 年第 42 號。
〔註28〕 進口數值參見蔡正雅等編：《中日貿易統計》，中國經濟學社中日貿易研究所
　　　　1933 年版，附表四「由日輸華貨物分品統計表」。日本包括朝鮮在內。煤不包
　　　　括焦炭、焦煤在內。增減數值和幅度爲筆者計算。
〔註29〕 上海社會科學院歷史研究所：《五四運動在上海史料選輯》，上海人民出版社，
　　　　1980 年版，第 220 頁。
〔註30〕 上海市檔案館：《上海檔案史料叢編：五卅運動》（1），上海人民出版社，1991
　　　　年版，第 466 頁。

工，輪舶因此而停駛，不啻因噎廢食。以煤爲原料品之一，若因斷絕日煤之買賣，影響工作，妨礙運輸，無異自殺，事實上，情理上有萬萬不能不用日煤者也。」〔註31〕直至 1931 年抵貨運動期間，時人仍以五卅期間的煤慌問題爲例警醒國人：「憶昔五卅慘案發生之時，市民激於義憤，一致主張與英日經濟絕交，日煤亦在抵制之列，日商深知滬上國煤之缺乏也，乃亦慨然取消定單，以相挾制。因之日煤之供給立感缺乏，煤荒之聲，洋洋盈耳。工部局遂藉口煤力不濟，遂行停止供給華人工廠之電流，以逞其摧殘吾國工商業之毒計，於是如華商紗廠、南洋煙草公司、商務印書館等大工廠不得不停止工作，出貨停頓，工人失業者數萬。殷鑒不遠，吾人不能不加以注意也。」〔註32〕據 1928 年 6 月 9 日的《申報》報導，福建各工廠燃煤向由東京和臺灣兩地運閩批售，抵制日煤之後，雖有華人投資組織國煤合作社，但也只能向開灤煤礦採購〔註33〕。12 日又報導，武漢紗廠業經濟絕交會聲稱，上海棉紗遽然漲價，因爲抵制日煤而導致燃料供應不足，武漢商界爲此開會商討燃料接濟辦法〔註34〕。

　　1931 年 9 月 24 日，上海煤商業同業公會通過「自動抵制日煤案」，並議決組織抵制日煤委員會。10 月 3 日，該公會決定禁止向日僑和日本在華工廠提供燃料，並通告同業一致徹底抵制日煤和採用國煤，同時希望華商各堆棧「本愛國之熱忱，自今而後勿接受堆存日輪運來之日貨，或奸商購來之日貨，以促成實施對日經濟絕交之策略」。據蘇聯《眞理報》記者的統計，上海的所有中國工業自 1931 年 10 月停止使用日煤，僅兩家日本公司即有 60 艘運煤船泊在港口無法卸貨。10 月份運入上海的日煤僅 5 萬噸，並援引日本報刊的說法，認爲 1931 年日本煤炭工業的損失高達 2600 萬日元〔註35〕。但是，抵貨運動也直接引發中國的煤炭恐慌問題。劉鴻生曾致函抗日會，認爲抵制日煤和日輪運輸貨物，「上海煤荒立見，如不加救濟，則工廠停工，數十萬工人失

〔註31〕 蘇州市地方志編纂委員會辦公室：《蘇州史志資料選輯第 1 輯：蘇州五四、五卅運動資料專輯》，1984 年版，第 164 頁。

〔註32〕 《大可注意之煤荒問題》，《銀行周報》，1931 年第 42 號。

〔註33〕 《閩商計劃肅清劣貨後之救濟》，《申報》，1928 年 6 月 9 日第 11 版。

〔註34〕 《漢商界抵貨之根本辦法》，《申報》，1928 年 6 月 12 日第 9 版。

〔註35〕 《中國抵制日貨運動及其結果》（1932 年 2 月 12 日），嚴邦唏譯，馬寶華校，安徽大學蘇聯問題研究所等編譯：《蘇聯〈眞理報〉有關中國革命的文獻資料選編第二輯（1927～1937）》，四川省社會科學院出版社，1986 年版，第 396 頁。

業，地方治安無法維持」〔註36〕。而煤業公會雖宣誓永遠不買賣日貨，但同時亦請求各機關救濟煤荒。〔註37〕

11月3日，《銀行周報》刊文聲稱：「現在上海一埠，日煤已告絕跡，華南燃料，端賴北礦。查營口之北栗煤，因北寧路阻不克運輸，塘沽之井陘大同煤因水淺不克重載，津浦之中興煤，但供路用，平漢之六河溝停運已久。上海航商工業所需要者，在外煤只有開灤，在國煤惟賴博山。」朱斯煌曾經指出，「九一八事變起後，國人一致議決不購日煤，改用國煤。三菱、三井、大連等60餘艘運煤輪船，自11月份起，均同時停開，交通部已徇國營各煤礦之請求，令上海航業公司，特派八輪赴青島一帶，專運國煤，以供工廠船車之用。所惜我國煤礦尚未見十分發達，所有數大煤礦之經營，非日即英，抵貨以來，煤荒問題，一時引為大恐。〔註38〕

九一八事變後抵制風潮初起，上海日文報紙《每日新聞》即宣稱：「其他貨物可抵，日煤萬不能抵」〔註39〕，其理由無非是我國工業生產乃至日用燃料與日煤存在較大的依存關係。「我國煤礦之豐，甲於全球，惟因資本缺乏，運輸不便，一致國內使用之煤，大部分仰給於外煤。」上海是日煤進口的最大口岸，曾經高達70至80％的日煤從上海進口，1929年以後上海進口日煤的比重雖然有所下降，但仍占全國進口總值的40％左右〔註40〕。近人朱其華所撰《中國社會的經濟結構》一書，對中國高度依賴外煤尤其是日煤的狀況有精當闡明。他認為，中國煤的儲量雖豐，但中國所有煤業即使完全生產，一晝夜也僅能出產10000噸，且因運輸不便，戰事頻仍常常斷絕鐵路交通，以及其他種種困難，大半停止生產，結果被迫從國外運煤進口以供需要。以上海而論，每年進口外煤約3百萬噸，本市每年耗費40萬噸，其中日煤約占一半，其餘轉運無錫、常州等地。上海所輸入煤炭的三分之一來自名為中英合辦實為英人所操縱的開灤煤礦，50萬噸由日本本土運來，50萬噸來自撫順煤礦，國煤只有25萬噸。不僅上海如此，長江一帶及南北方都是如此。武漢每月煤的消費自6萬至8萬噸不等，其中96％由日本供給。1927年2至8月，

〔註36〕 《申報》，1931年10月17日第13、14版。
〔註37〕 《申報》，1931年10月26日第10版。
〔註38〕 朱斯煌：《中日貿易之研究》，《經濟學季刊》，1932年第4期，第278頁。
〔註39〕 《大可注意之煤荒問題》，《銀行周報》，1931年第42號。
〔註40〕 上海社會科學院經濟研究所：《上海對外貿易（1840～1949）》（下），上海社會科學院出版社，1989年版，第505頁。

帝國主義對武漢實行經濟封鎖，日煤不能進口，武漢因此大起恐慌。廣州 85～90%的煤依賴進口，1925 至 1926 年的經濟絕交曾經導致廣東全省因煤供給不足而大起恐慌，粵漢鐵路列車甚至一度不得不以木炭為燃料。天津每日大約消費 6 萬噸煤，其中 9% 依賴開灤供給〔註41〕。

二、國人捨華煤而購日煤的緣由

　　1925 年 7 月 30 日，蘇州坤震公所致函蘇州總商會，聲稱抵制日煤「於事實上有萬難辦到之處」，「蓋煙煤一物不特為人生燃料日用之一種，且為一切工廠及輪舶之必需用。我國礦產雖富，風氣閉塞，故步自封，不能各省開礦，即已開者如井陘、中興、賈汪以及漸之長興等礦產無幾，供不應求，而況國有幹路，每虞車輛缺乏，交通梗阻，航運則華輪有限，不克接濟。」〔註42〕諸青來於 1927 寫道：「我國產煤之地，交通不便，運費又貴，捐稅甚重，運輸既耗時日，煤價亦嫌較昂。」〔註43〕1931 年，仲廉針對抵貨引發的煤荒問題時說：上海所用之煤大都仰給於日煤，「推原其故，蓋有數種原因，我國煤礦大都在荒山僻嶺之中，交通不便，運輸困難……鐵路運費過高。地方捐稅太重。因此，由產地運煤至滬，成本極為昂貴。用煤各戶，反不如用洋煤合算。於是洋煤遂得暢銷於滬上，而國煤反相形見絀。」〔註44〕1931 年 10 月 27 日，實業部為救濟長江流域煤荒致行政院呈文所附「增加國煤生產節略」寫道：「我國產煤本可自給，因連年戰爭，運輸阻滯，而車輛又時虞缺乏，致煤斤不能暢銷，產額因而減低，日煤遂乘機而入。」〔註45〕

　　國煤不僅產能不足，且因運輸不便致其價格昂貴，而抵貨期間鐵路部門提高運費的舉措則有可能進一步加劇煤荒問題。1931 年夏，膠濟鐵路宣佈增加國煤 2 成運費，此舉引發煤商罷運風潮，路方乃收回成命，仍照舊章。但事過境遷又舊案重提，通令自 11 月 1 日起仍加運費二成，煤商聞之大嘩，擬

〔註41〕朱其華：《中國社會的經濟結構》，新生命書局，1931 年版，第 45～48 頁。

〔註42〕蘇州市地方志編纂委員會辦公室：《蘇州史志資料選輯第 1 輯：蘇州五四、五卅運動資料專輯》，1984 年版，第 164 頁。

〔註43〕《經濟絕交平議》，此文載於 1927 年 1 月的《銀行月刊》，此處參見諸青來：《求是齋經濟論集》，中國圖書服務社，出版時間不詳，第 9 頁。

〔註44〕《大可注意之煤荒問題》，《銀行周報》，1931 年第 42 號。

〔註45〕中國第二歷史檔案館：《中華民國史檔案資料彙編第五輯第一編：財政經濟：工礦業（2）》，江蘇古籍出版社，1991 年版，第 468 頁。

全體罷運作爲應對。煤商譴責膠濟路的加價決定有違抵制日煤宗旨，因爲上海反日會議決不用日煤和購用國煤，並規定每噸煤價必須維持在 12 兩左右，而山東淄博煤經青島運至上海，每噸成本則已愈 12 兩。但膠濟路方則堅持加價決定係照鐵道部令辦理，且聲稱即使加價 2 成，也遠比濟南商人營運的淄川煤礦至大昆嶺車站之輕便鐵路運費低廉。同時還聲稱，當年山東各礦產量驟減，供不應求，煤價高漲，膠濟路加價抑制出口，即可本省煤價低落。鐵道部則將膠濟路沿線煤斤成本高昂的原因歸結爲「各礦本身辦理不良」、「輕便鐵路運費奇昂」、「青島碼頭費用」以及「輪船運費過重」等因素。上海輿論雖然認爲各方均「持之有故，言之成理」，但提醒道：「此次膠濟路加費之事，政府應即行取消或酌量減輕，否則相持不下，則華南數省，必立見煤荒，則軍艦商輪火車及一切工廠電燈自來水之機器，必至完全失其動作效力，空前恐慌因之發生。」〔註46〕

　　長江流域的煤荒問題甚至引起中央各方關注，並力謀解決之道。實業部部長孔祥熙於 1931 年 10 月 27 日爲救濟長江流域煤荒呈文行政院，建議「亟應增加國煤生產，去其各種障礙，備資抵補。」〔註47〕時論亦提出：「吾人一方面抵制日煤，一方面應使國煤源源接濟，陸運車輛應行增加，國營航輪盡量轉載，同時運費酌量減低，以示優異。但此爲目前救急辦法。爲根本計，尚須努力於生產之增加、與種種改良之計劃……礦產區域宜廣敷鐵道以謀運輸之便利，如遇車輛缺乏之不敷裝運時，亦須隨時添購，俾可源源裝運；煤之運費應由鐵道部特別減輕，以減少其成本；取消各種苛捐以輕其負擔；禁止國煤之輸出以免供給之減少；獎勵小礦公司合併用新法開採，使生產力可以增加。如此則煤產豐富，成本減輕，我國所產之煤，乃可自給自足，國人亦當然樂用國煤，不致再仰給於洋煤矣。」〔註48〕但是，發展煤業與提升運力，絕非一蹴而就。

第三節　抵制日本紙張與新聞出版困境

　　抵貨運動的宣傳者曾經宣稱，「抵制日貨一點也不難」，譬如，「紙類號稱

〔註46〕《大可注意之煤荒問題》，《銀行周報》，1931 年第 42 號。
〔註47〕中國第二歷史檔案館：《中華民國史檔案資料彙編第五輯第一編：財政經濟：工礦業（2）》，江蘇古籍出版社，1991 年版，第 467 頁。
〔註48〕《大可注意之煤荒問題》，《銀行周報》，1931 年第 42 號。

原料，也是製成品，紙的主要用途當然是印書印報。書報不跟外貨競爭，賣價與銷路也沒有什麼關係。」〔註49〕事實並非如此。

一、抵制日紙與紙荒問題

　　日本機器造紙工業始創於 1870 年，「經之營之……一躍而爲世界上之製紙國焉。然彼以蕞爾小國，甚難消費國內產紙之總數，而上等貨色，又不得不仰給外國，故中下等之貨，極力向我國輸出，而我遂爲彼之消費場。」〔註50〕日本紙業的發展無疑得益於一戰期間歐美無暇東顧遠東貿易這一契機，1912 年日本輸出的紙類僅值 300 餘萬日元，大戰期間逐漸增加，至 1918 年則已將近 3 千萬日元〔註51〕。1926 年日本紙業產額比 1912 年增加 4 倍以上，「其所以增加至是之速者，不可謂非歐戰之所賜也。」〔註52〕我國進口紙類始載於 1903 年的海關關冊，歐戰期間英、瑞、德紙漸減，而日紙進口則突增，1931 年的日紙進口價值比 1912 年增加 16 倍，比 1920 年也增加 3 倍以上〔註53〕。

　　因此，1908、1909 和 1915 年的抵貨運動與輸華日紙之間並無緊密關聯，而自 1919 年以後，日紙則成爲歷次抵貨運動的重要目標之一。1919 年 6 月 3 日的上海《新聞報》報導稱，鎮江紙業開會議決抵制日貨，龍章、同孚永等 10 餘家紙業字號亦召開全體大會，籌議抵制日貨辦法，並決定「即日起，不進日貨，不用日貨，倘有私自圖利再進日貨者，一經查出，貨物銷毀，憑公議罰。」〔註54〕1931 年 9 月 28 日，上海彩印業公會通告：「自今以後，我同業所用一切印刷材料，不准再購用日貨……倘甘心違反，當報抗日救國會，嚴屬制裁，絕不寬假。」〔註55〕無錫車站轉運公司決定拒裝日貨，錫成公司

〔註49〕 中暇：《抵制日貨一點也不難》，社會與教育社編：《我們的敵人──日本》，新生命書局，1931 年版，第 147 頁。

〔註50〕 張天榮：《日本紙類生產之概況及其在華之勢力》，《商業月報》，1929 年第 1 期（作者繫上海江南製紙公司工程師）。

〔註51〕 蔡謙：《近二十年來之中日貿易及其主要商品》，商務印書館，1936 年版，第 88 頁。

〔註52〕 張天榮：《日本紙類生產之概況及其在華之勢力》，《商業月報》，1929 年第 1 期。

〔註53〕 蔡謙：《近二十年來之中日貿易及其主要商品》，商務印書館，1936 年版，第 88～89 頁。

〔註54〕 中共江蘇省委黨史工作委員會：《五四運動在江蘇》，江蘇古籍出版社，1992 年版，第 74 頁。

〔註55〕 《彩印業公會通告》，《申報》，1931 年 9 月 28 日第 10 版。

曾委託勝記轉運公司將購自上海的數件東洋紙料轉運至無錫，竟被該公司拒絕〔註56〕，可見抵制日紙絕非紙上空談。但是，抵制之舉造成紙類供給不足、價格上漲等諸多問題，甚至釀成「紙荒」，從而深度衝擊中國的新聞出版行業。

據馬寅初統計，1919 年 5 月的日紙進口數量為 21097 擔，6 月減至 7956 擔，9 月也僅為 7450 擔，〔註57〕9 月與 5 月的日紙進口數量相比，跌幅高達 64.69%。日紙進口的跌幅減少乃是抵貨運動經濟效力的重要表現，但此舉也同時深刻制約著新聞出版行業的日常運轉。

《張元濟日記》中記載了商務印書館在五四抵貨期間如何接濟同業度過紙荒難關的詳細情形：

> 6 月 24 日：同業要求讓售有光紙，鮑先生查覆，照現存及本館所購者恰好相接，難再讓。嗣與迪民考究，擬於維昌 7 月中到貨 200 件讓出 30 件，即告瑾懷。

> 6 月 30 日：同業城內公所同業要求讓紙，有幾家已經停機。余告仙華，酌量通融。

> 7 月 31 日：包文德來言，鴻寶齋來購有光紙，已售與 800 令。余言，已售者可勿計，但以後擬暫緩。因中華出有告白，本館擬借售紙以示抵制。

> 8 月 3 日：與鮑、包談售紙與同業，至多只能限 10 件。包意似不足。余力謂不可過多。

> 8 月 4 日：中華來函，有李柳溪者攜來，買有光紙 1000 令，印刷拒絕。余與仙華、瑾懷詳商，先行發報，一面備函謝絕。

> 8 月 6 日：查抵制日貨後，售與同業紙數：6 月 14 日售鴻寶齋、闞念喬，共十二家、2100 令。25 日廣益書局 510 令。27 日闞念喬、共三家（內共和書局 300 令）900 令。7 月 7 日廣益書局 500 令，16 日又 500 令。19 日鴻寶齋 90 令，又 200 令。31 日民友社 30 令。以上有光紙共 4830 令；7 月 2 日恒豐洋行 56 令。11 日時兆月報 98 令。17 日和康洋行 4998 令。24 日恒豐洋行 98 令。以上新聞紙共 5250

〔註56〕中共江蘇省委黨史工作委員會：《五四運動在江蘇》，江蘇古籍出版社，1992 年版，第 75 頁。

〔註57〕馬寅初：《如何提倡中國工商業》，《馬寅初全集》（2），浙江人民出版社，1999 年版，第 475～476 頁。

令。所有分館經手者不在內。本月 4 號，鴻文書局 300 令。鴻寶齋 500 令。中新書局 300 令。廣益書局 500 令。又 6 號，鴻寶齋 150 令。廣益書局 500 令。

　　8 月 25 日，有李庚記買去有光 30 令。余告包文德，存紙無多，且已告津漢兩館代銷，恐此間售完，而該兩館來要，恐無以應。且李庚記非同業，似應限於同業，否則同業來買，亦無以應。余屬瑾懷商以減廿令。後王德峰來云，已商妥，即照發十件。後瑾又云，李庚記必須再購 5 件。余亦允之〔註58〕。

1928 年抵貨期間的紙荒問題亦頗為嚴重。《順天時報》曾以「報紙行情突漲，各報館頗形恐慌——將有無紙印報之虞」為標題，對抵貨運動給北平新聞出版業造成的困境進行了宣揚：「據調查，報紙行情，遂即大漲。平時每令價值四元五角，連日以來，已漲至五元九角六元之間，至昨日，已漲至六元以上，更有肯出六元以上之價，尚無處購買。據昨日之調查，北平向發售報紙之敬記、成記、同益各家紙莊，存紙亦屬不多，統計各家所存不過三百數十令，預計五日以後，一星期以前，北平各報館，即有無紙印報之虞，報界紙荒將在目前也。昨日午後，報紙市價，有六元三四角，突漲至七元之譜，各報館頗形恐慌。」〔註59〕作為日人所辦刊物，其輿論導向無疑是服務於日本的國家利益〔註60〕，但其中所反映的紙荒問題卻並非完全是空穴來風。早

〔註58〕《張元濟日記》（下），商務印書館，1981 年版，第 603、606、621、623、624、624～625、635 頁。

〔註59〕李嘯風、沈有益：《中華民國史料外編——前日本末次研究所情報資料》（中文部分第 54 冊），廣西師範大學出版社，1997 年版，第 458 頁。

〔註60〕《順天時報》在五四運動中即遭國人抵制。1919 年 5 月 20 日，北京總商會召開全體大會，決議：（一）各行業速開會議，宣示各商戶一律停止販運日本貨，違者從重議罰；（二）不用日鈔；（三）不看日人在京所辦的《順天時報》，不在該報刊登廣告。自北京總商會議決抵制日貨後，各店以往販運日貨者一律停止。日商開設店鋪無人問津，日貨急驟跌價，《順天時報》銷路大減。（參見《北京舊商會歷史及時事記聞》，孫健等主編：《北京經濟史資料》（近代北京商業部分），燕山出版社，1990 年版，第 487～488 頁。）對於該報的虛飾欺騙，華文報刊曾經犀利指出：近六個月來全中國切實抵制日貨之情形，為歷來所未有，在華日商及日本本國工業界，極受重大打擊，日人心中甚為恐慌，但卻不肯以弱點示人，故由其宣傳機關努力作種種日本對華貿易並不減色之宣傳，且時常發表日本海關輸出統計表，以證明日之對華輸出有增無減，並未受中國排貨之影響。此種宣傳，皆屬偽造。其統計表乃由日政府所發出，日政府此種用意，一方在欺瞞日本國民，以安穩國內之人心，同時使勿因此

在 11 月 18 日，北京報界即致函反日會，請求通融購紙辦法。〔註61〕反日會
鑒於「沒收日貨長久擱置，不但毀壞堪虞，而損失特大，且有報館因感紙荒，
屢函該會挽救」，故組織拍賣行，「請各報館到該所購買新聞紙」。〔註62〕12 月
12 日，天津反日會亦以「沒收日貨，長久擱置，不但毀壞堪虞，損失亦大」
爲由組織拍賣所，拍賣所沒收日紙。〔註63〕從拍賣結果來看，此次拍賣僅售
出少數報紙，而大批油墨、謄寫板、自行車等卻無人問津，〔註64〕可見市場
上對紙的需求是最爲急迫的。天津反日會爲解決天津紙張緊張的問題，曾經求
助上海總商會調查國產紙張，上海總商會答稱「上海向無報紙出品，浙省報紙
廠亦正在籌備時期，出品尚需時日，爲救國前途計，獲請先行採辦瑞典報紙，
以供應用。」〔註65〕可見在印刷媒介時代，作爲造紙術發明者的國度，完全不
購用外國紙張已經極其困難。天津《民國日報》曾經違例購買日紙，而紙張爲
反日會所扣留。北京警備司令部亦曾在天津訂購大宗日紙作爲印刷宣傳品之

反對政府之政策，一方在暗示中國以排貨之舉爲無效，其用心可謂奸巧，然
我國各界，因受濟案刺激太深，久已認日仇爲不共戴天，無論日方作何種反
宣傳，皆不爲之稍動，而積極排斥劣貨如故。（季嘯風、沈有益主編：《中華
民國史料外編——前日本末次研究所情報資料》（中文部分第 54 冊），廣西師
範大學出版社，1997 年版，第 531 頁。）而恰恰因爲《順天時報》在抵貨運
動中的反宣傳言論，方才引發了北京的所謂《順天時報》事件。1928 年 9 月
7 日，在國民黨北京市黨部召開的九七紀念會上，以報夫工會的名義發佈了拒
絕郵遞《順天時報》的宣言，内容包括反對發行日本浪人創辦的《順天時報》，
號召市民勿在《順天時報》刊登廣告，也不要購買《順天時報》。此舉致使該
報社被迫實行直接郵遞的方法，但亦遭到報夫工會的堅決抵制。北京各界濟
案後援會曾經發表聲明，認定《順天時報》爲日本文化侵略之工具，號召各
界屬行抵制。結果導致該報發行量由 17000 份驟減至 3000 份，遭遇關閉的危
機。翌年 9 月，北京反日會已經遵令撤銷，但報夫工會依舊抵制《順天時報》，
認爲「順天時報一日不倒，中華民族一日不安」。（《順天時報事件》，《北京周
報》1928 年 9 月 23 日第 319 號；《順天時報益壓迫》，《東亞日報》，1928 年 9
月 19 日。《順天時報益壓迫》，《東亞日報》，1928 年 9 月 19 日。轉自〔韓〕
裴京漢：《國民革命時期的反帝問題——濟南慘案後的反日運動與國民政府的
對策》，《歷史研究》，2001 年第 4 期。）
〔註61〕 天津地方志編修委員會辦公室、天津圖書館編：《〈益世報〉天津資料點校彙
　　　　編》（1），天津社會科學院出版社，1999 年版，第 477 頁。
〔註62〕 天津地方志編修委員會辦公室、天津圖書館編：《〈益世報〉天津資料點校彙
　　　　編》（1），天津社會科學院出版社，1999 年版，第 478 頁。
〔註63〕 《反日會新訊》，《大公報》，1928 年 12 月 12 日第 5 版。
〔註64〕 《拍賣沒收日貨》，《大公報》，1928 年 12 月 19 日第 5 版。
〔註65〕 《報紙問題》，《大公報》，1929 年 1 月 13 日第 5 版。

用，亦被天津反日會所扣，警備司令部爲此特派員赴津商洽，反日會以「抵制日貨，應由倡導者以身作則」之由斷然拒絕。〔註66〕1929 年 1 月 10 日，北京反日會查獲的日本商品中，即包括糖、紙、香蕉等物達數十件。〔註67〕

　　1931 年 11 月 25 日出版的《月華》雜誌在其欄目「編輯室談話」中，明確將其上一期延遲出版的原因歸結爲「因爲抵制日貨，報紙鬧饑荒」〔註68〕。也有部分報紙抵制日貨甚爲堅決，勉強使用並不適宜的國產土紙，1932 年 10 月 6 日的《華北日報》以「仇紙泛濫全國之際，四川報界獨用國紙」爲題，聲稱「四川省各地新聞紙，素來兼用仇貨及夾江紙，省外新聞業，恒識其粗黃不堪寓目。去年九一八以後，仇貨絕跡，新聞全用土產之夾江紙印刷，一般讀者，已成習慣。」〔註69〕

　　然而此舉終非常態。30 年代初北平出版業所用紙張「概係舶來品，尤以日貨價低易銷，每年輸入數，至爲驚人。以捨此別無替代品可用，勢將停刊也。市內有初起造紙廠，竭力仿造，質地粗黑，不適用，產量亦微。聞有直接向瑞典、挪威採購者，亦居最少數。現在報紙市價，每令四元四五角（曾由三四元漲至七八元），西洋貨價格稍高。」〔註70〕而據北平市社會局調查，北平紙市外國紙品，有大報紙，東西洋皆有，以東洋爲多，其牌號有旗牌、墨龍丹鳳等十餘種。有薄記用之夫式紙，有印書用之道林紙（上海天章造紙廠仿造道林紙，惟出口不多，色略灰白），有名片用之卡片紙，有寫銅版用之蠟紙，有吃墨紙，有複寫紙，有各色宣紙牛皮紙毛太紙，有洋宣紙洋粉連紙洋高麗紙，有黃書皮紙灰書皮紙，皆以東洋貨爲多……惟平市紙業概以販運推銷爲本位，而舶來紙品勢力尤爲伸張。即以大報紙一種而論，市內幾有離開洋紙不能營業之勢。〔註71〕

〔註66〕《北平警備司令部所購日紙不准放行》，《大公報》，1928 年 12 月 6 日第 5 版。
〔註67〕天津地方志編修委員會辦公室、天津圖書館編：《〈益世報〉天津資料點校彙編》（1），天津社會科學院出版社，1999 年版，，第 476 頁。
〔註68〕《編輯室談話》，《月華》，1931 年第 3 卷第 32 期。
〔註69〕《仇紙泛濫全國之際，四川報界獨用國紙》，《華北日報》，1932 年 10 月 6 日，季嘯風、沈有益：《中華民國史料外編——前日本末次研究所情報資料》（中文部分第 54 冊），廣西師範大學出版社，1997 年版，第 497 頁。
〔註70〕王國華：《三十年代初北平的出版業》，《北京出版史志》編輯部：《北京出版史志》（4），北京出版社，1994 年版，第 74 頁。
〔註71〕北平市社會局：《北平市工商業概況》，1932 年 12 月印行。轉見孫健：《北京經濟史資料》（近代北京商業部分），燕山出版社，1990 年版，第 249～251 頁。

　　因此，1932 年初北平報界曾經因爲使用日紙而與抗日會發生糾紛。「抵貨後，平市報紙成大問題。西洋紙非短期間可到，中國紙供不應求，各報萬不得已，仍多用日貨」，1 月 3 日，抗日會檢查發現《事實白話報》使用並存有日紙，遂抓捕編輯何卓然，「置木籠內」，並扣留日紙 20 件。經軍警當局出面協調，抗日會釋放何卓然，但未返所扣紙張，同時該會宣稱將搗毀北平各報館。當局派軍警分赴各報館加以保護，而各報館亦組織「報社大同盟」以求自衛。新聞記者公會連夜推派代表 8 人面見張學良，陳述事件眞相，要求切實保護各報館。張當即飭令軍警當局，立即以嚴密辦法取締一切軌外行動，藉以維持地方治安。翌日，張學良面示抗日會鐵血團，認爲新聞紙因無他貨替代，應該排除在抵制範圍之外，所扣紙張應速返還。同時，記者公會仍然繼續交涉。抗日會答應返還所扣日紙〔註 72〕。蘇聯《眞理報》記者認爲，九一八事變後的抵貨運動導致上海倉庫中積壓的日本紙張價值高達 250 萬美元，「日商指望（而且不無根據）國民黨的報刊和國民黨的出版機構會要這些紙張的。」〔註 73〕

　　原料供給嚴重不足，價格大幅上揚，此乃抵貨期間之常態。新聞出版行業或依賴同業接濟，或違背抵貨規則而購用日紙，甚至遭受木籠囚禁的懲處，行業的生存難境自不待言。此處並不打算據此而臧否他們民族主義情感之有無或強弱，而是進一步分析他們緣何不選擇國貨和西洋貨作爲日紙替代品。

二、國貨不敷應用

　　我國乃係世界紙業發祥地，「考造紙之術，權予於東漢蔡倫，泊乎元季，浸傳於法、英、美各國，師吾成法，改用機制，利用木漿，發明填料，而紙之爲用大著。」〔註 74〕隨著文化教育和新聞傳媒的不斷髮展，儘管中國紙類需求日增，但進口替代嚴重不足，惟有依賴進口洋紙，正如時人所言，「清末門戶洞開，歐化東行，紙張一項，遂被倒注，演成洋紙充斥之現象。」〔註 75〕

〔註 72〕《平各報用日紙之糾紛》，《申報》，1932 年 1 月 18 日第 4 版。

〔註 73〕《中國抵制日貨運動及其結果（1932 年 2 月 12 日）》，嚴邦唏譯，馬寶華校，安徽大學蘇聯問題研究所等編譯：《蘇聯〈眞理報〉有關中國革命的文獻資料選編第二輯（1927～1937）》，四川省社會科學院出版社，1986 年版，第 397 頁。

〔註 74〕《上海之紙業》（1），《社會月刊》，1930 年第 10 期。

〔註 75〕《我國市場上之洋紙》，《工商半月刊》，1929 年第 12 期，第 28 頁。

　　我國新式製紙工業發端於清季的上海，〔註76〕但工廠數量少、規模小，所產紙類的品種和品質均不敷需求。1925 年抵貨期間，時人靜如將我國紙張的供需關係喻爲「一發」與「全身」：

　　　　進口洋貨之大宗，除棉貨、紗花、煤油、五金、砂糖、麵粉、紙
　　煙等類外，即以紙類進口價值最巨。而上述各大宗物品，大都國內已
　　設廠製造，雖生產力未豐，然尚有成績可言。假以時日，予以培植，
　　或可發榮滋長，獨造紙廠雖有建設，效果殊微。國內所需，悉恃舶來
　　品供應。現計上海、漢口、武昌、重慶、成都、江門、濟南等處所有
　　造紙廠，重慶之富川紙廠，係造火柴盒用紙，漢口財政部造紙廠，尚
　　可造新聞紙、印刷用紙及鈔票證券用紙張，其餘大抵僅能造有光紙或
　　其他洋紙而已，且出品不多，唯上海各廠，尚比較爲生產力強者，然
　　因國內印刷出版業發達、商賈營業繁盛之故，各項紙張之需要驟增，
　　國內產品與需要量項衡，若一發之與全身也。〔註77〕

江南製紙公司在其擴充計劃中亦曾指出，我國機器造紙廠「合南北各省」不足 10 家，資本總額僅僅 5 百萬元，且所產紙張「質粗量少，價復奇昂，殊不足以供應需要」〔註78〕。據中國銀行經濟研究室 1934 年的調查，資本超過 40 萬元以上的造紙廠也僅 11 家，「此等工廠，設備雖不能稱爲完善，大致尚可敷衍，然以營業成績不良，非陷於停辦狀態，即勉強維持現狀，其他小規模之造紙工廠，蕭條情狀，又可想而知矣」。紙類品種主要是竹紙、連史紙、毛邊紙、宣紙、高麗紙、錶芯紙和方高紙等，而對於需求旺盛的新聞紙、印刷紙、證券紙以及玻璃紙、有光紙等各種新式紙張，我國所產「爲數幾微，不得不受舶來品之支配」〔註79〕。總之，我國每年輸入紙張以用於新

〔註76〕 光緒 17 年，李鴻章始創倫章造紙廠。厥後 7 年，中西人士合資創設華章造紙廠，委日人大川平三郎涉及一切，光緒 32 年，龍章造紙廠，設計監督骨出於日本王子製紙會社堀越壽助之手。此後十年間，斯三廠雖已營業，迭更組織，變易廠名，而絕無激起之新廠。民八以後，歐戰初終，紙板之業，獲利甚巨，江浙兩省，如武林、如禾豐、如華盛，先後崛起，而上海竟成造紙廠，亦於此時接踵成立。嗣後因連史、毛邊輸入甚多，民十四有江南製紙公司之組織，以期抵制日貨，民十六而民生造紙廠繼起，雖規模較小，製品亦粗。參見《上海之紙業》（1），《社會月刊》，1930 年第 10 期。
〔註77〕 靜如：《抵制聲中之洋紙需給觀》，《國聞周報》，1925 年第 32 期，第 20 頁。
〔註78〕 《上海之紙業》（1），《社會月刊》，1930 年第 10 期。
〔註79〕 中國銀行經濟研究室：《最近我國造紙工業與洋紙進口狀況》，《中行月刊》，1934 年第 8 卷第 5 期，第 7 頁。

式印刷爲主，而國產紙張僅僅適用於「普通日常書寫包裹拭揩」，新式書肆中「舉目但見日本貨」，紙店及新書店「苟無日本貨之支持，將陷於無法營業之境」〔註80〕。

　　不僅如此，中國機製造紙工業所需機器和原料亦須仰仗外人。1925 年抵貨風潮初起時，有人建議仿造洋紙以助抵制而塞漏巵，並向商務印書館徵求意見，但商務印書館認爲原料和機器均無法自給：

　　　　查造紙一事，敝公司於五六年前，曾經計劃考查，我國雖有種種原料，而欲以機器製造，必須先將原料造成快片紙漿，方可通用。若竹茗草，均可用作原料，但如何化製成漿，我國此時尚無所發明。最高之料，厥爲碎布。查各紙廠所用碎布，凡分五等，惟我國之碎布，或使用過久，實已朽爛，或挾來雜物，污穢不堪，以加選擇，耗費太巨。故欲與各國第五等之碎布相比，亦且不及，則惟有用極強烈之化學藥品，以資溶洗，原有纖維蝕腐殆盡，故造成之紙，毫無彈力。即市上所售洋連紙，即欲作上等包裹之用，而亦有所不能。今世界所通用者，爲木類所制之紙，我國東三省境內，所產此類木料甚豐，盡可敷用，然紙廠規模更大，且必須有鐵路煤礦與森林毗連，更有極大之水源，以供一切之用，方可著手，我國此時是否有此偉大之資本家。即有此偉大之資本家，東三省此時能否發起此種工業，恐尚是一問題，否則仍須向外國購辦原料，而機器及其他一切附屬物品，均須仰給於人，恐仍不足以爲漏巵之塞也。〔註81〕

1932 年，北平市社會局的調查報告稱：

　　　　平市紙業概以販運推銷爲本位，而舶來紙品勢力尤爲伸張。即以大報紙一種而論，市內幾有離開洋紙不能營業之勢。今欲振興紙業，先在能自造紙方爲根本計劃。我國南方人士，汲汲集資辦新聞紙廠時有所聞。政府提倡造紙工業，亦不遺餘力。惟各國造紙之進步一日千里。在 18 世紀時，造紙僅以破布爲主要原料，至 19 世紀始發明機制木漿。直至今日，可謂洋紙原料完全取諸木材。現更進而用甘蔗渣……日人在臺灣創設三亞製紙會社亦用甘蔗渣爲原料，

〔註80〕于餘微：《日本紙之生產輸出及在中國市場上之地位》，《中東經濟月刊》，1931年第 7 卷第 6 期，第 11 頁。

〔註81〕靜如：《抵制聲中之洋紙需給觀》，《國聞周報》，1925 年第 32 期。

有每日產額約 10 噸之設備，出品均屬佳良。……我國南方用竹製紙
甚早，惟外國現經研究成功之竹槳製法，實異其趣，不去節、不分
竹之年齡，其製造最經濟，亦最適用。我國若不急起直追，至為可
慮。聞濟南華興造紙廠，設備宏大，每日可出報紙四五十令。惜所
用原料，仍係舊布及麻袋。亟宜添置新機，改用木材。就已成之局，
為改良救濟之圖，當易為力。無論廠方官方及地方人士，均須極力
提倡扶助，俾底於成。庶幾能有大量出產，足供華北需要，則非獨
平市之幸也。」〔註82〕

馬寅初甚至認為，國人「未注意於動態的社會，死守成法」，乃是中國貧弱之
根本原因。他以造紙為例，認為我國二千餘年前即已發明紙張，但「囿於用
舊式方法製造，不思改進」，僅能製造普通用紙，而印書紙、票紙以及新聞紙
均仰給於外國，每年輸入之紙漿即多達 2800 萬海關兩〔註83〕。

不僅如此，中國機製造紙工業的創設肇端，亦離不開日方的技術支持。
中西合辦的華章造紙廠由日人大川平三郎設計一切，華資龍章造紙廠的設計
和監督「胥出於日本王子製紙會社堀越壽助之手」〔註84〕。

三、西洋紙價高量少

抵貨運動的反對者提出，「抵制日貨首先就不要看報了，因為中國報紙均
是日本紙」，針對此種論調，抵貨運動的倡導者反駁道：「新聞業者，皆國民
先進，必有方法不用日本紙仍辦中國報，其他類似報紙的需要而為國貨所無
者，不妨暫用西洋貨，以待國貨之產生。」〔註85〕

但是，價格低廉和運輸便利正是日紙在中國市場競爭制勝的重要憑藉。
江南製紙公司工程師張天榮指出，「吾國文化向上，國內紙類之需要有加無
已，而國內生產無幾，固為一紙類之消費國也。然日本品於製造原價上，比
他國品約貴 5%，其品質及包裝上，較之他國品，亦多遜色，只因日本國內生
產過剩，不得已廉價（比他國品廉或同等價）出售」，在他看來，日紙之所以

〔註82〕 孫健等主編：《北京經濟史資料》（近代北京商業部分），燕山出版社，1990
　　　　年版，第 249～251 頁。
〔註83〕 馬寅初：《中國貧弱的根本原因》（馬寅初在法政大學暑期演講會上的演講詞，
　　　　演講時間不詳），《銀行月刊》，1926 第 6 卷第 8 期。
〔註84〕 《上海之紙業》（1），《社會月刊》，1930 年第 10 期。
〔註85〕 《經濟救國》，經濟救國研究社特刊，1931 年 11 月，出版地不詳，第 2 頁。

在我國大受歡迎，原因不外三端，即「距離最近，定貨後不數日內即可交貨；運輸便利，到貨期確；在中國有多數之洋行或代理店，各為自謀擴張銷路，不惜犧牲，廉價拍賣」，因此，他對歐美產品能否取代中國市場上的日紙頗為疑慮：「今後吾國紙類市場，將轉而仰給歐美，亦未可知，吾人拭目以觀其後。」〔註86〕中國銀行經濟研究室於 1934 年亦指出，「洋紙長驅直入，而尤以日本品活動最力。彼日貨品質雖較遜於西洋各國，然其價格低廉，為各國所不及，在我國市場，遂攝得牢固之地盤。九一八事變以前，各國洋紙對華輸入，日本常居第一二位，沈變以後，中日經濟，雖瀕絕交，而日本洋紙暗中活動，傾銷如故，此雖日商手段之惡劣，實亦我國紙業衰落有以致之。」〔註87〕直至 1936 年，《國際貿易情報》仍將日紙輸入激進的原因歸結為日本擁有交通運輸方面的優勢：「年來我國新聞及文化事業日趨發達，所需紙類亦日增月盛，而尤以新聞紙用紙之需要最為迫切。日本與我國為最近鄰，在運輸交通方面，較歐洲便利，所以日本紙之向我國輸入亦特多。」〔註88〕

　　或激於民族大義，或為規避風險，部分人士誠有可能選擇價格較高的歐美紙張。資本雄厚的商務印書館則為顯例，經理張元濟在其日記中記載：

　　　　1919 年 9 月 21 日：印刷所主張向日本定購凡利水，迪民謂不便。余謂，先探問滬上有無西洋貨。

　　　　1919 年 9 月 23 日：向日本定凡利水，余在會議簿上聲明不妥，即西洋貨較貴，亦應買。……金祐之來信言，三上組合欠定洋 3 百元，向追不還，要求再定石板 3 百箱，約估須 5 千餘元。余批謂，寧失 3 百元，不願再買。並囑銘勳通告謝、陳、包，將所定日貨一律清結，勿任延岩。

　　　　1919 年 10 月 14 日：翰於會議席上稱，存大有光紙無多，不過十日之譜，小有光紙已無存。余謂，此項紙初到時，余即勸包不必急售。現既不數，只有靜候來紙，萬不能用東洋紙。

　　　　1919 年 10 月 24 日：告翰，宜多備有光紙，即美國紙貴亦可買。

〔註86〕張天榮：《日本紙類生產之概況及其在華之勢力》，《商業月報》，1929 年第 1 期。

〔註87〕中國銀行經濟研究室：《最近我國造紙工業與洋紙進口狀況》，《中行月刊》，1934 年第 8 卷第 5 期。

〔註88〕《日本紙輸入我國激增》，《國際貿易情報》，1936 年第 1 卷第 19 期，第 38 頁。

抵制事，近日又頗盛，宜注意。〔註89〕

粵海關稅務司費克森在「粵海關民國 17 年華洋貿易統計報告書」中曾經談及，由於印務發達，1928 年廣州紙類進口由上年的 137334 擔增至 144541 擔，而年底日紙完全絕跡於市，「各紙商不得已向別國採辦應市，價值雖貴不計也。」〔註90〕紙商不顧西洋紙價昂而敢於購進，成本當然要轉至新聞出版業。30 年代初的北平，「聞有直接向瑞典、挪威採購者，亦居最少數。現在報紙市價……西洋貨價格稍高。」〔註91〕不僅西洋紙價格高於日紙而制約出版業的原料選擇，甚至因為「西洋紙非短期間可到，中國紙供不應求，各報萬不得已，仍多用日貨。」〔註92〕

　　西洋紙不僅價格較昂，而且其輸華數量與紙張類型也制約著新聞出版界放棄東洋紙之後的替代選擇。一戰前，我國煙草用紙主要來自意大利、法國和瑞士等國，但自歐戰以後，這些國家的煙草用紙來源斷絕，日本同類紙張輸華日見增加，大正六年，日本煙草用紙輸出總值共計 158 萬餘元，輸至我國者為 41 萬餘元。1918 年我國紙類進口共值 7243 千餘兩，而進口的日本紙「實占大半」，「此雖欲抵制而事實上有所不能者也」〔註93〕。據時人 1925 年的考察，我國市場上銷售的洋紙，「實以英日貨占最多數，殆為不可掩之事實」，在北方所銷紙類中，「日本幾有獨佔之勢」，儘管南方「尚在互爭雄長之中」，但 1924 年上海的新聞紙進口，日居首位，而黃紙板進口，日本竟占 84 ％〔註94〕。據蔡謙對 1912 至 1931 年中國紙類進口狀況的統計，我國在歐戰前的進口紙類以來自日本及香港者為最重要，各占進口總值的 30％，英、德、瑞紙僅各占 10％，而大戰後，香港與英紙則一蹶不振。就地域而言，華中進口日紙最多，約占我國進口日紙總值的 50％，其中上海每年均占華中進口日紙總值的 90％以上。1926 年以後，華北日紙進口量突增，平均占全國日紙輸入總值的 24％，最高時占華北洋紙進口總值的 80％以上，最低時亦占 53％。

〔註89〕《張元濟日記》（下），商務印書館，1981 年版，第 652、653、663、673 頁。

〔註90〕《粵海關民國 17 年華洋貿易統計報告書》，廣州市地方志編纂委員會辦公室：《近代廣州口岸經濟社會概況：粵海關報告彙集》，暨南大學出版社，1995年版，第 765 頁。

〔註91〕王國華：《三十年代初北平的出版業》，《北京出版史志》編輯部：《北京出版史志》（4），北京出版社，1994 年版，第 74 頁。

〔註92〕《平各報用日紙之糾紛》，《申報》，1932 年 1 月 18 日第 4 版。

〔註93〕《我國輸入之日本紙》《銀行週報》，1919 年第 24 號，第 38～39 頁。

〔註94〕靜如：《抵制聲中之洋紙需給觀》，《國聞週報》，1925 年第 32 期，第 21 頁。

東三省日紙進口約占該區洋紙輸入總值的 70％，英、美、德諸國紙張「遠非其敵」，英、美兩國紙類銷於華北者較少，德紙雖然稍多，然而最高時也僅及日紙價值的四分之一。蔡謙認爲，最近數年內輸華日紙將「不致有何變動」，因爲我國新式製紙工業尚處於萌芽時期，「絕難與日紙競爭」，而英、美等國雖然產紙甚多，但是「自用尚不敷，或無巨大餘量可供給中國」，而德國、加拿大和瑞典、挪威等國，「餘紙雖多，但均就近銷於歐美一帶，或亦難完全代替在華之日紙也」〔註95〕。中國造紙工業落後而被迫深度依賴日紙，時人甚感羞辱：「中部楊子江流域及北部黃河下流，素稱我國文化中樞，凡百皆先進，而洋紙之需要，則以自日本之輸入者爲主，寧不可羞。」〔註96〕

　　國產紙張與西洋紙均無法滿足市場需求，抵制日紙的效果自然甚小。下表顯示，即使是抵貨比較激烈的年份，如果與上年的進口值進行比較，除 1923 年略有降低之外，多有較大幅度增加。1915 年抵貨運動期間，因爲一戰而導致西洋紙類的來源幾乎斷絕，因而日紙進口值反比 1914 年增加 41.00％，而洋紙進口總值則反而下降 2.10％。1919 年日紙進口值儘管小於洋紙進口總值的漲幅，但仍然高達 24.29％。1925 年高達 42.46％，而洋紙進口總值則下降了 5.11％。1927 年僅上漲 5.14％，但洋紙進口總值則降低 8.14％。1928 年上漲 28.84％，遠遠高於紙類進口總值 14.29％的漲幅。甚至在抵貨最爲激烈的 1931 年，也仍然增加 8.51％。從日紙進口值與紙類進口總值的變動趨勢看，1914 年中國進口日紙 1500074 兩，1929 年增至 13088669 兩，十餘年間增長了 8.7 倍，1931 年則更增加到 19877002 兩，是 1914 年的 13.3 倍。而 1914 年中國進口洋紙的總值爲 6470768 兩，1929 年爲 34342655 兩，僅僅增長 5.3 倍。日紙進口明顯超過紙類總進口的增長速度。從歷年日紙進口值與洋紙進口總值的比例來看，儘管一戰結束後有所降低，但也多在 30 至 40％之間。

圖表 26：1914～1931 年中國進口紙張比較表　　　　　　（單位：海關兩）

年份	進口洋紙	增減百分比	進口日紙	增減百分比	日紙與洋紙百分比
1914	6470768		1500074		23.18
1915	6335045	2.10	2115152	41.00	33.39

〔註95〕蔡謙：《近二十年來之中日貿易及其主要商品》，商務印書館，1936 年版，第88～90 頁。

〔註96〕于餘微：《日本紙之生產輸出及在中國市場上之地位》，《中東經濟月刊》，1931 年第 7 卷第 6 期，第 7 頁。

年份	進口洋紙	增減百分比	進口日紙	增減百分比	日紙與洋紙百分比
1916	9528637		3979078		
1917	6249293		4083248		
1918	7243564		4546749		62.77
1919	10212652	40.99	5651103	24.29	55.33
1920	14159186		4475666		
1921	15311873		6352326		
1922	13689258		5176999		
1923	16626519		5150611	0.51	
1924	20108678		5406949		26.89
1925	19080977	5.11	7702633	42.46	40.37
1926	27668692		9029340		32.63
1927	25416384	8.14	9493348	5.14	37.35
1928	29048825	14.29	12231423	28.84	42.10
1929			13088669		
1930			18317631		
1931			19877002	8.51	

　　1914～1928 年的洋紙進口數值來自楊端六等：《六十五年來中國國際貿易統計》第 5 表「入口貨總值分類統計表」，國立中央研究院社會科學研究所 1931 年版；1914～1931 年日紙進口數值來自蔡謙：《近二十年來之中日貿易及其主要商品》附表 4「由日輸入貨物分品統計表續（1912～1931）」，商務印書館，1936 年版。有關百分比爲筆者計算結果。

　　正如時人所言，抵制日貨不失爲一種報復手段，既可懲治日本，且爲中國自存之關鍵所在，但就紙張言，「國人所用以抵制仇貨之傳單，其本身即是仇貨，蓋不大可痛心也？」〔註 97〕反日宣傳竟然被迫採用日本紙張，此種詭異悖反現象，既深刻彰顯後發型現代化國家民族運動的經濟困境，又只能實行相對抵制。濟南慘案之後，對日貨的抵制採取了區別對待的變通辦法。對於國民急需而又暫無國貨可替代之貨物，被迫允許流通於市。中央黨部民眾訓練委員會特派代表在天津反日會的成立大會上所致訓詞中，曾坦然承認「由於產業未發達，無國貨以代外貨，商人不得不仍購成本較低之外貨，而漏卮

〔註97〕張其昀：《論中日兩國經濟的關係》，《大公報》，1928 年 9 月 15 日第 9 版。

仍在」。〔註 98〕反日宣傳竟然不得不採用日本紙張，而此舉又不容於反日組織，這恰是當時民族主義運動的弔詭性難題。

第四節　抵制日本在華金融

　　中國本土銀行的產生遲於工礦企業、交通運輸和新式商業。華資銀行擠進原由外國銀行和錢莊控制的中國金融體系之後，中外銀行相互之間雖然存在競爭關係，而且彼此政治權力和經濟實力亦不平等，但是因共處中國這一經濟和市場環境中，中外金融業之間就不乏相互扶持、相互合作和互爲利用的一面。

　　在國內政局動盪、兵禍不斷的形勢下，華資銀行對放款都極其謹愼，存款額往往高於放款額，多數華資銀行現金充裕，只是苦於找不到穩妥的資金出路。因此，存款於外國銀行和對外國銀行拆款，成爲華資銀行資金重要出路之一。並且，華資銀行在外國銀行存款，即可以此存款爲擔保，在所存銀行作往來透支，甚至以這些存單作爲擔保品，到本國銀行融通資金。關於華資銀行對外國銀行的拆款，據浙江興業銀行檔案記載，1918 年 2 月 9 日，拆與正金和臺灣銀行規元各 5 萬兩，同年 6 月初，又拆與朝鮮銀行規元 5 萬兩，7 月 17 日，拆與三井銀行 7 萬兩。8 月 17 日，做臺灣和朝鮮銀行拆票各 5 萬兩，可見華資銀行與日資銀行之間存在密切的業務關係。

　　華資金融業與日資銀行之間的業務關係愈緊密，抵制日本金融就越困難。五卅抵貨運動期間，「鐵血救國團」等群眾團體嚴屬指責四明銀行接濟外國銀行現款。王吟芙、葉季純於致函該行董事長孫衡甫，聲稱果眞接濟外人，則請自動辭職以謝國人，以免影響四明銀行信用。孫衡甫之所以受到市民懷疑，無非是因爲他平時同外商銀行存在密切的合作關係。由於國人抵制，外鈔不能通用，而且發生擠兌。匯豐、麥加利等英商銀行和正金、臺灣、朝鮮等日商銀行，均爲擠兌重點，匯豐、正金等銀行買辦，屢次請求錢業公會通融，各匯劃莊乃暗囑小錢莊向南市錢莊及到內地收買現洋，接濟英、日銀行。中南銀行一次接濟外國銀行 30 萬元，由兩家錢莊暗中籌款。中南、金城、鹽業、大陸四行接濟匯豐銀行現鈔 27 萬元，並將 200 餘萬匯票交由東方鹽業，四明銀行亦參與接濟工部局和外商銀行。開市後首日，中國銀錢業即解與外

〔註98〕《反日會成立》，《大公報》，1928 年 8 月 23 日第 7 版。

商銀行 700 萬兩。在國人民族主義情緒強烈爆發的五卅運動期間，銀錢兩業竟然敢冒天下之大不韙，暗中頻頻接濟外國銀行，說明中國金融界很難真正抵制日資銀行〔註99〕。

　　1925 年的「杭州口華洋貿易統計報告書」稱，「本埠本年又交否運，蓋全年中困難叢生，本埠商務備受挫折。溯當年初開始之後，江浙兵戎，水陸交通完全阻斷。直至二月杪，滬杭運輸始復原狀。迨至五卅案件發生，本埠響應，上海銀錢兩業停止交易，以致本埠規元無市，現金斷源，銀根緊急。至夏節時，銀錢行方重行營業。當此停頓之時期，適新絲上市，售絲農夫，迫於時近節關，不得不忍痛貶價售脫。」〔註100〕1928 年，「國人秉愛國之忱，為經濟絕交之舉，時未旬日，遍及全國，人心不死，公理猶存，可以見矣，滬上為吾國金融重心之區，凡一舉動，首受影響。國人既深惡日人與絕交矣，則定期之交易必須結束，以至激動匯市，致一周日間，東匯先令美金無不暴跌，大條銀價日漲一日，開 1927 年來之新記錄。而日商人以之受虧折者，自繁有徒，良可哀矣。回顧吾業之大勢如斯，危機四伏，且以浙江蠶泛報劣，閩皖之茶價日高，洋裝未動，售價低廉，業絲茶者，裹足不前，故蠶價下趨。因此，海外銀值既高，而京津等埠，適受戰事影響，滬銀外流，或不可免，存底見枯，日拆由堅矣。」〔註101〕

　　銷售存貨以維持金融，也是洋廣貨商人在抵貨運動中的主要理由。1919 年閩案發生之後，天津洋廣貨同業公會同意一致抵制日貨，決定自 12 月 12 日起，誓死不定和不買日貨，以作後援，並表示將所有存貨和定貨銷售淨盡，即與日商斷絕關係。洋廣貨公會認為，如果停售日貨，年關在即，各商號外欠勢難收進，而欠外洋商貨款及銀號各款，亦無法歸還。25 日召開的國民大會討論如何應對天津金融停滯問題，國民大會委員會成員李之常認為，金融停滯係抵制日貨之產物，維持金融之法，惟有迅速銷售日貨。並且聲稱，只要商家呈報清冊，計核數目，即可開始售賣，如此即可解決金融停滯問題〔註102〕。1931 年 11 月，

〔註99〕汪敬虞：《中國近代經濟史：1895～1927》（下），人民出版社，2000 年版，第 2301～2307 頁。
〔註100〕《民國 14 年杭州口華洋貿易統計報告書》，中華人民共和國杭州海關譯編：《近代浙江通商口岸經濟社會概況：浙海關甌海關杭州關貿易報告集成》，浙江人民出版社，2002 年版，第 812 頁。
〔註101〕胡叔仁：《濟案緊急聲中金融之變遷》，《錢業月報》，1928 年第 8 卷第 4 號，第 6 頁。
〔註102〕天津歷史博物館等：《五四運動在天津歷史資料選輯》，天津人民出版社，1979

上海 18 個公會提出，日貨封存不僅損害商人利益，且打擊上海金融業，因爲根據信貸習慣，一般分爲信用貨款和抵押貨款兩種形式，所以封存日貨中，眞正屬於商人自有之資本者，不過十分之二三。又年關將至，商家必須與銀行錢莊結清欠款。如果抗日會不同意市商會之辦法，日貨「長期封存，滬市金融必將破產，亦即全國金融破產」。更何況經濟絕交之本意，「無非欲使日方感受經濟之痛苦，若結果適得其反，又將何以自解言。」〔註103〕

此外，中日兩國「往來已成習慣，一旦金融上之交通斷絕，不但彼邦營業頗感不便，即我國商民，當亦不免受其影響。」〔註104〕五卅運動期間，國人多將抵制日貨視爲與日本經濟絕交。馬寅初於是年 6 月在北京師範大學演講時，首次表明自己對經濟絕交之立場。他聲稱：「我不主張經濟絕交，負債國是不能講經濟絕交的」，因爲「日本在中國東三省有南滿鐵路，如若中國同它經濟絕交，它不給中國運貨了，中國又怎麼辦呢？匯豐銀行的款項很多地借與上海錢莊做生意，如若經濟絕交，這許多小錢莊恐怕要倒了。」〔註105〕馬寅初堅決反對國人極力鼓吹的經濟絕交之主張，認爲中國無法割斷中日之間的經濟聯繫，對日經濟絕交必將引發國內金融恐慌。日本在華經濟勢力不亞於英國，尤其是東省經濟完全掌握在日本人手中，因此他斷言：「今若講眞正之經濟絕交，則東三省與津、滬之匯兌必先告死刑。」他詳細推論說，如果東北某公司欠上海某銀行規元十萬兩，若以奉票匯解，則行市太高，匯款者必定棄用。若以現銀支付，則張作霖禁現出關，「違者重懲」，結果導致東省與津、滬兩埠匯兌不通，金融停滯，進出口貿易亦受影響。馬寅初指出，問題的嚴重性在於：補救之法不外乎「請日人出來幫忙」，即「先以奉票買金票（朝鮮銀行所發，在奉天亦不兌現，但可匯至日本兌取日本銀行鈔票），再以金票請求朝鮮銀行匯至日本（橫濱）（匯水極輕），是在日本先存有金款也。一面即電呈上海之銀行，請其在上海於行市合算之時，將存在日本之金款，在上海賣出，收進規元銀。如此，款即由日本匯至上海，即以在上海賣出日

　　　　年版，第 504～505、499 頁。

〔註103〕《18 同業公會請市商會迅定處置日貨辦法》，《申報》，1931 年 11 月 18 日第
　　　　13 版。

〔註104〕《對於某國經濟絕交於我國商業利害得失若何》，《錢業月報》，1923 年第 3
　　　　卷第 7 號，第 3～4 頁。

〔註105〕馬寅初：《不平等條約於我國經濟上之影響》，《馬寅初演講集》（3），北京晨
　　　　報社，1926 年版，第 108～109 頁。

金時所收進之規元銀，償還某銀行之借款十萬兩。」在馬寅初看來，此種貌似複雜繁瑣的交易規則，實爲「最便宜之方法」，捨此無它。國內匯兌何以必須依賴金票？馬寅初進一步解釋說，因爲奉票在當地雖不能兌現，卻可於津、滬取兌，而津、滬「苦無現銀，不得不做高行市，使不來匯。」而何以奉票在東北不能兌現？因爲「奉票係用以充軍餉，加稅不能，募債又不能，只有發行紙幣之一法。且愈發愈多，因而停兌。」因此，在他看來，經濟絕交關涉內政與外交，「內政不修明，無經濟絕交之可能」，「言抵制英日貨則可，若謂經濟絕交，太不自量其力。」〔註106〕換言之，馬寅初反對嚴格意義上的經濟絕交，倘若「當眞正經濟絕交解釋」，則中國反而先受其害。

第五節　抵制日貨與民衆生活困境

　　近代中國市場對日本商品高度依賴，既是國人不斷髮動抵制日貨運動的基本前提，也是抵貨運動成效不彰的經濟困境。由於進口替代工業極其落後，抵制日貨運動不但給民衆生活造成嚴重不便，且須承擔更高的生活成本，故而抵制日貨往往無法持續進行。民族主義被迫讓位於消費理性，大大削弱了抵貨運動這一經濟武器的政治效力。

一、回到「前現代」？

　　按照陳獨秀的說法，「紙、糖、布等許多日常必需品，十有八九都是日貨。」〔註107〕那麼，棄用日貨之後的選擇之一，便是仿行印度的「甘地主義」。五卅抵貨期間，「國民同志會」主張從根本上與英、日兩國進行經濟絕交，「制英日兩國之生命，打倒帝國野蠻主義，全球共享和平幸福。」但是，我國四萬萬同胞多採用英日洋布、呢絨、棉紗線等縫製衣服鞋襪，完全國貨之布匹尚付厥如，即使所謂的「愛國布」，亦係採用英日紗線織成。因此，該會呼籲「二萬萬之女同胞，恢復古法，用人力紡紗線、織布匹，暫顧目前四萬萬同胞穿著衣裳之急用。」〔註108〕1931年萬鮮慘案之後的抵貨期間，

〔註106〕馬寅初：《上海租界之歷史及其性質》，《馬寅初演講集》（3），北京晨報社，
　　　　1926年版，第90～92頁。
〔註107〕陳獨秀：《對於國民大會的感想》，《晨報》，1919年12月11日第7版。
〔註108〕中共天津市委黨史資料征集委員會等編：《五卅運動在天津》，中共黨史資料
　　　　出版社，1987年版，第192頁。

也有人提出類似看法，「織土布之棉紗，日貨也。瓷器，日貨也，甚至一鉛筆，一小刀之微，亦莫不日貨也。吾國國民，人人有甘地之毅力犧牲，躬自紡機，不衣而布裙者乎？能自曬鹽而食，非國貨不用者乎？如其能之，則不合作主義，雖爲消極之抵制，亦足以制其死命，使之俯首降服矣。……雖然，關稅未可一旦即可徹底自主也，實業未可即日便能興辦也，於是有治標之法。其道奈何？首日減少物質欲至最低限度。藜藿可以充饑，茅廁可以當階。……今日一切奢侈品，十九來自外國，少購一件，即挽回一分漏巵。……矧亡國之患，迫於眉睫，寄語富豪，毋復醉生夢死，窮奢極侈，資財於敵，籌糧於寇也。次日努力同心，誓用國貨。貧者服官布，不買日本花布，富者寧衣杭綢，不購日本緞。」〔註 109〕1941 年 5 月 28 日至 6 月 3 日，晉冀魯豫邊區開展「抵貨運動周」，「確實是引起了全體軍民的注意」。在闡述抵制敵貨原因時指出，敵人運往根據地的東洋貨本質上乃是「不必要的奢侈品、化妝品，甚至有白麵鴉片等毒品」。爲了保護根據地和發展根據地經濟建設，邊區政府呼籲全體婦女「首先作不買仇貨、服用土貨的模範」，奢侈品如香皂之類，絕對不用，日用品要以自造土貨來代替仇貨，如使用自製肥皂，牙粉代牙膏，食鹽代牙粉，自製的小本子代替洋裝日記本，以及提倡自製墨水等。〔註 110〕

　　甘地主義一度成爲中國抵貨運動宣傳文本的重要話語，而部分民眾至少也暫時成爲甘地主義的踐行者。早在 1908 年抵貨期間，《申報》報導說，廣東有 11 歲幼童，父母讓其著縐布衫，該幼童認爲「此乃日本物，吾寧赤身裸體，誓不穿此國恥貨，卒更易別衣乃已」，另有「西橫街宜春茶樓茶客，談及辰丸案，有客即將身穿之日本衫褲即時拉毀，茶樓主人受此刺激，立飭夥伴收拾日本瓷器，換購江西各瓷；又有渡夫陳某向購火柴煙仔各物，因煙仔爲日本貨，各搭客唾而不願，陳見眾情如此，將貨付之一炬，全船莫不讚美云。」〔註 111〕五四運動時期，山東萊陽地區由於抵貨運動高漲，市面日貨急劇減少，民眾放棄日本火柴而使用火鐮、火石取火，「遇有集市，賣火鐮、火石的擺滿道旁」〔註 112〕。南京各校學生因理髮所用剪刀均繫日貨，「無論西式平頭，一

〔註 109〕葉耕讓：《對日經濟絕交論》，《復旦大學校刊》，1931 年 8 月 3 日，第 104 期。
〔註 110〕《不買仇貨》，《華北婦女》，1941 年創刊號。
〔註 111〕《粵人公憤之一斑》，《申報》，1908 年 4 月 6 日第 5 版。
〔註 112〕胡汶本：《五四運動在山東資料選輯》，山東人民出版社，1980 年版，第 285 頁。

律仍用中國舊式剃刀全行剃去，以示拒絕日貨，而表愛國。」〔註113〕

　　此類抵貨之舉根本不可能普及至每一個中國人。1934年，有人針對有關山西決定抵制洋貨的消息而感慨道：「抵制聲浪高唱入雲，但檢視海關報告，則進口貨的數字仍偕歲月以俱增」，「國人無長久的堅持力，事過即忘，及人心不一致，固無可諱言」，但這並非根本緣由。抵制外貨「必先有國貨以資替代，而後始可言抵制。」但是為何以前沒有外貨，國人何以依舊能夠繁衍生存？作者認為，人類欲望「係跟時代而邁進，由簡單而入於複雜，是謂物質文明之進化，人類生活欲之遞加，此自然之程序也；若使其由複雜而返回於簡單，則不合於生活演進之程序。」譬如，古代中國以日計時，或看貓眼以定子午，而今則無不購用外洋鐘錶，因其便利且精確，「倘因抵制外貨而仍看貓眼，其能乎否乎？在事實上與環境上亦決不能獲得允許」，故而積極抵制外貨時，尤應致力於發展現代科學和工業生產，方為長久有效的根本抵製辦法〔註114〕。

　　諸青來於1927年撰文指出，甘地的不合作運動也很難為中國所仿行，一是印度不合作運動本身照樣困難重重，印度的政治、經濟或文化學術均與英人脫離關係，運動範圍「既甚廣漠，而在事實上則與英人處處接觸，其中困難情形，不難推測而知，卒因犧牲甚多，不可堅持到底。」二是該運動「為英人所畏忌，在無形中尚能收若干效果者」，與甘地個人因素密切相關，甘地本人「人格甚高，其倡此運動也，不含絲毫作用，故能得民眾真正信仰；對他人不能一致者，亦任其自由，決不稍加強制；甘地力主尊重個性，以為凡人應對自己人格負責，不應服從此外權力，彼之理想的社會組織，以博愛互助為原則，決不設領袖制度及一切解決分別；甘地平日主張反對物質文明之發達，並以身作則，力崇樸素，拒洋布而用土布，印人亦受其感化。」三是不合作運動與中國經濟絕交運動並不完全相同，前者雖然「以一致團結為號召，亦聽人自由，決不強制；外人若加凌辱，亦取犯而不校主義。」但是，即使倡議者甘地「率先躬行，堅忍刻苦，以其高潔之人格，感化全印同胞，群眾遵其信條嚴守秩序者固多，其強人從幾，舉動逸出常軌者亦屬不少。甘地則垂涕而道，不憚反覆勸誡，此可見群眾運動，易騖感情，雖以人格最高

〔註113〕中共江蘇省委黨史工作委員會：《五四運動在江蘇》，江蘇古籍出版社，1992年版，第59頁。

〔註114〕公魯：《聞晉省積極抵制外貨之感言》，《海王》，1934年第7卷第1期。

潔之甘地處之，亦覺應付爲難矣。」〔註115〕

二、抵貨運動與物價上漲

　　既然不能完全捨棄現代機制產品，抵制日貨的最佳選擇便是購用國貨與西洋貨。1931 年，抵貨運動的鼓吹者曾對「中國生產幼稚，國貨不能自給，不配抵制日貨」的消極言論痛加駁斥，認爲放棄購買日貨並不爲難消費者，也不影響民眾的日常生活。其理由是，如果放棄日本布匹，「沒錢的人可以穿中國布，有錢而愛漂亮者可以穿英國布」，並沒有導致民眾少穿衣服或者多費金錢。在他看來，「衣服材料差一點不見得怎樣不自在，身上穿的仇人的布足不見得怎樣體面」，魚介海產更是可有可無，「宴會時少了這幾樣，難道就不能下箸？」因此，日貨來源完全斷絕，中國民眾「還是照常生活，一點都不覺得痛苦」，「不買日貨，算不了犧牲，只是一種不便而已」，他建議民眾在抵制日貨期間，選擇購買國貨或其他外國貨。〔註116〕

　　但是，抵貨運動強制性地打破既有市場供需關係，對日貨替代品的需求轉而非常旺盛，必定導致價格上漲。早在 1908 年首次抵貨運動期間，短缺性漲價現象即以出現：「雖粵產多良，然與日本相比較，果能遠勝之乎？抵制日貨而果能需用者皆華產乎？蓋抵制一國之貨，則必有一國之貨以承其乏，而乘間侵入之勢力，必至驟漲其價，而投機者流通即以惡劣之貨品，爲投機之經營，以獲厚利。而談抵制者，方將以意氣凌人之舉動，自鳴得意，雖深知虧損之太甚，亦不能卜及抵制之前途，此所謂爲投機者開一方便之門者也。」〔註117〕供求失衡而導致國貨漲價，乃是歷次抵制日貨運動時期的普遍現象。1915 年，中華國貨稚持會批判部分商人乘機高抬國貨價格，「向之獲利不過一分者，今則加至二、三分，向之獲利一、二分者，今則加至四、五分，六、七分不止。如中國草帽每頂向售銀洋一元有零者，今竟加至兩元數角，甚且有售三元者。布匹一項向獲利不過一分，今則加逾二、三分」，並指責這些商人「往往託愛國售賣國貨，而因一時人心之趨向，肆其貪利無厭之求，既得隴望蜀。」〔註118〕1919

〔註115〕諸青來：《求是齋經濟論集》，中國圖書服務社，出版時間不詳，第 7～8 頁。

〔註116〕中暇：《抵制日貨一點也不難》，社會與教育社編：《我們的敵人——日本》，新生命書局，1931 年版，第 142～143 頁。

〔註117〕《論粵省抵制貨事》，《盛京時報》，1908 年 5 月 3 日第 550 號。

〔註118〕《中華國貨稚持會勸各店商勿高抬貨價通函》，《中華國貨月報》，1915 年第 1 卷第 1 期，第 7 頁。

年7月15日，《新聞報》報導說，徐州自抵貨以後，部分日用品改用國貨，洋油、洋燭則改用美貨，但「均不免漲價之弊」。日本白糖缺乏而土糖暢銷，但售價由每斤160文漲到260文。南京「各業對於國貨任意增價，竟有超過未抵制某貨前一倍以上者」。〔註119〕天津法租界「竟有不肖米商，乘機抬價，如稻米無端暴漲，9日下午每擔比上午驟然竟高一元四、五角之多」。〔註120〕1925年，抵制期間禁止提取棧貨而引起糧食緊張，米價上漲，白米每石最高限價為11.5元，但6月29日漲至12元，次日則再漲1元。〔註121〕山東諸城縣農村的小鋪，本來1個銅板可以購買10片火紙，抵制後只能買到5片，鋪主對顧客說：「不買，過兩天一個銅子一片也買不到，嫌貴，貴的日子還在後頭呢！」〔註122〕

　　針對國貨價格上漲的現象，涉入抵貨運動的各種團體均試圖設法抑制，但效果顯然不甚理想。1915年，中華國貨維持會函勸各商店勿高抬貨價，以免影響國貨銷售。〔註123〕1919年，蘇州總商會致中華國貨維持會函稱，「現值各界熱心勸用國貨之際，敝會同人亦竭誠勸導，提倡實業，正宜乘此時機，推廣國貨銷路。迭據各方報，國貨需要物近日價值驟昂，以致熱心購用者不免因而障礙，請設法勸令平價，以利推銷。」〔註124〕同年5月，天津總商會會董提出，在「人民趨向於國貨」之際，必須「勸告商人，以公道之價格出售，以免阻礙銷路」。6月4日，總商會再次警告工商各界「勿故意抬高國貨價格」：「警耗傳來，人心恍惕，痛已往之非，知來者可諫。購買國貨即是愛國、保身之要訣，情勢所趨，已成多數心理。當斯時也，各工商倘不因勢利導，竭求精良，價格務實，以求推銷，恐此心此志不能經久不敗，甚則因利乘便，巧用時機，故為抬高物價，惹人煩惡，各工商若如是居心，則國貨必陷於萬劫不復，國即危矣。故本會公佈用為督勸，凡操製造貿易國貨各工商，勿故意抬高價格，用短淺之

〔註119〕中共江蘇省委黨史工作委員會：《五四運動在江蘇》，江蘇古籍出版社，1992年版，第235、248頁。

〔註120〕天津歷史博物館等：《五四運動在天津歷史資料選輯》，天津人民出版社，1979年版，第124頁。

〔註121〕張耀民：《1925年上海抵貨運動的得失》，《吉林大學社會科學學報》，1988年第5期。

〔註122〕陶鈍：《「五四」在山東農村》，中國人民政治協商會議全國委員會文史資料委員會編：《五四運動親歷記》，中國文史出版社，1999年版，第217頁。

〔註123〕《中華國貨稚持會勸各店商勿高抬貨價通函》，《中華國貨月報》，1915年第1卷第1期，第7頁。

〔註124〕蘇州市地方志編纂委員會辦公室：《蘇州史志資料選輯第1輯：蘇州五四、五卅運動資料專輯》，1984年版，第65頁。

眼光不顧後來利害。倘有此種情事，一經查覺，本會必予懲戒，絕不寬貸。」
〔註125〕武漢學生聯合會代表也要求商會長王琴甫「乘此時機無論如何絕對不可
漲國貨之價值」。29 日，武漢學生聯合會針對「各商家仍不免抬價」的現象，
函請「各商萬不可乘勢居奇抬高價值」：「此次提倡國貨於商人關係尤為密切，
應如何悉心研究，使利權不至外溢，方克盡其天職。方茲提倡之始，無論食品
用品，必須迎合社會之心理，為唯一之亟務。故宜放逐眼光，以期最後勝利，
萬不可乘勢居奇抬高價值，致灰國人之熱心。現以調查各貨市價，仍不免有抬
高情事，實於推廣國貨前途發生絕大障礙。人之愛國誰不如我，須知此次提倡
國貨，直接在求利工商之發達，間接在挽回國家之富強。明達如諸公必能洞觀
世界之大勢，共奮救國熱忱。對於各貨價值，但期無耗真本，幸勿任意高抬。
省垣為商市會萃之區，尤宜格外平價以為先導，挽回權利，發達商工，呼吸存
亡，稍縱即逝，我愛國商人祈三思之。」〔註126〕鎮江商會亦勸各商家勿抬高國
貨價格。〔註127〕此外，蘇州教職員聯合會以商店抬高國貨售價而訴諸商會。浙
江公團聯合會中則有教育會提出約束國貨售價，違者則加重罰則。〔註128〕而學
生則多將物價上漲的原因完全歸咎於「奸商」的喪心病狂、利慾薰心。〔註129〕
1931 年也有人指出，抵制日貨之際，往往也是國貨漲價之時，「向來國中工商
界，每乘抵制外貨之機，以為國貨奇貨可居」，因而故意抬高售價，提出「抵制
日貨之後，必須嚴格限制國貨之售價，庶能保持國人之購買力，而收永久抵制
之效焉」〔註130〕，說明國貨乘機漲價的問題一直未能得到妥善解決。

　　歐美商品或西洋貨，是民眾放棄購買日貨之後的另一種選擇。但相對而
言，大多歐美商品比日貨質高價昂。20 世紀 30 年代初，濟南各大百貨店銷售
的毛線僅有兩種，一是西洋貨，一是東洋貨。英國的「蜜蜂牌」、「學士牌」
兩種毛線久負盛名，前者售價一般在每磅 3 元左右，後者每磅 1.8 元左右。「櫻

〔註125〕天津歷史博物館等：《五四運動在天津歷史資料選輯》，天津人民出版社，1979
　　　　年版，第 75、77～78 頁。
〔註126〕張影輝：《五四運動在武漢史料選輯》，湖北人民出版社，1981 年版，第 128、
　　　　136 頁。
〔註127〕中共江蘇省委黨史工作委員會：《五四運動在江蘇》，江蘇古籍出版社，1992
　　　　《五四運動在江蘇》，第 234 頁。
〔註128〕《杭州快信》，《申報》，1925 年 7 月 28 日第 11 版。
〔註129〕運動中學生多持此論。中共江蘇省委黨史工作委員會：《五四運動在江蘇》，
　　　　江蘇古籍出版社，1992 年版，第 61、63 頁。
〔註130〕禮嚴：《抵制日貨的一個貢獻》，《錢業月報》，1931 年第 11 卷第 8 期。

花牌」、「海鷗牌」兩種日本毛線則每磅均在 1 元上下。日本毛線大都是棉、毛混紡，缺乏彈力，而英國毛線卻花色繁多，質地優良。再以鉛筆為例。日貨「櫻花牌」鉛筆因價格低廉幾乎壟斷了濟南鉛筆市場，而德產「施德樓」鉛筆雖然質地優良，但價格昂貴。〔註131〕值得注意的是，抵貨期間日貨價格也有可能上漲，「每經一度抵制，日貨進口價值亦必增高一次。蓋日本輸出貨物，在歐美所視為粗製濫造不欲過問者，在我國幾視為不可缺少，一經抵制，來源斷絕，需要益多，價格日昂」〔註132〕。有「中國通」之稱的日本學者長野郎亦曾指出，中國排斥日貨導致物品缺乏、物價騰貴，價格低廉的中國粗製品價格比日本商品昂貴，日本商品也因須擔負救國基金及改裝等費用，成本增加，價格自然上漲〔註133〕。

　　通貨膨脹乃是戰爭期間必然出現的現象。中國抗戰期間的通貨膨脹在全面抗戰之後不久開始出現。由於主要的通商口岸和東部沿海工業地區的淪陷，中國喪失了財政收入的主要來源——關稅、鹽稅和對主要工業產品徵收的統稅。抗戰前，這三項稅收占政府財政收入的 70～80%。戰時開徵的各種直接稅都不足以彌補這些財政損失，且公債政策也只是在最初的幾次發行中有成效，也不是一種增加收入的有效手段。在戰爭的最初兩年裏，國民政府通過通貨膨脹來征稅的政策相當成功，到 1939 年底為止，紙幣發行量增加了310%，而物價上漲 220%〔註134〕。重慶物價因交通日便，人口驟增，亦隨之丕變，一般日用必需品均較戰前增漲，土產品因供不應求而提高價值外，舶來品及其他入口貨因運輸費大於貨物本身之值，故其價值較戰前增加數倍。據西南經濟建設研究所的調查，1939 年 11 月與 1937 年 6 月相比，物價平均較戰前增加 2.5 倍，其中建築材料較戰前增加 4.5 倍，食品中的醬油貴 3 倍，衣服類中的力士膠鞋貴 7 倍左右，燃料類中的藍碳貴 7 倍，玻璃貴 6 倍，電器用皮線貴 13.5 倍。據國民經濟研究所 1939 年 10 對成都零售物價的調查，上等白米每擔由 20 元漲至 31 元，米價既漲，穀價亦隨之上昇，柴、炭、豬

〔註131〕靳希彭：《濟南國貨售品所史略》，山東省政協文史資料委員會：《山東工商經濟史料集萃（第 3 輯）》，山東人民出版社，1989 年版，第 2～4 頁。

〔註132〕金一之：《國難》，上海通問編輯社，1931 年版，第 102 頁。

〔註133〕彥：《書評：日本支那諸問題》，該書係日本長野郎著，支那問題研究所昭和四年出版。

〔註134〕鄭友揆、程麟蓀：《中國的對外貿易和工業發展（1840～1948 年）：史實的綜合分析》，上海社會科學院出版社，1984 年版，第 129 頁。

肉、菜油，均較戰前上漲至巨，尤以奢侈品爲甚，「因存貨不多，而來源斷絕故也」。歐戰爆發後，各種洋貨售價增漲更烈，尤以顏料和五金爲甚。1939 年 4 月昆明物價與 1937 年 6 月相比，16 種物品中，上漲 3 倍者有米、麵粉、白糖、豬肉、木柴、火柴、豬油、木炭和雞 9 種，上漲 2 倍左右者有鹽、雞蛋、白廠布、煤及肥皂 5 種，上漲 1.5 倍的有煤油和醬油。1939 年 4 月與上年 4 月比較，上漲 2 倍以上者有米、麵粉、豬肉、木柴、豬油、雞及木炭 7 種，上漲 1 倍以上者有煤、雞蛋和肥皂 3 種，上漲 50% 以上者有鹽、白長布和醬油 3 種，上漲 50% 以下者僅有煤油 1 種。另外，據廣西省政府統計室編製的桂林批發物價指數，1939 年 5 的總指數爲 189.52，較 1938 年同期的 118.35、1937 年同期的 104.70，上漲率分別爲 14% 至 60% 多。金屬、燃料及雜類均較戰前增長 1～2 倍，「尚有少數突漲之象」〔註 135〕。

　　後方物價上漲的重要原因，無疑在於戰時環境下的供需失衡，正如時人針對昆明物價問題的評論：「因爲內地交通阻隔，運輸不便，加以國貨工廠很少向內地遷移，貨物皆係各地運往，故昆明之物價飛漲不已。舶來品固不必說，就是當地土貨亦貴得不可開交。下列日用品，大有令人乍舌之慨。因此，上海之各國貨工廠向內地遷移，不但是必要的，而且是一件刻不容緩的事。」〔註 136〕但是，淪陷區「物價之迭增，實較內地有過之而無不及，推原其故，濫發紙幣，濫徵賦稅，與人人不能安居樂業，不敢儲藏以防凍餒，實爲其主因，加以日僑又壟斷，日常生活必需品之供需，以及貨運之受阻，無不成爲物價狂漲不已的因素之一。」以 1926 年批發物價指數爲 100，將 1939 年 12 月與 1937 年 6 月相比，天津食物類由 123.32 漲至 280.20，衣服及其原料由 123.08 漲至 271.58，金屬類由 178.24 漲至 565.30，建築材料由 126.10 漲至 329.75，燃料類由 118.98 漲至 310.71，雜項類由 138.96 漲至 283.23。杭州「百物騰貴，打破民國以來之新記錄……物價之高，不亞於上海，影響所及，貧民堪虞矣……一般貧民，雖奔波終日，亦難得一飽……生活程度之高，有日增月漲之勢，洵空前未有，是以杭州居亦大感不易。」〔註 137〕

〔註 135〕張肖梅、張一凡：《中外經濟年報》（2），中國國民經濟所 1940 年版，第 318
　　　　～322 頁。
〔註 136〕《小統計》，《現實》，1939 年第 3 期。
〔註 137〕張肖梅、張一凡：《中外經濟年報》（2），中國國民經濟所 1940 年版，第 326

日貨在中國隨處可見本是抵貨運動的必要前提，而日貨替代品價格上漲則必定對運動的普遍展開與持久進行構成嚴峻挑戰。

三、消費理性與民族主義

性價比的權衡乃是最基本的消費準則，而抵貨運動則要求消費者將商品國籍作為消費選擇的第一要素。因此，其中的困難可想而知。早在 1908 年抵貨期間，時人即已敏銳洞悉民族主義與消費理性之間的緊張關係：

> 人之購貨在於使用，其貨為甲國所造，人固購之；其貨為乙國所造，人亦購之，此購貨之公理也。吾若有貨以代之，則人必並購焉，是若分彼之利也；吾若有貨以勝之，則人必擇購焉，是吾奪彼之利也，此抵制之公理也。吾既無物以勝之，又無物以代之，而僅以空言不用，雖演說千萬言，傳單千萬紙，僅可鼓動少數之上流社會人，不能約束多數之下流社會人，而盡強其不用也，況上流社會中亦豈無自相矛盾者乎？不用洋貨之必無效果可斷言也。……惟有實心實力從製造入手，使本貨不劣於洋貨。本貨多銷一分，即洋貨少銷一分，得寸得尺至盡銷本貨、不銷洋貨為達其目的。無取乎一時虛憍之氣，為外人口實也。〔註138〕

強行切斷與他國的經濟聯繫，既給民眾生活帶來諸多不便，又勢必增加其生活成本，從而引發普通民眾對抵貨運動的疏離，甚至對運動的組織者產生不滿和抱怨。1919 年 5 月 23 日的《申報》曾經指出，因為部分商人「抬高國貨價格，使購買國貨者有所灰心」。〔註139〕由於抵制日貨造成工廠原料缺乏，不但企業主對學生漸生不滿，部分工廠工人或為生計所迫，或受企業主之煽動，亦將對日之仇恨轉為對學生的不滿。1919 年 10 月，上海松江各襪廠聯盟罷工，襪廠工人揭帖嚴厲指責學生：「喜事少年，毫無知識，結會調查，形同盜劫。將我紗線，攔住罰金，跡近敲詐，有理難爭。各廠停工，情急可想，我等工人，衣食無望。如此救國，適以速亡。」〔註140〕江蘇宿遷縣有民眾抱怨：「布也貴，洋貨也貴，都是學生造的孽。」〔註141〕五卅抵貨期間，天

〔註138〕酉陽：《論今日當注重仿造洋貨》，《申報》，1908 年 3 月 31 日第 3 版。
〔註139〕《申報》，1919 年 5 月 23 日。
〔註140〕《續志商號進貨之輆輵》，《申報》，1919 年 10 月 21 日第 7 版。
〔註141〕中共江蘇省委黨史工作委員會：《五四運動在江蘇》，江蘇古籍出版社，1992

津食品價格暴漲，市面謠傳此為學生愛國舉動所致。因此，南開中學高三年級滬案後援會致函總商會，認為係人造謠，「惑人聽聞，不惟與學界名譽有關，抑且與愛國行動有礙。尚祈貴會速為調查，從嚴取締，以維民食，而息謠琢。」〔註 142〕1931 年，有人針對抵貨之際國貨乘機漲價問題指出，「國人雖為一時的情感衝動，勉強承購，然終不能保持其永久性。歷來抵制工作之不徹底，非無因也。」〔註 143〕

　　因此，由於存在對日貨的強烈甚至剛性的需求，完全禁絕日貨流通極其困難。1919 年 11 月，上海學生聯合會交際科說：「抵制一事，賣者自賣，購者自購，公然堂然，初無顧忌，風湧雲躍，應接不暇。」〔註 144〕翌年 2 月 28 日，上海抵制劣貨聯合會發出通啓，聲稱「街頭巷尾之叫賣日貨者，觸目皆是，店市鋪戶之陳列日貨者，滿目琳琅。」〔註 145〕無怪乎上海抵制劣貨聯合會指責當時的抵制是「不完全之抵制」、「有抵制之名而無抵制之實」。〔註 146〕因此，抵貨期間甚至出現日貨不減反增的悖論性現象。1908 年，《申報》報導廣東的抵貨運動說，「惟日本煤炭火柴二物，以無他物可代，現尚照銷」，「惟日本海味及雜物，外國之貨無如其價廉者，抵制恐難持久」。〔註 147〕另據統計，1915 年，寧波口岸日本火柴輸入反而比上年度有較大增加，由 100170 羅一躍而至 145447 羅，「東匯較小，售價自廉，況日貨質良，故本地火柴廠所出之品，不得不敗落矣。」〔註 148〕1919 年的廣州口岸，「日本自來火，實際幾無變動」，僅由 337351 羅微減至 331867 羅。〔註 149〕1925 年，杭州總商會曾經提議日糖為「日用必要」，當排除在禁運之列，要求各方面會商，另

年版，第 232 頁。

〔註 142〕藍長澐：《天津各界五卅反帝鬥爭史料》，《歷史檔案》，1986 年第 1 期。

〔註 143〕禮嚴：《抵制日貨的一個貢獻》，《錢業月報》，1931 年第 11 卷第 8 期，第 5頁。

〔註 144〕《上海學生聯合會消息》，《申報》，1919 年 11 月 14 日第 10 版。

〔註 145〕《抵制劣貨聯合會今日開常會》，《申報》，1920 年 2 月 29 日第 11 版。

〔註 146〕《上海抵制劣貨聯合會宣言》，《民國日報》，1920 年 6 月 24 日第 11 版。

〔註 147〕《粵人抵制日貨之效力》，《申報》，1908 年 4 月 24 日第 5 版。

〔註 148〕《民國 4 年寧波口華洋貿易情形論略》，中華人民共和國杭州海關譯編：《近代浙江通商口岸經濟社會概況：浙海關、甌海關、杭州關貿易報告集成》，浙江人民出版社，2002 年版，第 346 頁。

〔註 149〕《中華民國 8 年廣州口華洋貿易情形論略》，廣州市地方志編纂委員會辦公室：《近代廣州口岸經濟社會概況：粵海關報告彙集》，暨南大學出版社，1995年版，第 639 頁。

定辦法。〔註150〕1928 年的杭州，日本赤糖、白糖及車白糖的進口，由 227700
擔增至 358400 擔，「蓋恐濟案發生後，抵制日貨風潮日形膨脹，故各商預將
日本車白糖，多多運進。」「外國紙煙，民眾歡迎，又復如昔。」〔註151〕1912
至 1921 年的拱北關十年貿易報告也指出，日本火柴進口從 10 萬克羅斯增至
30 萬克羅斯，報告撰稿人不無諷刺的說：「有趣的是，這竟是抵制日貨的結
果，究其原故，乃因進口商不敢用輪船公開運往海南和雷洲，便改以華船經
沿海大量運往海口附近地區，於是各方均感滿意。」〔註152〕

　　1915 年，日人勿堂行之對抵貨運動給中國民眾造成的生活困境進行了深
刻分析。他認為，從商品類型而言，中國的進口商品多為棉布、棉絲和機器
雜貨等必需品，奢侈品數量甚為有限，「一旦對於某國貨物實行抵制，若幸
有他國貨得以替代，尚不至於為難，不然，則需用者不得不強忍苦痛，於某
時期內不用某國貨，或出貴價購買別國類似之貨，以聊慰欲望」，但是在他
看來，中國人「錙銖比較，毫釐必計」，因抵制外貨而增加耗費，乃是「至
大之苦痛」。故而抵制外貨之舉，「不僅供給者之外人，將大受苦痛，而需用
者之中國人，亦確受其苦痛。」〔註153〕況且，日本輸入中國的日用品價格
低廉，「斷非他國之所能及」，中國人摒棄廉價的日貨而不用，「為暫時計，
固無所困苦，尚可勉強支持，如再延長兩三月之後，則中國人之不便且更
甚」。他進一步指出，因歐戰正烈，西洋貨來源亦「幾將絕跡」，中國人如果
不用日貨，「即欲另易他國貨以代之，勢將代無可代」，「中國人之為難可想
矣。」因此他建議說，「我國而用持久政策，經三月半年之後，日本猶未至
於破產，而中國抵制日貨之運動，必自消無疑。查向來成例，中國人抵制外
貨之風潮，未有能繼續至半年以上者。故此時我商民之財力果大有餘裕，則
宜稍安勿躁，靜候時機。」〔註154〕

〔註150〕《申報》，1925 年 7 月 6 日。
〔註151〕《民國 17 年杭州口華洋貿易統計報告書》，中華人民共和國杭州海關譯編：
　　　　《近代浙江通商口岸經濟社會概況：浙海關、甌海關、杭州關貿易報告集成》，
　　　　浙江人民出版社，2002 年版，第 820～821 頁。
〔註152〕《1912 至 1921 年拱北關十年貿易報告》，莫世祥編譯：《近代拱北海關報告
　　　　彙編（1887～1946）》，澳門基金會 1998 年版，第 88～89 頁。
〔註153〕〔日〕勿堂行之：《日人評論中國抵制外貨事》，許家慶譯，《東方雜誌》，1915
　　　　年第 12 卷第 10 號，第 25 頁。
〔註154〕〔日〕勿堂行之：《日人評論中國抵制外貨事》（續），許家慶譯，《東方雜誌》，
　　　　1915 年第 12 卷第 10 號，第 22 頁。

　　上述言論，當然可以視爲日方應對中國抵貨運動的輿論手段，但其指出的種種問題，則並非憑空杜撰。對於抵貨期間日貨未能完全絕跡的現象，不少時論亦曾給予一定程度的同情性理解。在1923年《晨報副刊》關於抵貨問題的爭論中，有人直言：「抵制日貨是不可能的事」，因爲抵制日貨對銷售者和消費者均有難處。「商人都是唯利是圖，不會計較商品的國別，國貨固然不少，但日貨較賤些銷路廣些，因此爲利所蔽，寧肯不愛國而賣日貨。對於日貨堅持，必定敷衍。」就顧客方面而言，「官僚國都可以賣，還談什麼愛國，當然買日貨；工人農人，因爲經濟的關係，只能買減價貨物，國貨貴，日貨賤，他們買日貨也不能怪他們。學生當然抵制，但他們有幾人認得日貨，日貨冒充我國商標的很多。」〔註155〕1925年也有輿論認爲，抵制外貨之所以失敗，「國民只有五分鐘熱度還是小原因。大原因是外貨太便宜了，國民無論如何具有愛國的熱忱，也經不起經濟的壓迫。」〔註156〕1931年，《商業月報》刊載的《抵制外貨與提倡國貨》一文也談到，由於日本輸華商品多爲我國自己供給不足的日用品，如棉織品、糖、煤、紙、木、麵粉、魚等等，「無一非我國重要之必需品」。抵制日貨僅能限於一時熱度而不能持久，因爲事實上不能做到。〔註157〕著名經濟學家朱斯煌於1932年也指出，「此次日貨雖大受打擊，而歐美貨品漸形活躍，總之仍不免購買外貨。偌大漏卮，終不能塞。歐美貨物，每多貴於日貨。今日激於義憤，雖犧牲重價，而無怨言；異日事過境遷，難保抵貨之必能持久。」〔註158〕1933年，金平歐在其《對日決爭之認識與策動》一書中寫道：「本國又無其他貨物可代替，購用西洋貨又太貴，所以仍然暗用日貨。」〔註159〕

　　抗戰時期的物價高漲問題，對不同階層的影響並不完全相同。1939年《大公報》社評認爲，「抗戰兩年多，物價平均漲了兩倍，老實說，對於高級人並無若何影響。儘管生產稀少，運輸艱難，他們照樣能用飛機把香港的牛油、洋煙、洋酒、華衣運到內地來享用。就是就地購用漲價的物品，在他們的開支上，也不算一回事。不過，這級人畢竟不太多，中下級社會的人卻大感物價

〔註155〕史美煊：《抵制日貨的我見》，《晨報副刊》，1923年7月28日第4版。
〔註156〕《外貨便宜》，《京報副刊》，1925年第286期。
〔註157〕參見俞寧頗：《抵制外貨與提倡國貨》，《商業月報》，1931年第11卷第9號，第2～3頁。
〔註158〕朱斯煌：《中日貿易之研究》，《經濟學季刊》，1932年第4期，第284頁。
〔註159〕金平歐：《對日決爭之認識與策動》，南京拔提書店，1933年版，第72頁。

高漲的壓迫了。」〔註160〕同年，《中央日報》刊文指出：「有錢的人不在乎物價昂貴」，「汽油的來源是何等難，汽油的價格是何等貴，私人汽車的呼聲，依然不絕於途。商店的貨物，無論怎樣貴，依然是有許多人去買。」〔註161〕但普通民眾則「呻吟慘痛於米珠薪桂之下」，「因爲除了少數富有者的生活較有伸縮性還不致感到痛苦外，中產以下爲一般固定收入者，在物價穩定的時候，還可勉強應付，物價一漲，支出勢必激增，其結果不因此負債，就須忍痛減低享受，減少享受原爲一種美德，然在一般貧民者無產階級，則足以妨害其最低限度的生理要求，阻礙文化的進步，至於虛弱而促成民族的衰亡。」〔註162〕因此，抗戰時期物價高漲的消極影響之一，即在於促進仇貨傾銷：「由於中國大部分海關已淪於敵手，仇貨可以無稅地輸入進來，更由於中國沿海沿江的各種重要工業均被敵人佔領，利用中國廉價的勞力和原料，自行製造，造成了敵貨低廉的條件。那般喪盡天良只知惟利是圖的不宵奸商，固是趨之若鶩，就是一般人民，因爲生活的壓迫，也受不住這種低廉仇貨的誘惑，何況仇貨一經混爲國貨，又不易爲人所識別呢？再加以不肖軍人的包庇，檢查機構的鬆懈——遂造成今天大後方到處泛濫著仇貨洪流的可恥可悲的現象。」〔註163〕

抵制日紗，則國紗價格必漲，「紗價既漲，則製出之布，雖欲平價出售而不可得。抵制之效未見，而一般消費者，已售受其影響矣。」〔註164〕因此，抵制日貨「必有抵之，乃可制之。拒購日紗，必須有國紗以補其乏，否則需要品欠缺，能忍一時，不能忍永久，勢則然也，非五分鐘熱度也。」〔註165〕或者誠如陳獨秀所言，「無論那一國人，愛國心鼓勵的力量總沒有經濟壓迫的力量大。況且中國人愛國心的力量更是薄弱得很，少數人乘著感情說大話，那裡會有實際的效果？所以我以爲排貨的辦法，若是乘著一時的熱情，向一團散沙的群眾搖旗吶喊，決計沒有用處。」〔註166〕

〔註160〕《大公報》社評，1939 年 11 月 3 日。轉見時事問題研究會：《抗戰中的中國經濟》，中國現代史資料編輯委員會 1957 年版，第 428～429 頁。

〔註161〕陶潔卿：《再論物價問題》，《中央日報》，1939 年 12 月 2 日。轉見時事問題研究會：《抗戰中的中國經濟》，中國現代史資料編輯委員會 1957 年版，第 429 頁。

〔註162〕沈桂祥：《戰時物價統制與消費合作》，《時論分析》，1939 年第 15 期。

〔註163〕李善豐：《當前的物價問題》，《國民公論》，1939 年第 2 卷第 12 期。

〔註164〕子明：《抵制日貨中之棉紗》，《銀行周報》，1931 第 15 卷第 38 號。

〔註165〕葉耕讓：《對日經濟絕交論》，《復旦大學校刊》，1931 年第 104 期。

〔註166〕陳獨秀：《對於國民大會的感想》，《晨報》，1919 年 12 月 11 日第 7 版。

第六節　有限抵制

抵制日貨，不僅影響工商兩業的正常運作，亦波及普通民眾的日常生活。進口替代工業水平低下，國人逼迫縮小抵制範圍，只能以「相對抵制」作為權宜之計。由於國人勢難長期抵制日貨，歷次抵貨運動初期或後期的鬆懈時期，日貨進口往往大增，從而導致運動效果大大削弱。不僅如此，棄用日貨而選擇他國貨物，對於民族經濟而言，亦為「前門驅虎，後門進狼」。

一、相對抵制

相對抵制，早在 1905 年抵制美貨運動中即已初露端倪〔註 167〕，大致在五四時期的抵制日貨運動中明確提出。1919 年 6 月 25 日，蘇州學生聯合會將其議決案函告蘇州總商會，其中之一係「日本原料作相對抵制」。稍後，南貨業永和堂、洋貨業詠勤公所、顏料公所向總商會報告各自抵貨辦法，對中國實業必需的日本原料和機器進行相對抵制。〔註 168〕北京中等學校以上的學生聯合會總會代表方豪在廣州呼籲學界抵制日貨時，也明確將日貨劃分為必要品、次要品和普通品，分別對待，「普通品勢在必禁」。〔註 169〕穆藕初則將日本貨物分為奢侈品、有國貨可以代用者和工業用品之必不可少者，認為對於奢侈品應當「完全勿用」，對於後面兩種，只能迅速興辦工業進行製造〔註 170〕。1927 年，有人提出「酌量輕重、分別抵制」的主張，亦即：對綢緞等類奢侈

〔註167〕1905 年 5 月，最為積極也最為激進的公忠演說會提出，中國不應僅僅抵制美國商品，還當抵制美國學校。傑出的抵貨積極分子張竹君建議搬運工人不要搬運美國貨物，美國醫院、教堂、領事館和商行的雇工辭去工作，在美國學校就讀的中國學生退學。儘管部分為美國工作的中國報人、教師和商行職員的確辭職了，但其行動既無計劃，亦無合作，主要是象徵性的，對美國在華利益並無任何直接影響。並且，蘇州紳商認為，他們僅僅抵制美國商品而不會抵制美國學校、醫院和教堂，因為此乃有益於中國人的機構，且和美國移民法毫不相干。抵貨中心廣東《羊城日報》上的一篇文章亦持類似主張，認為在美國學校上學乃係追求知識題，即使是敵對國家也不能禁止學生上學。王冠華：《尋求正義：1905～1906 年抵制美貨運動》，江蘇人民出版社，2008 年版，第 124～125 頁。

〔註168〕蘇州市地方志編纂委員會辦公室：《蘇州史志資料選輯第 1 輯：蘇州五四、五卅運動資料專輯》，1984 年版，第 67～69 頁。

〔註169〕鄧曾驥：《廣州學生五四運動記》，中國社會科學院近代史研究所：《五四運動回憶錄》（下），中國社會科學出版社，1979 年版，第 827 頁。

〔註170〕趙靖：《穆藕初文集》，北京大學出版社，1995 年版，第 114～115 頁。

品進行「絕對抵制」，對不屬奢侈品但非日用所需、或有他物可以替代者，「亦不妨抵制」，米糧、麵粉等日用必需品則不能抵制之，「工業製造所需貨料，今尚未能自製，如製火柴需用藥料，織細布必需細紗，則亦不能抵制之矣，教育醫藥用品及各項機器尚未自製，或雖有仿製尚不敷用，則亦不能抵制之矣。如特種貨品為華民所必需，其製品以某一國為較精，或品質相等而其價較廉，亦不便抵制之矣」，並且認為此種相對抵制法，比全盤抵制更加有效，「凡有社會經驗者，均能心知其意，在表面上雖若一致抵制，而由其裏面觀之，並非漫無統系不加辨別者可比，此抵制之聲頻年繼起，而抵制之實終不克舉者，職是之故也。」〔註171〕

1932 年，馬寅初在《中日經濟問題》一文中提出「分物抵制」的看法：「中國歷來抗日的手腕，都是消極的，都是以『不』字來包括一切，即是不買日本貨，不用日本物，這個籠統的『不』字，何能致人的死命。我們抵制日貨，並非任何日貨都加以抵制，只要在每年輸入中國的 2 萬 5 千萬的棉織物加以抵制，便是日本的致命傷。至於僅僅於輸入的數萬或數千之值的牙粉的抵制，瘙它不癢，打它不痛，這又何必呢？」〔註172〕曾將抵制日貨視為「最適宜之抗拒」的胡適〔註173〕，1932 年對 1908 年以降的歷次抵貨運動有一檢討，認為沒有一次抵制日貨真正實現預期目的，其中「自然潛伏著各種不同的原因，其中的一個，是口號太籠統，辦法太空泛」，為使運動不「陷於空泛籠統的覆轍」，他反對「好高喜大，勞而無功」的全盤性抵制，而提出「分物抵制」與「分地抵制」兩大原則。所謂「分物抵制」，即重點抵制日本棉貨，旁及日糖、日煤、日紙等商品，所謂「分地抵制」，即「都市抵制日貨，不必到內地去家搜戶索，徒苦人民」。〔註174〕

〔註171〕《經濟絕交平議》，此文載於 1927 年 1 月的《銀行月刊》，此處參見諸青來：《求是齋經濟論集》，中國圖書服務社，出版時間不詳。

〔註172〕馬寅初：《中日經濟問題》，《時代公論》，1932 年第 34 號，第 20 頁。

〔註173〕1915 年 5 月 3 日，胡適在其日記中寫道：「東京及祖國書來，皆言抵制日貨頗見實行，此亦可喜。抵制日貨，乃最適宜之抗拒，吾所謂道義的抗拒之一種也。不得已而求其次，其在斯乎？」（《胡適留學日記》（下），安徽教育出版社，2006 年版，第 44 頁。）1940 年 1 月 9 日，胡適在美國紐約美術學院發表演說，亦呼籲「全世界信仰民主及愛好和平之人民，一致抵制日貨，藉使日本在華之軍事行動早日停止。」（《胡適籲請世界愛好和平人民一致抵制日貨》，《寧波民國日報》，1940 年 1 月 10 日第 1 張第 2 版。）

〔註174〕胡適：《關於抵制日貨的一個意見》，《旁觀》，1932 年第 6 期，第 33～35 頁。

　　1927 年之後，抵貨運動逐漸由國民黨主導，「相對抵制」亦由言論層面成為抵制規則。1928 年 5 月 6 日，國民黨中央執行委員會第 134 次常委會臨時緊急會議通過並經第 148 次會議修正的「對日經濟絕交辦法大要」第 8 條規定，「日本所產各種原料確屬必不可少，得由委員會酌量通融，但須領有該會執照才能交易」。〔註175〕1931 年 7 月 24 日，上海市商會臨時會員大會決定成立抵制日貨研究委員會和檢查日貨委員會，並要求抵制日貨研究委員會將日貨分為奢侈品、通用品、必需品、工業原料品等類進行研究，「並因事實上之必要得另行分組」〔註176〕。

　　抗戰初期，陳正謨提出，容許有關國防的必需日貨流通於市，反而可以避免少數奸商囤積居奇，而非必需的日貨即必須封存〔註177〕。此種論調，無疑是此前抵貨運動「相對抵制」說的延續，而 1940 年 8 月行政院頒行《進出口物品禁運准運項目及辦法清表》，同年 10 月經濟部訂定 14 類「特許進口物品」，1942 年 5 月國民政府頒佈《戰時管理進出口物品條例》，則均可視為相對抵制付諸實踐。

　　從抵貨運動的結果來看，抵貨運動雖然針對全部日本商品，但抵制最力者也往往是那些有國貨或其他外貨可資替代的日貨。據盧子岑對 1907 至 1909 年輸華日貨不同類別的考察，因 1908 年抵制而減少者，涉及棉製疋頭貨、棉紗、專賣藥品、肥皂、襪、棉布、煙草、木料和枕木等，但減額均不及上年一半，而海產品和糖之輸入則大增。因此，他認為此次抵貨對日本的經濟打擊，並非「創痛而僅是癢痛」。1909 年輸華商品中，僅有煙草、麥酒、海產品、木料和煤稍受影響，「其他都很順利的進行」。若將 1915 年全年與上年相比，在盧子岑列舉的 14 種日貨中，既有棉紗、棉布、銅、木料、火柴、傘和糖 8 種商品的輸華值減少，亦有棉製疋頭貨、襪、煤、樟腦和海味 6 種商品的輸華值反而增加。前 8 種商品的減額分別為 9056、231、8212、1577、263、166、73 和 2944 千元，跌幅分別為 14.03、32.22、89.00、39.02、6.56、13.87、26.35 和 25.54％，而後 6 種商品的增額分別為 1145、44、1392、420、19 和 608 千元，漲幅分別為 4.37、5.69、18.66、50.91、4.15 和 49.51％。1919 年 7 月上

〔註175〕中國第二歷史檔案館：《中華民國史檔案資料彙編第五輯第一編：政治》（4），
　　　　　江蘇古籍出版社，1994 年版，第 112 頁。
〔註176〕《商界抵貨熱》，《民國日報》，1931 年 8 月 3 日。
〔註177〕陳正謨：《現在國內市場上的日貨處置辦法》，《時事類編》，1937 年第 3 期。

旬的抵貨高潮中，15 種日貨與上年同期相較，其中有棉花、眼鏡、傘和士敏土 4 種商品完全絕跡，其餘 11 種商品均有銳減，跌幅超過 90％者有衣服、傢具和鐵製品，跌幅超過 80％者爲棉紗、麻布、火柴和紙，煤、玻璃品和精糖的跌幅亦超過 60％，僅僅雜貨跌幅較低，爲 26％。〔註 178〕馬寅初認爲，1919 抵貨運動導致進口日貨「無一不受影響」。他援引日本雜誌《Herald of Asia》所統計數據，將當年 9 月與 5 月日貨輸華值進行比較，棉紗減少 8516 擔，棉布減少 700000 碼，紙減少 13647 擔，傘 337000 把，火柴減少 230000 箱（每 12 打爲 1 箱），帆布袋減少 922000 隻，跌幅分別爲 68.3、80.7、64.6、97.9、46.1 和 66.9％，平均跌幅高達 70.7％。同時，馬寅初又根據英國《Chronicle》雜誌的統計，認爲自 6 至 8 月間，玩具、醫藥、眼鏡、陶器、肥皂、帽、扇、棉織物、棉絲緞各類日貨輸華值均銳減，跌幅分別爲 90、70、80、60、70、30、20、30 和 40％，平均跌幅爲 54％。他據此認爲，1919 年抵貨運動對日本而言，可謂「創巨痛深」。〔註 179〕

　　日本官方曾經認爲，中國對日本文化、科學、醫藥以及中國工業必需原材料，或者日常生活必不可少的日貨進行相對抵制，而對其他所有商品則進行絕對抵制，並以此作爲中國抵貨運動顯係國家行爲的重要證據〔註 180〕。

　　進口替代工業水平低下，被迫縮小抵制範圍，但即使是「相對抵制」亦有困難。郭沫若曾將我國進口日貨一分爲二，即奢侈品與必需品兩大類型。前者包括水產、洋荽、洋呢、帽子、洋傘、香茵、洋城、製茶、罐頭、洋葛巾、鈕扣、玩具化妝品、精糖、洋線、衛生衣、洋磁、肥皂、人參、精酒、洋布、洋襪、手套、玻璃器具、洋緞、賣藥、啤酒、竹布、革製品、花席、洋絹、洋燈和水產。後者涉及煤、木材、鋼、銅絲、紙、洋火、鐵器、鐘錶、機械、輪船。他據此對日貨進口數據進行分析，認爲奢侈品占四分之三，必需品僅爲四分之一。奢侈品的大量進口，原因在於「國人之淫奢，本無供給之必要」，甚至必需品的進口亦因「國人之貪近便苟且爲之，非與我國計民生有若何之關係」。在他看來，國人常用之海味，日人係以臭魚、腐蝦和爛腸腹等製成，而「國人食之，津津有味，我不知其味之何從也」，茶葉本係我國對

〔註 178〕盧子岑：《歷次抵制日貨的成績》，《南大經濟》，1933 年第 1 期，第 11 頁。
〔註 179〕《如何提倡中國工商業》，《馬寅初全集》(2)，浙江人民出版社，1999 年版，第 475〜477 頁。
〔註 180〕Anti-Foreign Boycotts in China, Tokyo May, 1932，亞洲歷史資料中心檔案 B02030454000。

外輸出的大宗商品之一，今反從日本輸入，「眞令人索解不得」。高麗人參狀如蘿蔔，「世界各國無有視爲補品者，獨我國人，嗜之如神丹仙藥，日人倚之爲奇貨。國人食人參，一年五六十萬元，然而人種不見強，病苦日見多。」對於日本醫藥，他說，「藥以治病也，藥性一定，病理無窮，安得以性定之藥，治無窮之病症？故仁丹邊，清快丸也，服之皆無益。」他如啤酒、罐頭、洋品化妝等，尤與實際生活毫無關係。

　　但是，「奢侈以自己的方式成爲記錄世界觀從古典和中世紀到現代進化過程的晴雨錶」〔註181〕，而桑巴特甚至驚人地將資本主義視爲奢侈的產物。〔註182〕從一定意義上說，現代化就是奢侈品逐步成爲必需品的歷史進程。因此，1931 年，時人談到，由於日本輸華商品多爲我國自己供給不足的日用品，如棉織品、糖、煤、紙、木、麵粉、魚等等，「無一非我國重要之必需品」。抵制日貨僅能限於一時熱度而不能持久，因爲事實上不能做到。〔註183〕

　　更爲重要的是，相對抵制方案既難以操作，同時也削弱了抵制運動的經濟效果，正所謂「經濟絕交或抵貨運動，均由愛國心激發使然，甚可敬佩，而欲不顧一切，直接痛快以爲之，則在事實上即多窒礙難行之處，若酌量情形分別辦理，擇其可行者行之，不可行者暫從緩議，則依然未能徹底，其成績絕無可觀。嗚呼，取消不平等條約，自有正當途徑可尋，何必紛紛不憚煩而取此不能徹底之手段耶？」〔註184〕

　　馬寅初亦有類似困惑：

　　　　就政治立場言，一切日貨，無論其爲傾銷品與非傾銷品，或必需品與非必需品，皆當以國貨替代之，無討論餘地。就經濟立場言，原料品如煤等，工廠、船舶、火車等資爲原動力，構成成本中重要項目之一，各業如得乘機利用，使能降低成本，售價亦可減低，愈足予吾人以抵制外貨之力量。否則我不能盡量利用，外國工廠，爭相利用，使彼之原料，更廉於我。平日吾人已難競爭，於此更何能

〔註181〕〔美〕克里斯托弗・貝里：《奢侈的概念：概念及歷史的研究》，江紅譯，上海人民出版社，2005 年版，第 2 頁。

〔註182〕〔德〕維爾納・桑巴特：《奢侈與資本主義》，王燕平譯，上海人民出版社，2000 年版，第 215 頁。

〔註183〕《商業月報》，1931 年第 9 期。

〔註184〕《經濟絕交平議》，此文載於 1927 年 1 月的《銀行月刊》，此處參見諸青來：《求是齋經濟論集》，中國圖書服務社，出版時間不詳。

抵制乎？惟吾人所不可忘者，前年日煤傾銷之最大原因，由於吾人
之抵制，決不能得廉價之便宜。既因其廉價，仍盡量利用之，則政
治上抵制之作用必失，誠一不可解之謎也。〔註185〕

二、抵貨初期末期日貨進口大增

撇開 1908 和 1909 年兩次地域性抵貨運動不論。下表顯示，1915 年 3 月，
上海諸團體召開國民大會之後，抵貨活動迅速在南方各地以及北方部分城市
展開，當月日貨輸華值不降反增，由 2 月份的 13318 千日元增至 16333 千日
元，漲幅高達 22.63％。當年後 4 個月的數值，亦均大大高於前此 8 個月。1919
年 5 月的輸華貨值由上月的 57852 增至 58060 千日元，冬季 3 個月抵貨運動
因時間過長而略顯鬆懈，日貨輸華數值迅即大幅度增加，均在 6 千萬日元以
上。1923 年的抵貨運動自從 3 月末期即已醞釀，4 月，各地陸續制定具體的
抵制措施，隨著「五九國恥」日而漸至高潮，3、4 兩月比年初兩月均增加 1
千餘萬元。在因日本關東大地震而中止抵貨運動之後，日貨輸華值迅速由抵
貨高潮月份的 2 千餘萬元增至 3 千餘萬元。1927 年 6 月和 10 月的數值則分別
高於 5、9 兩月。1928 年 5 月的數值亦略高於 4 月。1931 年夏季萬寶山慘案
發生之後，抵制日貨言而未行，日貨輸入不僅未受衝擊，反而逆勢而增，7 月
份數值為當年最高記錄，8 月份也超過前半年所有月別數值。因此，抵貨初期
日貨輸華值往往不降反增，而抵貨末期或甫一結束，日貨輸華貨值迅速恢復
原狀，甚至大幅反彈，基本成為歷次抵貨運動之常態。

圖表 27：抵貨年份日本對華輸出貿易月別表 （單位：千日元）

月份	1908	1909	1915	1919	1923	1927	1928	1931	1932
1	4565	5053	14173	45601	29587	36506	38357	17811	20545
2	4855	6961	13318	50934	28251	34309	46938	15254	13141
3	6028	7291	16333	55486	42563	37764	53641	20185	22762
4	5311	8002	14611	57852	41723	35525	49317	18904	23376
5	5586	9083	13385	58060	29750	42767	50867	20362	22861
6	5020	6540	12394	46349	28171	47059	37971	21084	20798
7	4095	6196	13720	56449	26981	42173	41485	26810	21687

〔註185〕馬寅初：《中國經濟改造》，《社會科學研究》，1935 年第 1 期。

月份	1908	1909	1915	1919	1923	1927	1928	1931	1932
8	4199	6314	13971	45548	29655	47415	47024	22327	28327
9	4277	6916	17783	42418	34890	42744	47230	18243	26439
10	4962	8404	19210	63754	35974	46077	50507	14006	23260
11	3594	9465	19264	65430	35030	41030	38264	9490	28854
12	3792	9001	16713	68450	29815	38612	37920	10091	31481

　　1908、1909、1915、1919、1923、1927、1928 年數值來自 Anti-Foreign Boycotts in China, Tokyo May, 1932，第 37～42 頁各表，亞洲歷史資料中心檔案 B02030454000。1931 和 1932 年數值來自蔡致通：《二十一年份之對外貿易》，《中行月刊》1933 年第 6 卷第 1、2 期合刊，第 35 頁。

　　抵貨初期和末期日貨進口不降反增的悖論性現象，既係抵制日貨經濟困境的真實反映，也是中國商人巧妙合理規避抵貨風險的必然產物。1931 年底，杭州海關稅務司何智輝曾在「杭州關十年報告（1922～1931）」中總結道：「民國 12 年，本埠人民為取消二十一條及收回旅大問題，群起抵制日貨。及至民國 14 年，上海『五卅慘案』勃發，抵英運動雷厲風行。迨民國 20 年『萬寶山慘案』發生，反日風潮復形嚴重，惟各項商人所受損失並不劇烈，蓋於抵貨實行之前運貨進口，預事補充也。」〔註186〕

　　1927 年，《紡織時報》刊文總結抵制日貨匹頭失敗之原因時指出：「歷來抵制之總無效果，就匹頭之經過而言，情況至為複雜。滬上之匹頭商，果罪無可恕，各方面之環境，實亦有以促成之也。當每次抵制之說初起時，各外埠及內地之匹頭商店，莫不爭先恐後，競相收羅，預向本埠購備存積，以備陸續混售，實力雄厚之家，竟有預備半年以上之銷路者，少亦二、三月不等。藉口於血本攸關，預期定貨，飾詞欺蒙，以售其奸。」〔註187〕濟案發生後，日棉「反乘機猛進，彼時頗有一度興奮之象」〔註188〕，「紗市因反日事件，現銷分外暢達……日紗銷路依然良好」〔註189〕，日煤價格甚至上漲，其他日貨

〔註186〕　《杭州關十年報告（1922～1931）》，中華人民共和國杭州海關譯編：《近代浙江通商口岸經濟社會概況：浙海關、甌海關、杭州關貿易報告集成》，浙江人民出版社，2002 年版，第 709 頁。

〔註187〕　《東貨匹頭抵制失敗談》，《紡織時報》，1927 年第 5 卷 423 號（1927 年 7 月 14 日）。

〔註188〕　中國社會科學院經濟研究所：《上海市棉布商業》，中華書局，1979 年版，第 122 頁。

〔註189〕　《紡織時報》第 503 號，1928 年 5 月 14 日。

亦有商人大量定購，「以待居奇，高價出售」〔註190〕。1931年夏，上海許多投機商人趁機大肆購進日貨，上海日貨幾乎一掃而空，而日本開往中國的商航竟然增加班次，日貨到滬激增，「自六月底有漸增傾向之運華棉布絨布砂糖等，最近因銀價轉漲及慮及排斥日貨，大阪出口激增，日本郵船公司，特於上海航路臨時增加泰安丸」〔註191〕。

國貨替代性嚴重不足，不可避免的便是抵貨風潮初起時大量訂購日貨，這與抵貨規約並不相悖，既可避免種種懲處，又能最大限度維護個人私利，但也削弱了抵貨運動的經濟效果。近人范師任曾說，在抵制日貨運動高潮時期，日貨輸入或有暫時性地減少，然而抵制之前「一般奸商少不了聞風預購大批日貨，一爲日後冒牌假冒之用，日貨之價值竟因此而昂貴，及抵制風潮停息以後，商人又群起購買日貨，而日貨比以前銷路更廣」，因此在他看來，「國人每次抵制日貨皆是失敗的」〔註192〕。

日人對此亦了然於胸：

> 關於濟南事件而連帶以生問題，厥爲中日兩國之經濟關係，排斥日貨，當然爲不可避免之事，從來中國方面，以排斥日貨之戰術，顧其實際，則至爲有趣。每次排貨之影響，決不如世人所預想之深切。而在排日之後，對華貿易更呈增進之現象。……至其所以如此之原因，亦有可得而言之者。第一，日本對華輸出品，以生活必需品爲大宗，如棉紗棉貨海產雜貨等類；第二，中國實業界受內亂影響，衰頹不振，排斥日貨之後，並無代替產品。故抵制運動結果多爲短時期的。縱使其排斥方法至嚴極厲，欲其維持永久，決不可得。首先中國商人即將發生改換商標間接交易等種種方法以販賣日貨矣。〔註193〕

平津淪陷以後，「奸商之購進日貨，比平時尤較踴躍」。據1937年8月11日《申報》報導，上海「一般經營日貨之奸商，最近盡量將購存之日貨交六公司輪船運往長江各岸銷售」，數量超過4千萬。8月7日，「若輩接漢口日僑全數退出的消息，更大喜過望，而將上海所存日本疋頭貨全數購入，改頭換面，運往漢口、長沙等埠銷售。太古、怡和兩公司之長江船竟爲之應接不暇。運輸業之旺

〔註190〕《大公報》，1928年5月15日。

〔註191〕《大批日貨趕運來華，大阪出口激增》，《民國日報》，1931年7月18日。

〔註192〕范師任：《振興國貨之先覺問題》，金文恢：《抵貨研究》，浙江省立民眾教育館教道部出版1931年版，第46頁。

〔註193〕進如：《抵制日貨之要義》，《銀行周報》，1928年第20卷第19號。

盛，爲六十年來之未有。」陳正謨曾經因事赴武漢與安慶，「看見那些市場上日貨的充斥，絲毫不像淞滬、華北各地我們的士兵正在和敵浴血抗戰的樣子」，因此他斷言：「全面抗戰發生後國人自動不買賣日貨是一種虛幻的設想。」〔註194〕就抗戰初期的情況而言，七七事變至八一三事變之間趁機購進日貨的商人，的確規避了抵貨風險。1937 年 10 月 15 日，國民黨上海特別市執行委員會向抗敵後援會轉發軍事委員會第六部有關決定禁絕日貨原則之密令，內有「凡各工廠商在 7 月 7 日前購定之原料，限期向當地團體登記，凡自 7 月 7 日前購定之原料倭品經驗訖可予放行，以後者扣留」，而後援會主席團認爲，「所定 7 月 7 日爲期一點，因本會早經議決以 8 月 13 日爲期在先，並已通告各商號遵辦在案，倘復以政府命令爲辭再請變更，似有未便。又，7 月 7 日以後，在北方尚徘徊於和戰之間，以此爲期，恐亦不易使人心服。爲特備文呈覆，仰祈鈞會鑒核，准予維持本會原定 8 月 13 日爲期，並祈轉請軍事委員會第六部鑒核賜准」〔註195〕。同年 9 月 24 日，重慶市府主持通過的「仇貨處置辦法」規定，對於「純粹仇貨」，按價抽取 75％作爲抗敵捐，並以滬戰開始後運到重慶者爲限〔註196〕。

三、「前門拒虎，後門進狼」

抵制日貨之後的替代性選擇無非有二，其一是購買國貨，其二則是購買日本以外國家的商品〔註197〕。因此，抵制日貨運動期間，其他國家貨物進口必定增加。

1912 至 1931 年日、美、英三國在中國對外貿易中所佔百分比的消長態勢表明，1915 年因爲歐戰之故，日本所佔比例上升，而英美則反而有所下降。1919 年日本所佔比例下降將近 5％，而美國則上升 6.3％。1920 至 1921 年，日本所佔比例逐漸降低，而英美兩國則呈上升趨勢，美國漲幅尤其巨大。1925年重點抵制英國，英國比例有所下降，而日本則有大幅上升。1927 至 1929 年

〔註194〕陳正謨：《現在國內市場上的日貨處置辦法》，《時事類編》，1937 年第 3 期。
〔註195〕上海市檔案館編：《上海檔案史料叢編：上海抗敵後援會》，檔案出版社，1990年，第 412 頁。
〔註196〕《渝仇貨處置辦法決定》，《四川經濟月刊》，1937 年第 8 卷第 4 期。
〔註197〕「不買日貨並不爲難消費者，不穿日本布，沒錢的人可以穿中國布，有錢而愛漂亮者可以穿英國布，沒有叫你少穿衣服，多花錢。衣服材料差一點不見得怎樣不自在，身上穿的仇人的布疋不見得怎樣體面。」中暇：《抵制日貨一點也不難》，社會與教育社編：《我們的敵人——日本》，新生命書局 1931 年版，第 142～143 頁。

與 1926 年相比較，日本所佔比例逐年下降，而英美則有不同程度地上昇。

圖表 28：日、美、英三國在中國對外貿易中所佔比例比較表

年　份	日	美	英
1912	19.16	6.17	15.76
1913	21.04	7.59	16.94
1914	22.57	7.21	18.41
1915	26.19	7.03	15.42
1916	31.33	10.16	13.50
1917	41.10	11.05	9.44
1918	43.27	10.41	8.90
1919	38.36	16.71	9.80
1920	30.15	18.40	17.05
1921	23.39	19.23	16.46
1922	24.58	17.32	15.21
1923	23.26	16.03	12.92
1924	23.50	18.31	12.31
1925	32.15	14.63	9.75
1926	30.40	16.46	10.28
1927	29.83	16.23	7.33
1928	27.67	17.11	9.46
1929	26.38	18.18	9.37
1930	25.60	17.69	8.18
1931	20.36	22.34	8.33

蔡正雅等編：《中日貿易統計》，中國經濟學社中日貿易研究所，1933 年版，第 151 頁。

　　各地海關統計和海關報告也顯示類似現象。1919 年，寧波進口洋貨價值因停銷日貨風潮而減少 50 餘萬兩，影響最大之日貨為漂白、原色兩種市布，以及粗布、粗斜紋布、手帕、棉紗、煤、火柴、白糖、海帶等，但粗布及粗斜紋布，「美貨之所增足抵日貨之所短」〔註 198〕。翌年，棉織品、火柴、糖和

〔註 198〕《民國 8 年寧波口華洋貿易情形論略》，中華人民共和國杭州海關譯編：《近代浙江通商口岸經濟社會概況：浙海關、甌海關、杭州關貿易報告集成》，浙

煤等日貨在寧波並無進口，而美國粗斜紋布即由 9330 匹增至 12025 匹，英國細斜紋布亦由 9790 匹增至 18015 匹，並由英國、印度進口棉紗替代日本紗〔註199〕。1925 年，寧波抵制英、日兩國時，英、日貨進口曾一度大減，而美、德雜貨因之增加〔註200〕。1932 年，寧波人民「對於日本侵奪東北及攻擊上海之舉，無不憤激異常，乃群起抵制仇貨以示抗拒。日貨進口遂大受打擊，如棉布、糖品、魚介及海產品無不銳減，抵貨堅強可見一斑。然就海關統計而觀，本年貿易反較上年增加，殊出意表。」〔註201〕

1923 年，廣州的日本棉紗進口減少 20%，「可知上半年間抵制風潮及秋間大地震，皆影響日貨進口也。然日本紗雖銳減，而染色絲光棉紗及印度棉紗進口之增加，實足補日本紗減少之數而有餘。棉絨混合品，由德商運來者甚多。」〔註202〕粵海關稅務司伯樂德也指出，由於當年反日情緒高漲，日本棉紗進口下降而造成的空缺，隨即被進口量增加的印度棉紗填補了〔註203〕。1925 年的溫州，英、日糖類進口雖因抵制減少，「而由爪哇運來者實相抵而有餘也」〔註204〕。

1928 抵貨期間，廣州抵制日煤，「大宗煤斤，由英屬之加爾各答及德班二埠來本口。若抵制日貨，期限延長，或將取日本煤之地位而代之矣。」〔註205〕

江人民出版社，2002 年版，第 356 頁。

〔註199〕《民國 9 年寧波口華洋貿易情形論略》，中華人民共和國杭州海關譯編：《近代浙江通商口岸經濟社會概況：浙海關、甌海關、杭州關貿易報告集成》，浙江人民出版社，2002 年版，第 361 頁。

〔註200〕《民國 14 年寧波口華洋貿易統計報告書》，中華人民共和國杭州海關譯編：《近代浙江通商口岸經濟社會概況：浙海關、甌海關、杭州關貿易報告集成》，浙江人民出版社，2002 年版，第 378 頁。

〔註201〕《民國 21 年海關中外貿易統計年刊（寧波口）》，中華人民共和國杭州海關譯編：《近代浙江通商口岸經濟社會概況：浙海關、甌海關、杭州關貿易報告集成》，浙江人民出版社，2002 年版，第 396 頁。

〔註202〕《中華民國 12 年廣州口華洋貿易情形論略》，廣州市地方志編纂委員會辦公室：《近代廣州口岸經濟社會概況：粵海關報告彙集》，暨南大學出版社，1995 年版，第 702 頁。

〔註203〕《粵海關十年報告（1922～1931）》，廣州市地方志編纂委員會辦公室：《近代廣州口岸經濟社會概況：粵海關報告彙集》，暨南大學出版社，1995 年版，第 1061 頁。

〔註204〕《民國 14 年溫州口華洋貿易統計報告書》，中華人民共和國杭州海關譯編：《近代浙江通商口岸經濟社會概況：浙海關、甌海關、杭州關貿易報告集成》，浙江人民出版社，2002 年版，第 626 頁。

〔註205〕《粵海關民國 17 年華洋貿易統計報告書》，廣州市地方志編纂委員會辦公室：《近代廣州口岸經濟社會概況：粵海關報告彙集》，暨南大學出版社，1995 年版，第 765 頁。

蘇州，「夏季以還，日本糖不見於市，本口所行銷者，皆自爪哇而來。」〔註206〕據上海日本商會調查，自 7 至 11 月，日本輸華布匹爲 10154517 匹，與1927 年同期比較，減少 15％，而同期英國布匹輸華達 2452455 匹，與上年同期比較，則增加 75％，美國布匹輸華爲 33003 匹，增加 390％強，德國布匹輸入 63736 匹，增加 480％強。毛織品、棉毛混紡品與人造絲，日貨輸華減至93119 碼，比上年的 920710 碼下降 990％，而同期英貨則增加 287％，德貨增加 340％。日糖輸華 15894 擔，較上年之 592709 擔，下降 97％，但爪哇糖則增加 30％，新加坡糖增加 48％。再就紙類而言，因中國無法抵制日本印報用紙，1928 年輸華數量達 110393 件，比上年的 39643 件約增 290％，其他紙類約減 20％，但是他國輸華紙類則增加 10％。因此，該商會認爲日貨在華市場「原屬日貨者，現皆爲同樣之外國貨所奪」〔註207〕。

　　此種現象同樣出現在 1931 年的抵貨運動中。據朱斯煌的說法，「日本砂糖，暢銷漢口、長沙、宜昌、重慶等處，營業總額實占中國糖市之第一位。雖有爪哇之荷糖運來，但因運費過巨，銷路頗少。當萬寶山案初起時，上海反日會勸告各界停辦日糖，由古巴運糖 40 萬噸來華，以代日貨。然私運東糖，始終未能絕跡。九一八後，滬上糖業激於義憤，自動將已定之 20 萬噸日糖停止購進，而以荷蘭糖代之。每月至少裝 2 至 3 萬噸來申，日糖完全絕跡矣。」九一八事變爆發後，上海海產商號取消了已經預定的日本海產品 65 萬噸，而已裝運來華的 28000 擔海味亦存入棧中，不許出卸。但是，日魚雖無人過問，而「俄國與美國趁此良機，各從海參崴等處，爭裝海產品來滬，互相競售」，1931 年 10 月，俄魚到滬 3800 擔，美魚到滬 2000 擔。因此，朱斯煌認爲，「從事抵制，所補有限。試觀此次日貨雖大受打擊，而歐美貨品漸形活躍。總之仍不免購買外貨，偌大漏巵，終不能塞。」〔註208〕

　　抵制日貨，則他國貨物必定增加，因此，日方輿論常常指責英美各國是抵貨運動的支持者或煽動者〔註209〕，素有「中國通」之稱的長野朗於 1929

〔註206〕《蘇州關民國 17 年華洋貿易統計報告書》，陸允昌：《蘇州洋關史料（1896
　　　　～1945）》，南京大學出版社，1991 年版，第 298 頁。
〔註207〕陸保權：《一九二八年之中日貿易觀》，《商業月報》，1929 年第第 2 期。
〔註208〕朱斯煌：《中日貿易之研究》，《經濟學季刊》，1932 年第 4 期，第 278、284
　　　　頁。
〔註209〕日本學者狹間直樹即指出，五四運動爆發時，在日本媒體中影響較大的《東
　　　　京朝日新聞》認爲，五四所引發的抵制日貨運動是甲午戰爭以來中國對日「誤
　　　　解」不斷積累的產物。除這種「誤解說」外，當時日本輿論界流行的觀點還

年也指出，中國排日運動背後有英美之鼓動〔註210〕。1932 年，蘇聯《真理報》記者亦有類似論調，認爲日本煤炭工業在九一八事變後的抵貨運動中損失巨大，而中國對國產煤的需求不斷增長，中國煤礦的採煤量也隨之增加，並從國外（南海諸島、蘇門答臘、爪哇等）運來煤炭，「抵制對日本資產階級的打擊之所以特別沉重，還在於其他列強，首先是德國、英國和美國都想利用這次抵制把日本從它在中國，特別是在長江流域、華南和華中一些省份奪得的陣地上排擠出去。」〔註211〕

　　暫時不論歐美各國對中國抵制日貨的立場究竟如何，但抵制日貨期間其他國家貨物的進口明顯增加，則勢所必然。1922 至 1931 年的「津海關十年報告」指出，「抵制日貨運動，雷屬風行，歐美產品乘機暢銷。」〔註212〕上海海關稅務司勞福德在總結 1922 至 1931 年上海對外貿易時亦聲稱：「十年來另一現象是抵貨運動的廣泛開展。抵貨運動雖有時對國貨的銷售有所裨益，但一般的情況，則是一國的貨物被抵制而其他國家的貨物卻源源而來。」〔註213〕甌海關稅務司周子衡亦有類似看法，認爲抵貨運動「迭經起伏」，「當時被抵貨品，固遭挫折，但中國廠商亦未必獲有任何利益，蓋多數洋貨，中國尚未能仿製，經營各該洋貨進口商家，或改向他國權且採購，或竟停止營業焉。」〔註214〕

有第三國（特別是美國）煽動中國民眾的「煽動說」。參見〔日〕愛知大學現代中國學會編：《日本人的五四觀》，《中國 21》（第 3 號），中國社科科學出版社，2005 年版，第 2 頁。本文爲狹間直樹（京都大學人文科學研究所教授）、江田憲治（京都產業大學外國語學部教授）、馮天瑜（愛知大學現代中國學部教授）之間的座談。

〔註210〕彦：《〈日本支那之諸問題〉書評》，（該書系長野郎著，支那問題研究所昭和四年出版），《新東方》，1931 年第 12 期。亦可參見劉家鑫：《中國通・長野朗的「反對抵制日貨論」辨析》，《通化師範學院學報》，2008 年第 1 期。

〔註211〕《中國抵制日貨運動及其結果》（1932 年 2 月 12 日），嚴邦啼譯，馬寶華校，安徽大學蘇聯問題研究所等編譯：《蘇聯〈真理報〉有關中國革命的文獻資料選編第 2 輯（1927～1937）》，四川省社會科學院出版社，1986 年版，第 396、399 頁。

〔註212〕《津海關十年報告（1922～931）》，天津海關譯編委員會編譯：《津海關史要覽》，中國海關出版社，2004 年版，第 144 頁。

〔註213〕《海關十年報告（1922～1931）》，徐雪筠等譯編：《上海近代社會經濟發展概況（1882～1931）：〈海關十年報告〉譯編》，上海社會科學院出版社，1985 年版，第 252 頁。

〔註214〕《甌海關十年報告（1922～1931》，中華人民共和國杭州海關譯編：《近代浙江通商口岸經濟社會概況：浙海關、甌海關、杭州關貿易報告集成》，浙江人

　　抵貨期間我國廠商未必獲得任何利益，當然失之偏頗，但上述觀察無疑洞悉國貨未興對於抵貨運動的深刻制約。同時，抵制日貨而他國貨物進口大增，既反映出國貨不振的歷史實態，也對國貨市場構成另一威脅。對此，抵貨期間的時論多有討論。1928 年 5 月 29 日，《革命軍人日刊》刊文指出，經濟絕交打擊了日本對華貿易，雖有一定效果，卻並非根本救國之途，而是「前門拒虎，後門進狼」，因為其他各國對華貿易因此大增，抵制日本紙以後，瑞典紙銷路大增，日船遭到抵制後，英商太古、怡和兩洋行便增加航班。抵貨運動雖然可以抵制日本，但對國民經濟卻沒有什麼益處。〔註215〕

　　1929 年，《商業月報》針對抵貨期間他國貨物進口增加的現象而評論道：

　　　　拒甲而進乙，退丙而來丁耳。古人所謂前門拒虎，後門進狼者，
　　正吾今日抵制之謂矣。如是循環無端，即日日抵制，於吾本身，何
　　嘗有幾微之利益，寧特無利，且為人作嫁，而誤自身之佳期焉，抵
　　制六七次，而外貨之充斥如故。國貨之幼稚如故，國之貧，民之瘠，
　　且加甚焉，其無故哉。〔註216〕

　　30 年代初期，此種檢討更多。唐慶增認為，抵制日貨最感困難之處，在於國內生產不發達，抵制後缺乏替代品，不得不購自他國，「絕日貨而用英貨，一則價昂，二則利權依然外溢。」〔註217〕范師任在討論如何振興國貨時指出，「根據往日的慣例，排斥美貨，英貨乃代之而興，排斥英貨，日貨又代之而起。……同樣，排斥日貨，就是日貨漸減少，英美貨亦必代之而發達……排斥洋貨之積極目的，是欲籍此發達國貨，已達到經濟救國之目的，非如僅以此以圖報復於帝國，籍洩憤恨於一時者可比。然而抵制外貨的結果，僅又英貨代替日貨，日貨代替英美貨，每遭一次之代替，外貨之輸入即驟漲一次，這種提倡國貨之消極的方法，豈不是等於自殺政策嗎？」〔註218〕馬相伯在 1933 年「國貨年運動」之「獻詞」中寫道，「抵制日貨的時候，英國貨的銷路便增加起來。我們的金錢照樣還是流到外國去，於自身仍然沒有好處。因有日常

　　　　民出版社，2002 年版，第 451 頁。
〔註215〕藍士琳：《對日經濟絕交以後》，軍官團政治訓練部革命軍人日刊社：《革命軍
　　　　人日刊存稿》，軍官團政治訓練部革命軍人日刊社版社，1928 年版，第 109 頁。
〔註216〕陸保權：《一九二八年之中日貿易觀》，《商業月報》，1929 年第第 2 期。
〔註217〕唐慶增：《論抵制日貨》，《新社會》，1932 年第 2 卷第 3 號。唐慶增：《唐慶
　　　　增救國言論集》，上海社會科學書店 1933 年版，第 18 頁。
〔註218〕范師任：《振興國貨之先覺問題》，金文恢：《抵貨研究》，浙江省立民眾教育
　　　　館教道部出版 1931 年版，第 46 頁。

生活的需要是實在的。假使不用日貨，總得要一種貨品來代替它，決不能絕
對不用的。」〔註219〕而馬寅初甚至認爲，即使是保護關稅政策也是消極辦法：
「或謂增加關稅，可以抵制洋貨，尤其日貨之輸入。吾意此亦一消極辦法，
而非積極的也。因今日我國進口貨物之最大部分，非人生日用所必需，即屬
建設所需之工具，苟不自謀供給，不取於日本，亦將取於英美，或即日貨，
亦不得不用，徒然加重消費者之負擔，無濟於事。」〔註220〕

4、抗戰時期經濟絕交政策的鬆動與廢止

全面抗戰時期的國民政府對日經濟政策，經歷了從經濟絕交到積極搶購
淪陷區物資的根本轉變，而此種轉變背後的最主要原因，無非在於生產與消
費之間的深刻矛盾。

根絕敵貨的治本方案無疑在於國貨供給充足，誠如時人所言，一部分「購
買敵貨的同胞，內心本不樂意，但因我國沒有適當的代替品，亦不得不索性
一飲。敵貨侵入的最多東西是面紗、是疋頭，這樣，我們即加緊製造此類的
國產物，自然可取敵貨而代之。沒有消費市場的敵貨，還能侵入我土嗎？」〔註
221〕但戰時的經濟困境尤爲突出。抗戰前，大後方工業基礎極爲薄弱，在實業
部登記的 2435 家工廠中，有 2241 家分佈在冀、津、魯、蘇、浙、閩、粵等
沿海省市，其中上海一地則集中了 1186 家工廠。上海、天津、無錫、廣州和
青島，生產毛額占全國 70%（東北除外），工人數占 54%。以實繳資本額計
算，1937 年大後方各種工業部門的工廠數目尚不到全國的 13%，按工人人數
計，則不及 19%。大後方 14 省的工廠絕大多數規模甚小，屬於作坊式生產，
而眞正意義上的近代民營工廠，四川僅僅擁有發電廠、水泥廠和紙廠各 1 家，
械製造廠 2 家和麵粉廠 5 家，貴州僅有紙廠 1 家，甚至江西也只有 1 家機器
修造廠。1933 年，後方各廠所生產布料僅占全國總產量的 5%，其中寧、甘、
貴、雲、青、新等省甚至沒有織布廠。1936 年，全國約有 500 萬枚紗綻，而
大後方僅有 1.7 萬枚〔註222〕。抗戰爆發之後，國民政府試圖動員沿海沿江工

〔註219〕馬相伯：《國貨年獻詞》（1933 年），朱維錚：《馬相伯文集》，復旦大學出版
　　　　社，1996 年版，第 950 頁。
〔註220〕馬寅初：《入超》，孫大權、馬大成編注：《馬寅初全集補編》，上海三聯書店，
　　　　2007 年版，第 193 頁。
〔註221〕杜紹文：《怎樣根絕敵貨》，《戰地》，1940 年第 4 期。
〔註222〕薛光前：《八年對日抗戰中之國民政府》，臺北商務印書館，1978 年版，第 242
　　　　～243 頁。

廠內遷，但內遷工廠數目不多，據實業部統計，截至 1937 年 11 月，上海僅遷出工廠 123 家，占上海工廠總數 1186 家的 10.3%，與核准遷移工廠數 224 個相比，亦僅占 55%〔註 223〕。誠然，這些內遷工廠成爲大後方工業發展的重要基礎，1938 至 1942 年，後方工廠數量增加了 4 倍，但是，工業產值的增長並非易事。在生產達到頂峰的 1943 年，大後方僅發電 1.47 億度，生產生鐵 8.4 萬噸、鋼 10 萬餘噸、煤 600 萬噸、液體燃料 1430 萬加侖、棉紗 12.7 萬包、棉布 233.4 萬匹，這些主要工業產品的總產值僅相當於 1937 年前中國同類產品產值的 12.2%〔註 224〕。

工業生產雖然起色不大，但大後方卻不得不承受越來越大的人口壓力。由於東部淪陷區民眾大量西遷，大後方人口總數由戰前的 1.8 億增加到 1940 年的 2.3 億，約占全國總人口的一半。人口激增需要大量生活物資，但物資供應則日益緊張。1938 年，漢、穗失守，1940 年 6 月，滇越路運輸也爲日本切斷，7 月，英國迫於日本壓力而宣佈封閉滇緬路 3 個月。1942 年夏，日軍攻佔緬甸，大後方至關重要的滇緬路中斷。大後方的物資補給只能靠艱苦的「駝峰」飛行來完成，但經空運進來的民生必需品微乎其微。當時空運頓位的安排，鈔券紙優先，占 40%，兵工器材爲 30%，軍需物資占爲 10%，軍用藥品爲 7%，民用藥品占 3%，其餘 10% 則按照其他單位的輕重緩急情況臨時處理，另做安排〔註 225〕。由此可見，生活必需品不可能依靠有限的排得滿滿的空運頓位。儘管當時西北的中蘇交通線仍然暢通，但蘇德戰爭爆發之後，蘇聯亦自顧不暇。

嚴峻的經濟窘境導致經濟絕交政策難以爲繼。對於廢止「查禁抵貨條例」的原因，國民政府曾經聲稱，自 1940 年 8 月以後，「敵人以禁止輸入，對我經濟作戰，旨在減少我方物資來源，使後方民眾生活發生困難、爲應付此種新局面起見，對於糧食、棉花、棉紗、棉布、鋼鐵等物品，爲後方迫切需要者，不問其來自何地，一律准予進口。」〔註 226〕國民政府對日經濟政策的

〔註 223〕黃立人：《抗日戰爭時期工廠內遷的考察》，《歷史研究》，1994 年第 4 期。

〔註 224〕鄭友揆：《中國的對外貿易和工業發展（1840～1949）》，上海社會科學院出版社，1984 年版，第 138 頁。

〔註 225〕政協西南地區文史資料協作會議：《抗戰時期西南的交通》，雲南人民出版社，1992 年版，第 51 頁。

〔註 226〕章伯峰、莊建平：《抗日戰爭第 5 卷：國民政府與大後方經濟》，四川人民出版社，1997 年版，第 42～43 頁。

轉變亦有輿論支持，《大公報》即認為，「後方的所需，民生必需品實多於工業的原料。當然，軍需器材的需要，也十分殷切，然此等物資欲假商人之手而冀大量輸入，實戛戛乎難。工業的生產機器，也十分需要，然此等笨重物品，在今日的交通條件下，也頗難走運。故大後方所需要而有爭取可能的是汽油、煤油、棉紗、棉布，以及一般日常的用品。現在油類的輸入在敵人嚴密的封鎖下，已非易事，亦即我們所能爭取的類皆民生必需品。」〔註 227〕蔣廷黼則以自身觀察為據，強調放鬆貿易管制的必要性：「我這次走到沿海各地，親眼見商人冒萬險，採運各種必需品來內地，事實上政府代採運者遠沒有商人採運的那麼多，抗戰後商人對於抗戰的幫助非常大……確是對國家有貢獻。」〔註 228〕

1942 年，國民政府頒佈《戰時管理進口出口條例》，同時將以前的《查禁敵貨條例》和《禁運資敵物資條例》明令廢止，其中意圖，誠如時任經濟部長的翁文灝所言：「現在查禁敵貨的工作，與抗戰第一期間略有不同，於抵制敵人侵略之中還帶有利用敵貨，以助我抗戰之意。」〔註 229〕從抵制日貨到利用日貨的變化，支持抗戰的本旨雖一以貫之，但其轉向的深層原因，則無疑在於中國經濟的落後。因此，儘管輿論呼籲民眾「克服土貨比仇貨還貴的單純經濟觀點」〔註 230〕，但正如時人在探討何謂嚴禁仇貨及一切奢侈品傾銷的治本辦法時指出的那樣：「抗戰以來，我政府對於嚴禁仇貨，及一切奢侈品進口，根據戰時貿易原則，制訂很多法令，公布施行，為什麼到了四年又四個月的現在，市場上的仇貨和奢侈品，還是到處可見。這固然是一般國民缺乏國家觀念，民族意識，沒有認識這一戰爭是國族存亡之所繫……然而我國是一個生產落後的國家，平時一般人所常用的許多奢侈性的享樂用品，絕大多數是依存國際間的供給……實行治本的嚴禁仇貨和一切奢侈品傾銷的辦法，在現階段中，該有多麼的重要，用全副精力來發展小工業的工作實在是值得的。」〔註 231〕

〔註 227〕《關於爭取物資》，《大公報》，1942 年 5 月 16 日。
〔註 228〕蔣廷黼：《如何加強經濟戰》，《新力》，1940 年第 17 期。
〔註 229〕翁文灝：《戰時經濟建設》，《中央訓練團黨政訓練班講演錄》，1942 年。轉自齊春風：《抗戰時期國民政府對淪陷區經濟策略的演變》，《遼寧師範大學學報》，2008 年第 6 期。
〔註 230〕《不買仇貨》，《華北婦女》，1941 年創刊號。
〔註 231〕梅安瀾：《嚴禁仇貨及一切奢侈品傾銷的治本辦法》，《安徽政治》，1942 年第 2、3 期合刊。

　　從一定程度上說，近代日本帝國主義對中國侵略愈深，中國經濟對日本的依賴性就愈強。中日之間並非全如抵貨輿論所宣稱的那樣，中國提供日本原料，而日本供應中國消費品。實際上，兩國之間在原料、燃料、金融、技術、機器等諸多方面，均存在深刻的不平等的共生關係。抵制日貨，既可暫時緩解部分民族工商業的競爭壓力，也給諸多行業帶來麻煩；抵制日貨，給普通民眾提供了表達民族主義的簡易手段，同時也對國人的生活造成諸多不便，不同程度的出現生活成本上揚。經濟理性與民族主義之間的緊張和博弈，成爲歷次抵貨運動的普遍現象。抵貨運動的經濟困境，既決定其僅能有限抵制而無法全面抵制，亦注定其可暫而不可久。

第三章　激進與保守：各界群像及其衝突

　　日本「中國通」長野朗在其《民族與國家》一書中，曾對中國抵貨運動的主要參與力量進行了簡單勾勒。他說，1905 年中國抵制美貨運動的核心是商人團體，1908 年針對日本的抵制行動主要是廣東商人團體的奮起反抗，但自 1919 至 1941 年的排日運動，最初以學生為中心，商人處於被動地位，大部分商人團體係受學生脅迫才展開抵貨行動，只有部分從事國貨生產和銷售的商人比較積極，但隨後全國商人團體都主動參加到運動之中。從 1925 年五卅運動開始，除了學生和商人之外，工會組織作為排日實行機關也登上了歷史舞臺，且從抵制日貨逐步發展成為針對外國企業的罷工活動。此後，國民黨開始領導排日運動，各地黨部掌握了運動的領導權，商人團體成為實行主體，而學生在排日運動中的作用則減弱了，工會組織亦隨著共產黨勢力的衰退而潛入地下〔註1〕。1934 年，狄平在「中國抵貨運動之史的研究」一文中指出，1925 至 1926 年的抵貨運動，與從前各次迥然不同，1919 年以前之抵貨運動多為商界之事，1919 至 1921 年，學生興起為抵貨主力軍，1923 年抵貨運動之推進者亦為學生，1925 年，學商兩界「同為抵貨運動作活潑的努力」，但勞工階級與國民黨員乃其中堅份子。「此我國抵貨進化之跡象也」，此一特色，「即使未可認為全新現象，至少在過去未有如此次之普遍，此皆黨國民革命運動之邁進有以促之使然也。」〔註2〕

　　抗日戰爭之前的歷次抵貨運動而言，參與力量存在歷時性變化，而每次

〔註1〕〔日〕長野朗：《民族與國家》，日本阪上書院，1941 年版，第 187 頁。
〔註2〕狄平：《中國抵貨運動之史的研究》（2），《三民主義月刊》，1934 年第 4 卷第 3 期，第 75 頁。

運動中各大群體的立場和態度亦多有不同，保守與激進互見。各界民眾之間存在較大分歧，甚至衝突頻仍，這極大地制約著抵貨運動的經濟效力，也決定了抵貨運動難以持久進行〔註3〕。抗戰時期的經濟絕交運動則主要由官方主導，各界民眾之間的衝突不太多見，因此，本章重點揭示 1937 之前抵貨運動中學、工、商各大群體的種種面相及其合作與衝突問題。

第一節　激進與保守之分野

一、學界

「惟有考慮到全國學生的團結一致，及其與國家利益的休戚與共，才能理解 1895 年以降抵貨運動之綿延不絕。」〔註4〕學生無疑是抵貨運動中的「早起者」，按照劉少奇的說法，「在蘆溝橋事變以前，中國人民反對日本帝國主義侵略的方式，主要是非武裝的鬥爭方式（如遊行、示威、抵貨等），當時敏感的學生與知識界常是站在反日鬥爭的前線。」〔註5〕

就個案而言，1908 年的抵貨運動顯然係由粵商自治會發動和組織〔註6〕，1909 年的抵貨運動則主要是因報章雜誌的鼓吹及留日學生實力倡導而成，報章雜誌的鼓吹，使國人認識日人侵略的真面目，瞭解安奉線問題的重要，但真正的抵制日貨運動猶待人們實際來發動，而擔當此項重要任務的，就是留日學生〔註7〕。儘管社會各階層都捲入了 1915 年的抵制日貨運動，但「由於

〔註 3〕既有的研究成果，大多強調了抵貨群體之間的合作。毫無疑問，如果缺乏各大群體之間的基本合作，抵貨運動既難以發生，更不可能蔚成規模。在此，我們僅關注群體差異和衝突，並非完全否定彼此之間的合作關係。另外，參與抵貨運動的民眾力量，也不僅僅局限於學、工、商，五四時期甚至有農民捲入運動，不過前者始終是最主要的抵貨群體。

〔註 4〕〔美〕C.F.Remer: A Study of Chinese Boycotts-With Special Reference to their Economic Effectiveness, Ch'eng-wen Publishing Company, Taipei, Taiwan, 1966, p.18～19.晚近，華志堅對中國學生的抗議運動有過概述，參見 Jeffery N.Wasserstrom, Chinese Students and Anti-Japanese Protests, Past and Present, World Policy Journal, 2005, Vol.22, NO.2.

〔註 5〕劉少奇：《抗日游擊戰爭中各種基本政策問題》（1937 年 10 月 16 日），《中共黨史教學參考資料》（2），人民出版社，1979 年版，第 102 頁。

〔註 6〕邱捷：《辛亥革命時期的粵商自治會》，《近代史研究》，1982 第 3 期。

〔註 7〕林明德：《安奉鐵路改築問題與抵制日貨運動》，《中央研究院近代史研究所集刊》第 2 期，1971 年，第 359～361 頁。

中國當時還處在舊民主主義革命的時期，中國資產階級和小資產階級及其知識分子，充當了這一運動的領導者。他們組織過抵制日貨的活動，進行過抵制日貨的宣傳，制定過抵制日貨的措施和辦法，因而，使抵制日貨運動推向前進。」〔註8〕而據羅志田的看法，歸國的留日學生在這場愛國救亡運動中走在前列，「對上海的反日救亡運動，起了很大的推動作用。」〔註9〕與以前的學生運動相比，五四時期的學生運動堪稱「一個獨特的歷史發展階段」〔註10〕，學生組織在抵制運動的「每個方面都起到了非常可觀的作用，結果，觀察者們和學者們已經含蓄地或下結論說學生是此次和後來的抵貨運動的主要動力。」〔註11〕即使是在 1927 年之後國民黨主導的抵貨運動中，學生仍然是重要力量之一。

在抵制日貨運動中，學生首先是作為消費者的身份，或者損毀已購日貨、或者表示日後不再購用日貨。五四時期，天津北斜村六十小學數名學生得知中國外交失敗之緣起後，即將自己所用之色盒、鉛筆搗毀拋棄，並發誓以後絕不購買日貨，於是「全校和之」。廣北小學學生將從前所購之色碟、色筆、茶杯等物品「盡數搗毀，以示其抵制之決心」。南開成美學校學生遂將「校內日本器皿、物品及各人平日需用之件，凡屬日貨一律焚毀，以表抵制之堅決」。民立小學學生將舊存日貨焚毀，「以爲自今日始永不購日貨之紀念」。〔註12〕「個人外表的選擇繼續具有高度政治性，遍及全國的積極分子捨棄進口服裝，支持國貨作爲代用品。最受普遍歡迎的草帽（以前一般是日貨）成爲學生貫徹民族主義消費的專門目標，許多學生選擇戴白布帽子來代替。自然地，抵制活動延伸到了日本人控制的中國鐵路。」〔註13〕在山東，「學生會號召同學不買日貨，不穿洋布，不坐洋車，不乘膠濟路上的火車。洋布洋襪雖較細緻美觀，女同學是愛美的，但爲了愛國，同學們都自動脫去身上的洋布衣服

〔註8〕 趙親：《1915 年抵制日貨運動》，《復旦》，1959 年第 8 期。

〔註9〕 羅志田：《亂世潛流：民族主義與民國政治》，上海古籍出版社，2001 年版，第 64 頁。

〔註10〕 黃金麟：《歷史、身體、國家——近代中國的身體形成（1895～1937）》，臺北聯經出版事業公司，2001 年版，第 240 頁。

〔註11〕 〔美〕葛凱：《製造中國：消費文化與民族國家的創建》，黃振萍譯，北京大學出版社，2007 年版，第 47 頁。

〔註12〕 天津歷史博物館等：《五四運動在天津歷史資料選輯》，天津人民出版社，1979 年版，第 69～71 頁。

〔註13〕 〔美〕葛凱：《製造中國：消費文化與民族國家的創建》，黃振萍譯，北京大學出版社，2007 年版，第 149 頁。

和洋襪，換上了土布衣襪。放暑假時，家在膠濟路沿線的同學多數沒有回家，有的回家路途較近的也情願徒步跋涉，也有的自小清河乘一段商船，再輾轉回家的。」〔註14〕學生棄用日貨的現象在歷次抵貨運動中被反覆複製。九一八事變之後，在南京和許多華中城市，與國民黨抵制日貨團體有關係的學生公開宣誓：「對著監視我的藍天，對著照耀我的太陽，對著我祖先的河山，我以我的熱血與絕對真誠發誓終身不用日貨。如果我違背誓言或改變主意，上天將懲罰我」。這樣的誓言經常由熱忱的學生用鮮血寫成以示他們不惜自我犧牲。〔註15〕

除了自己不用日貨之外，學生常以示威遊行、街頭講演、散發傳單等「身體運動」形式，〔註16〕極力宣傳抵制日貨的重大意義，動員社會各界積極參與抵貨運動。根據李達嘉的研究，五四抵制日貨運動，學生多半掌握運動的主導權，而以動員商人加入抵制為首要之圖。他們所採取的動員方式，是將抵制日貨道德化，又藉由與商人訂立規約，將道德法律化，並且扮演執法者的角色，對違反抵制者進行貨物檢查及懲罰。既透過遊行示威、公開懲罰等方式，達到警惕商人和一般民眾的目的，也採取半強迫或強迫手段，對商會和商家施加壓力，要求商人抵制日貨。為了斷絕日貨來源，學生不僅在貨物輸送必經之地進行檢查，而且直接進入商家、工廠等處檢查貨物。〔註17〕國外學者華志建曾用「警察」的角色來描述五四抵貨運動中的學生。〔註18〕抗戰時期學生的有關宣傳活動，則在官方指導下進行，如1938年底頒行的「四川省抗戰救亡宣傳綱要」明確規定了抗戰宣傳的具體方式，其中語言宣傳方面，規定「指導學校較職員及學生講演」〔註19〕。

〔註14〕 胡汶本：《五四運動在山東資料選輯》，山東人民出版社，1980年版，第291頁。

〔註15〕 〔美〕唐納德・A・周丹：《「九・一八」事變後抗日運動中的中國學生》，中國抗日戰爭史學會：《抗日戰爭與中國歷史——「九・一八」事變60週年國際學術討論會文集》，遼寧人民出版社，1994年版，第184頁。

〔註16〕 黃金麟：《歷史、身體、國家——近代中國的身體形成（1895～1937）》，臺北聯經出版事業公司，2001年版，第244頁。

〔註17〕 李達嘉：《罪與罰：五四抵制日貨運動中學生對商人的強制行為》，臺北《新史學》，2003年第14卷第2期。

〔註18〕 Jeffery N.Wasserstrom, Student Protests in Twentieth-Century China: The View from Shanghai, p.65～71.

〔註19〕 四川省檔案館編：《川魂：四川抗戰檔案史料選編》，西南交通大學出版社，2005年版，第482頁。

　　學生參與抵貨運動，必須承擔學業荒廢甚至犧牲生命等種種損失。1919年，上海學聯決定，學生罷課之後，除了從事宣講、發傳單、調查日貨、介紹國貨和組織義勇團等之外，每人應自修三四小時〔註20〕，試圖兼顧救國與求學之間的衝突。而據共青團上海地委報告，五卅抵貨期間，「學聯開始辦事的人很多，後來紛紛回家，逐漸減少，到最後剩下的幾全為我們的人。因為各校要開課，就是比較熱心點的人，此時也留不住了，甚而我們的同志，為了學業的關係亦不能犧牲了。」〔註21〕抵貨運動不會給學生帶來直接的經濟損失，但卻可能波及其家業。學聯會會長張傳疇的族叔係寧波大豐昶洋廣貨店店主張德化，張德化要求張傳疇徇情庇護，而張傳疇虛與委蛇，並主張立即進行搜查。當夜，學聯發動大批學生，由張傳疇親自帶領，查出大批日貨，於次日運到草馬路焚燒殆盡。張德化惱羞成怒，即向張傳疇父親聲明，取消傳疇承繼產業的約言。事後有人對張傳疇開玩笑：「你所帶頭焚毀的，是你自己的財產呀」，但張卻毫不介意，付諸一笑〔註22〕。此外，與抵制消極者發生衝突時，不少學生遭受人身傷害，甚至犧牲性命。一是被官方逮捕入獄，二是遭到商人毆打甚至死亡。

　　由於參與抵貨運動必須承擔損失甚至風險，因此，在「激進」之群像中，消極、牟利、出風頭甚至爭權等「個像」，也就勢所難免。多數學生積極參與抵貨運動，亦有部分學生比較消極。五四運動親歷者王一知回憶，「當時也有一些站在潮流外的書呆子。我們一見她就諷刺道『商女不知亡國恨，隔江猶唱後庭花』。他們啞口無言，含著羞愧的心情悄悄地溜走。也有經不起良心譴責跟著我們幹的。」〔註23〕清江學生由於查貨而與商人發生衝突，「各校大動義憤，全體著制服，分組沿街遊行講演。惟第三農業學生迄今無所表示，即從現在之衝突發生而說，該校仍持鎮靜態度。」〔註24〕

　　參與抵貨運動的學生必須承擔風險，但也不排除由此而有所獲益。抵貨運動期間，學生組織「國貨販賣團」等各種團體，大力推銷國貨，藉以抵制

〔註20〕《申報》，1919年5月22日。

〔註21〕上海市檔案館：《上海檔案史料叢編：五卅運動》（1），上海人民出版社，1991年版，第101頁。

〔註22〕毛冀虎：《五四運動在寧波》，中國社會科學院近代史研究所：《五四運動回憶錄》（下），中國社會科學出版社，1979年版，第767頁。

〔註23〕王一知：《五四時代的一個女中》，《五四運動回憶錄》（上），中國社會科學出版社，1979年版，第517頁。

〔註24〕《新聞報》，1919年12月6日。

日貨。此種現象，五四期間最爲普遍〔註25〕。但正如馮筱才的觀察，青年學生銷售國貨可以獲得一些經濟收入，此種收益或許是部分學生熱衷販賣國貨的原因之一〔註26〕。揚州學生不僅在「街衢之衝」設攤銷售國貨，「亦間有攜布袋往各街巷販賣者」，奔走市肆，頗爲熱心，然而出現無暇明示商標的現象，甚至多未查明生產廠家〔註27〕。《南京學生聯合會日刊》曾經批評說，學生忙於銷售國貨，「恐失提倡之旨，不免稍有遺憾」。馮筱才則推測，此種現象可能是學生將收繳日貨故意撕去商標〔註28〕。此外，檢舉和懲處商人的違規之舉，亦給學生帶來經濟利益。對違反抵貨規定的商人予以經濟處罰，而部分罰款則用來獎勵舉報人。1920 年，徐州學生聯合會查獲魏聚源號私運日貨，經各界聯合會調處，予以罰款，而罰金則由學生聯合會自行處置〔註29〕。鎮江商學兩界組織檢查所，「如查有充公貨物，酌提幾成充本地善舉，幾成充各員辛勞」〔註30〕。檢查員的愛國行動夾雜經濟利益，曾經遭到商人反對。蘇

〔註25〕 譬如，鎮江穆源學校之貧兒國貨負販團爲曹君麗清創辦，成立以來，營業頗行發達。各負販生每日四出售貨，均皆誠實無欺。本埠人士多樂與之交易。未及一月，前辦之貨均告罄。曹君又赴申續辦各種國貨。（中共江蘇省委黨史工作委員會：《五四運動在江蘇》，江蘇古籍出版社，1992 年版，第 331 頁。）溫州百貨商人葉慎抱同意以賒銷方式供應學生很多品種的名牌國貨。學生組織營業部，把推銷國貨的同學分編爲三個流動組，每組各五人。每晨分三個方向出發，送貨上門。群眾看見本國貨，沒有一個不歡迎的，大有應接不暇之勢，弄得這般沒業務經驗的學生天天忙得不亦樂乎。（王中權：《回憶溫州學生的五四運動》，中國社會科學院近代史研究所：《五四運動回憶錄》（下），中國社會科學出版社，1979 年版，第 781 頁。）蘇州英華、商業各校學生販賣團，分赴各市場發賣各種國貨，頗爲各界人士歡迎。暑假後尚有多數學校擬組織販賣團，以資倡導。（中共江蘇省委黨史工作委員會：《五四運動在江蘇》，江蘇古籍出版社，1992 年版，第 156 頁。）安徽學聯在 7 月間曾開設一國貨販賣部，專門收集一女師、女職、培元女校、甲種工業學校的手工業製品和化學用品來販賣。（周新民：《五四時期的安徽學生運動》，中國社會科學院近代史研究所：《五四運動回憶錄》（下），中國社會科學出版社，1979 年版，第 789 頁。）

〔註26〕 馮筱才：《在商言商：政治變局中的江浙商人》，上海社會科學院出版社，2004 年版，第 233～234 頁。

〔註27〕 中共江蘇省委黨史工作委員會：《五四運動在江蘇》，江蘇古籍出版社，1992 年版，第 229 頁。

〔註28〕 馮筱才：《在商言商：政治變局中的江浙商人》，上海社會科學院出版社，2004 年版，第 234 頁。

〔註29〕 《申報》，1920 年 1 月 17 日。

〔註30〕 中共江蘇省委黨史工作委員會：《五四運動在江蘇》，江蘇古籍出版社，1992 年版，第 217 頁。

州各界聯合會在討論如何處置被扣貨物時，恒志團提出重獎查獲貨物者，商會則認為，「調查人既本愛國熱誠，不取資財，可將三成自由指定一種善舉，亦不失高尚人格。」〔註31〕

學生的抵貨行動並未完全與經濟利益脫鉤，甚至出現爭權之舉。白吉爾曾經指出，五四運動時期，學生組織「模仿清朝官僚的等級制，封了過多的主席、副主席、各種負責人」〔註 32〕。五卅期間，惲代英對學生的缺點有如下批評：「一般學生檢查仇貨很勇敢，很熱心，但是亦有些毛病，有些人是亂七八糟的，比方扣留水果，他們自己拿來吃了；不能久貯的貨物，他們任其腐敗；有些貨物亦不管是否確係英貨，隨意扣留，並且學生會無專人辦事，商人有事要來接頭，感覺非常麻煩，自然很不高興。有些學生會的職員，喜歡坐汽車，吃西餐，尤其是愛與女學生講交際，更引起一般無聊腐敗的人的評議，加之學生內部，又常常發生問題，如查賬、爭位置等。」「學生本來多是專於讀書，不肯參加實際運動，即參加各種運動，亦是愛出風頭的。」〔註33〕九一八事變之後，也並不存在一個單一的學生運動，相反，「至少有三個支派：最初隸屬於國民黨黨部的經批准的組織中的學生，受試圖倒蔣的國民黨反對派影響下的大學團體，和隸屬共產黨致力於推翻國民黨政權的學生積極分子。」〔註34〕

二、工界

工界參與抵貨運動的方式，首先也是作為消費者，抵制日本商品和服務。1908 年 8 月 18 日，河南省城人力車夫「閒坐無事，聞人談及街上貼有『敬告同胞勿用某貨』」之傳單，車夫張某即將身上所穿日本進口之小衫撕成碎片，並仰天大呼：「吾輩者今生苟再用某國貨，當死於非命」，當日遂赤身冒雨，次日購一國布小衫。張某抵制日貨事蹟滿城皆知，「響應者甚眾」，並導致當

〔註31〕 蘇州市地方志編纂委員會辦公室：《蘇州史志資料選輯第 1 輯：蘇州五四、五卅運動資料專輯》，1984 年版，第 79 頁。

〔註32〕 〔法〕白吉爾：《上海史：走向現代之路》，王菊、趙念國譯，上海社會科學院出版社，2005 年版，第 192 頁。

〔註33〕 惲代英：《惲代英文集》（下），人民出版社，1984 年版，第 967、969 頁。

〔註34〕 〔美〕唐納德·A·周丹：《「九·一八」事變後抗日運動中的中國學生》，中國抗日戰爭史學會：《抗日戰爭與中國歷史——「九·一八」事變 60 週年國際學術討論會文集》遼寧人民出版社，1994 年版，第 186 頁。

地日本藥房貨物銷場，日見零落〔註35〕。1919年抵貨期間，上海愛華製藥會社藥房職員楊瑞葆等組織「十人救國團」各具志願書，發誓日後不再購用日貨，「爲消極之抵制」〔註36〕。天津《益世報》記者在東馬路元宵鋪聽到身著短衣之苦力對話，甲：「老二，汝知日本強佔我山東乎？」乙：「何爲不知此事，我輩決不能甘心。」甲：「聞北京已發起抵制日貨，據我看，天津亦應仿行。」乙：「此法極好，我不買他的貨，他不能強逼叫我買。」甲：「老二，咱二人立志，誰買一個錢的日本貨，不算人類。」乙拍掌贊成。該報就此而評論說，「愛國心人之所同具也，不以貧富貴賤而判等差，然以記者冷眼觀察，其富貴程度越高，其愛國心亦越薄弱，而極貧極賤之人，其愛國心反極眞誠、極熱烈，此種現象在我國幾成一種普通之公例矣。即以昨在元宵鋪內所聞甲乙之言即可證明販夫走卒其愛國程度實高於大人先生，而其人格之完美，亦有非大人先生所敢比擬者。」〔註37〕

其次，除以消費者的身份抵制日貨之外，工人還在工作中拒絕使用日貨。1919年，上海一印刷所工人宣稱，不願使用日本紙張，如果主人強迫使用，則全體罷工〔註38〕。楊樹浦某電氣公司工人要求經理拒用日煤，否則寧願犧牲自己職業而全體罷工，該公司被迫拒絕日煤〔註39〕。徐勝記印刷所誤購日紙，全體工人亦拒絕使用〔註40〕。九一八事變後，永安一廠成立對日經濟絕交會，發表沉痛宣言，嚴厲斥責日本帝國主義侵略野心，反對蔣介石的不抵抗主義，呼籲全國人民，一致對日經濟絕交，堅持到底，以制敵於死命。永安三廠抗日救國會研究組仔細查驗皮輥間原料，將日貨悉行摒棄，而三友實業社工人成立抵制日貨宣傳隊，不但積極宣傳抵制日貨，還相互督促不買日貨，工人獲悉資方違規偷進日本棉紗後，即拒絕進行加工，並將其推入棧房，用封條查封〔註41〕。

〔註35〕 劉明逵：《中國工人階級歷史狀況第1卷第2冊》，中共中央黨校出版社，1993年版，第467頁。

〔註36〕 上海社會科學院歷史研究所：《五四運動在上海史料選輯》，上海人民出版社，1980年版，第223頁。

〔註37〕 天津歷史博物館等：《五四運動在天津歷史資料選輯》，天津人民出版社，1979年版，第67～68頁。

〔註38〕 《民國日報》，1919年5月28日。

〔註39〕 上海社會科學院歷史研究所：《五四運動在上海史料選輯》，上海人民出版社，1980年版，第321頁。

〔註40〕 《民國日報》，1919年6月22日。

〔註41〕 譚抗美：《上海紡織工人運動史》，中共黨史出版社，1991年版，第180～181頁。

　　第三，拒絕向日人提供服務。在自身職業範圍內拒絕向日人提供服務，是工人參與抵貨運動的重要方式，如搬運工人拒絕搬運日貨，黃包車夫拒載日人，任職於日本在華工商業者辭職等。1908 年，廣州扛幫和挑工拒絕爲日本運煤船裝卸貨物，香港搬運工人亦拒卸日貨，「日船至香港者，勞民不爲起貨，並不爲運石炭」。1915 年湖南抵貨風潮相當激烈，長沙各日本商店所雇華工於 4 月 25 日決定一律辭工，並任勸導不買日貨之責。據上海浦東警察第三區署長解恩桂調查，楊家渡大阪、日清、三菱公司等碼頭苦力工人聲稱，抵制日貨係國民應盡義務，「前日竟實行停止工作，成群結隊紛擾於街市之間」。日本輿論甚至認爲，「此次排斥日貨迥異於二辰丸事排斥之聲，專起自下層社會，而蔓延於下級勞動者及地方農夫之間，以故頗難樂觀。至曩因二辰丸事件，廣東起有排貨熱之時，排貨主動者爲中流以上之商人，因之範圍極爲狹小，而此次日貨之最大消費者之下級社會，反高於排貨熱，而中流以上之商人，若因被迫於下級勞動者。」〔註 42〕五四抵貨期間，南昌工人拒絕搬運仇貨〔註 43〕，天昌公司向日人出售糧食，南潯鐵路工人和碼頭工人一致拒絕搬運〔註 44〕。上海碼頭工人對於到滬日輪，「咸袖手旁觀，拒不運卸貨件，雖獎勵小工頭設法起卸，亦不生效力。」〔註 45〕無錫車站轉運公司鑒於「同胞救國熱心一致，不用日貨，不憚犧牲利益，互相臂助」，決定自 5 月 17 日起，對由申裝錫貨物逐一檢查，如係日貨，則拒絕裝運。當日，錫成公司委託勝記轉運公司將數件日本紙張由上海裝運到無錫，竟被拒絕，「是亦抵制日貨之絕大助力也」〔註 46〕。天津碼頭工人決定，「此後如再有日貨進口船隻抵埠時，無論其出若干代價，不許爲之雇用卸載，如有違背者，從重議罰。」〔註 47〕五卅運動期間，安徽和縣英日商公司因所有工人拒絕搬運貨物，被迫「收莊

〔註 42〕劉明逵：《中國工人階級歷史狀況第 1 卷第 2 冊》，中共中央黨校出版社，1993年版，第 466、549、548、550～551 頁。

〔註 43〕繆敏：《回憶五四時期的方志敏同志》，中國社會科學院近代史研究所：《五四運動回憶錄》（下），中國社會科學出版社，1979 年版，第 846 頁。

〔註 44〕江西師院歷史系調查組：《贛江的風暴——五四運動在南昌市》，中國社會科學院近代史研究所：《五四運動回憶錄》（下），中國社會科學出版社，1979年版，第 847 頁。

〔註 45〕《時報》，1919 年 5 月 29 日。

〔註 46〕中共江蘇省委黨史工作委員會：《五四運動在江蘇》，江蘇古籍出版社，1992年版，第 75 頁。

〔註 47〕天津歷史博物館等：《五四運動在天津歷史資料選輯》，天津人民出版社，1979年版，第 67 頁。

停業」，在九江，日清公司因各種貨物概未搬運而不能營業，江西永修鐵路工人和搬運工人亦拒絕運輸日貨〔註48〕。1927年5月23日，上海碼頭工人發表宣言，宣佈拒絕日貨的裝船和卸船〔註49〕。此外，黃包車夫亦常常拒載日人。1919年，上海虹口吳淞路黃包車夫「齊結團體，凡遇某國人雇坐車輛，概不拖拉」〔註50〕，在滬日人常遇雇不著黃包車的情況，即出高價也無人應雇〔註51〕。南京各校組織講演團，「逐日沿途演說，舌敝唇焦，不辭勞苦。因此一般黃包車夫居然大受感動，日前三山街有某國人，因手攜重量包裹，意欲雇人力車以代步，誰知連呼數人，均行拒絕。某國人無如之何，只得步行而去。」〔註52〕五卅期間，濟南各界經市民大會和學生四出講演，「咸曉帝國主義之殘暴，故一般人力車夫，竟相率不拉英日人」〔註53〕。

　　第四，工人也參與抵貨宣傳。五四抵貨期間，工人組織「十人團」宣傳抵貨。上海小沙渡溥益紡織廠組織十人團，決定以端午節筵資半價收購日貨，當眾毀棄，以示決心，並印發傳單，號召國人使用國貨〔註54〕。中華書局總店職員組織十人團，「向下級社會宣講朝鮮等國亡國史及日人強奪青島並此次抵制日貨等，慷慨激昂，聽者動容。」〔註55〕「中華工黨」號召國民與日人暫時斷絕一切關係，「不用他的紙幣，不買他的貨物，不作他的工」。〔註56〕1923年3月，上海各工人團體組成「促進收回旅大同盟會」，呼籲商界與日本經濟絕交：「商人諸君，足下等與日本經濟斷交，作收回旅大之唯一後盾，宜研究萬無一失之策，以求根本解決之方，勿再重蹈虎頭蛇尾之結果。應用貿易斷絕促日人覺醒。」京漢和京奉鐵路工人代表參加天津市民大會，呼籲國人抵制日貨〔註57〕。五卅抵貨時期，江西永修工人夜校學生組織「反帝演講

〔註48〕 上海社會科學院歷史研究所：《五卅運動史料》（3），上海人民出版社，2005年版，第280、315、318頁。

〔註49〕 樂炳南：《日本出兵山東與中國排日運動（1927～1929年）》，臺北國史館，1988年版，第334頁。

〔註50〕 《時報》，1919年5月15日。

〔註51〕 上海社會科學院歷史研究所：《五四運動在上海史料選輯》，上海人民出版社，1980年版，第230頁。

〔註52〕 中共江蘇省委黨史工作委員會：《五四運動在江蘇》，江蘇古籍出版社，1992年版，第75頁。

〔註53〕 《民國日報》，1925年6月24日。

〔註54〕 《時報》，1919年6月2日。

〔註55〕 《民國日報》，1919年5月21日。

〔註56〕 《申報》，1919年5月11日。

〔註57〕 《大雨滂沱中之國民示威運動》，《大公報》，1923年3月27日。

團」和「仇貨檢查組」，深入街頭巷尾和郊區農村宣傳〔註58〕，長辛店京漢鐵路製造廠工人議決「組織講演隊，勸附近各地居民不買英日貨物，不到英日工廠作工」〔註59〕，商務印書館工會籌備處印製反英、反日傳單，在閘北等地散發，號召華人抵制英、日兩國貨物。上海店員工會和學生討論南京路事件，決議「勸說所有中國商人抵制英貨、日貨」。棄職華捕聯合會、鐵匠工會、公大紗廠工會、上海電車公司工會、潭子灣總工會辦事處、中華全國警鐘會等團體代表集會悼念顧正紅，多數代表手執小旗，旗上書有「打倒現代帝國主義」、「與英、日斷絕一切經濟關係」、「抵制英貨、日貨」、「不搭乘英輪或日輪」等字樣，並高呼「打倒現代帝國主義」、「與英、日斷絕一切經濟關係」等口號〔註60〕。北京昌記印刷所職工印發傳單，鼓動國人傚仿印度不合作運動，即「不與他合作，並且決行經濟上的絕交」、「不買英日貨，不用英日錢，不爲英日傭工」〔註61〕。

　　第五，參與查貨、焚貨等行動。1921 年 5 月 20 日，重慶學生和工人把仇貨集中在打搶壩、夫子池、東水門外等地，進行大規模焚毀。〔註62〕南昌學聯查獲哈德門香煙 120 箱，各工人學生購得煤油 11 聽，紛紛將香煙搬至就近大沙灘空地，灌以煤油，舉火焚毀。〔註63〕店員和工人利用專業知識或工作便利協助學生查貨，有助於抵貨運動的順利展開〔註64〕。

〔註58〕　上海社會科學院歷史研究所編：《五卅運動史料》（3），上海人民出版社，2005年版，第 318 頁。

〔註59〕　《民國日報》，1925 年 6 月 18 日。

〔註60〕　上海市檔案館：《上海檔案史料叢編：五卅運動》（2），上海人民出版社，1991版，第 192～193、182、364 頁。

〔註61〕　劉明逵：《中國近代工人階級和工人運動》（5），中共中央黨校出版社，2002年版，第 372 頁。

〔註62〕　張秀熟：《五四運動在四川的回憶》，中國社會科學院近代史研究所：《五四運動回憶錄》（下），中國社會科學出版社，1979 年版，第 874 頁。

〔註63〕　上海社會科學院歷史研究所編：《五卅運動史料》（3），上海人民出版社，2005年版，第 306～308 頁。

〔註64〕　青年學生缺乏鑒別商品的能力，但寧波救國十人團成員中有工商界職工，既能鑒別商品，市場消息又靈通，抵貨運動因此而得益。寧波學生在輪埠查貨得到船上海員職工的支持合作。（毛其虎整理：《五四運動在寧波》，中國社會科學院近代史研究所：《五四運動回憶錄》（下），中國社會科學出版社，1979年版，第 766 頁。）天津的抵制日貨運動因店員加入而更加深入。（鄧穎超：《漫話五四當年》，中國社會科學院近代史研究所：《五四運動回憶錄》（上），中國社會科學出版社，1979 年版，第 546 頁。）安徽碼頭工人對學生檢查日貨也給予極大幫助。（周新民：《五四時期的安徽學生運動》，中國社會科學院

　　工人拒絕購買日貨，乃其參與抵貨運動的方式之一，但是，抵貨運動往往導致日常消費用品價格上漲，從而增高工人生活成本，而他們大多收入微薄。

　　工人舉行罷工，或者拒絕爲日人提供職業性服務，即須安排再就業，或者接受經濟救助。上海海關稅務司勞福德在「海關十年報告之五（1922～1931）」中指出，每當抵貨激烈之時，上海總有成千上萬的中國工人和海員失業〔註65〕，這些失業工人必須予以妥善安置，最佳辦法當然是由華廠吸納，九一八事變之後，申新六廠一次性地容納日廠退職工人 2100 餘人〔註66〕。但是，華廠全部安置退職工人無疑困難重重：「我國各項事業未見發達，游手之民服役於外人廠肆者頗多，若爲愛國名義所束縛，勢不得不停止職務，欲圖他就，苦無別途，只有束手待斃，爲愛國而餓死……夫使華商事業勃興，待遇即未必較憂，華籍員工均將舍彼而就此，雖無愛國名義加以驅迫，固將奔集於華商之門，不啻水之就下焉。乃今則有大謬不然者，既無廣廈萬間，可爲盡量容納，而又欲使現有職業者一律罷業，無業者既不能使之有業，有業者反欲使其失業，人盡棄其業而奔走相告曰：愛國愛國，嗚呼，此等愛國運動，果能持以永久而爲長時期之奮鬥耶？……失業工人既難安插，乃令改充兵士，或任軍長大役，仍不能盡數容納，此可見對外罷工之舉，彼我之間均蒙損害。凡爲國家計久遠者，決不肯出此孤注一擲也。〔註67〕

　　失業工人如果不能得到順利安置，則須對其進行經濟救濟。五卅運動期間，孤軍社和國家主義派主張與英、日兩國進行經濟絕交，呼籲中國工人不要替英廠做工，惲代英則認爲，經濟絕交並非完全無用，但其作用總是暫時的而非永久的，因爲中國工業不發達，如果眞正實行經濟絕交，危害之一在於工人不能維持生活〔註68〕。1925 年 8 月 10 日，中共中央與青年團中央認爲，

　　　　近代史研究所：《五四運動回憶錄》（下），中國社會科學出版社，1979 年版，第 789 頁。）浙江幾次遊行示威和搜查日貨，有許多工人和店員參加。（夏衍：《當五四浪潮沖到浙江的時候》，中國社會科學院近代史研究所：《五四運動回憶錄》（下），中國社會科學出版社，1979 年版，第 730 頁。）

〔註65〕「海關十年報告之五（1922～1931）」，徐雪筠譯編：《上海近代社會經濟發展概況（1882～1931）：〈海關十年報告〉譯編》，上海社會科學院出版社，1985 年版，第 252 頁。

〔註66〕《民國日報》，1931 年 11 月 4 日第 2 張第 3 版。

〔註67〕諸青來：《經濟絕交平議》，《銀行月刊》，1927 年 1 月。此處參見《求是齋經濟論集》，中國圖書服務社，出版時間不詳，第 11 頁。

〔註68〕惲代英：《惲代英文集》（下），人民出版社，1984 年版，第 971 頁。

雖然駐滬奉軍「託言愛國須維持秩序，實際卻摧殘罷工運動與抵貨運動；但是工人仍然堅持，絲毫沒有畏懼退縮。」〔註 69〕而上海罷市和罷工之所以能夠持續如此之久，全賴各地之源源接濟〔註 70〕。按照時人燕樹棠的看法，罷工手段能夠產生效力，須有經濟援助，「對英日罷工的同胞弟兄，沒有工資就無飯吃。必須全國人民捐助數百萬元之鉅款，始能堅持到底。」〔註 71〕

1931 年 12 月 5 日，陳獨秀撰文指出，「中國工農是不像資產階級不顧民族利益的，他們是準備犧牲的，不但犧牲經濟（即排貨中一部分生活必需品之昂貴），而且還準備犧牲生命，因為在被壓的中國，抗日救國是中國工農民眾自己的任務，不能推諉到別人身上，不能看做是民族資產階級的利益，誰不肯犧牲，就請離開民族革命的戰線，去做一個不抵抗主義的高尚理想家。」〔註 72〕但是就在當年 11 月，曾有日廠華工 500 餘人到抗日救國會要求救濟〔註 73〕。

劉少奇一度認為，「抵制日貨所產生的痛苦，其重擔也壓在工人階級的身上」，1932 年 4 月，他就此檢討說，「這種說法很顯然是錯誤的。抵制日貨的結果可以產生『經濟恐慌』，產生『痛苦』，那麼還去抵制日貨幹什麼呢？資產階級藉口抵制日貨來加緊對工人階級的進攻（加重工作，關廠停業等），我們就應該領導工人反對資產階級的進攻。這裡提出抵制日貨的『痛苦』及『經濟恐慌』一類的說法，實際上是替資本家作辯護。」〔註 74〕而中共中央於當年 10 月 7 日通過的「關於李頓調查團的報告及加強反帝群眾鬥爭的決議」強調，「必須廣大的組織檢貨隊檢查日貨」，「必須組織群眾的沒收日貨來分配給失業工人難民」〔註 75〕。

〔註 69〕　中央檔案館：《中共中央文件選集》（1），中共中央黨校出版社，1982 年版，第 366 頁。

〔註 70〕　馬寅初：《總罷市、總罷工之足以自殺》，《現代評論》，1925 第 2 卷第 28 期，第 12～14 頁。

〔註 71〕　燕樹棠：《滬案進行應採之途徑》，《公道、自由與法》，清華大學出版社，2006 年版，第 395 頁。

〔註 72〕　陳獨秀（頑石）：《論對日宣戰與排貨》，《熱潮》第 1 期，1931 年 12 月 5 日。

〔註 73〕　王振一：《最近抵制日貨運動的效果及日方的對策》，《東方雜誌》，1932 第 2 號，第 107 頁。

〔註 74〕　劉少奇：《我的錯誤》（1932 年 8 月 18 日），《鬥爭》，1932 年第 9 期。

〔註 75〕　《中共中央、青年團中央為堅持罷工告工人兵士學生》（1925 年 8 月 10 日），中央檔案館：《中共中央文件選集》（1），中共中央黨校出版社，1982 年版，第 366～369 頁；《中央關於李頓調查團的報告及加強反帝群眾鬥爭的決議》（1932 年 10 月 7 日），中央檔案館：《中共中央文件選集》（8），中共中央黨校出版社，1991 年版，第 502～510 頁。

日廠工人退職，須有華廠安排就業，或者各界予以經濟救援。實際上，這兩種救濟辦法均難以完全落到實處，故而日廠工人絕對不可能全部退職。相反，日方關閉工廠甚至成爲威嚇工人與抵貨運動絕緣的方式之一。同時，日本在華經濟勢力的不斷擴大，亦可證明中國工人難以做到不爲日人提供職業性服務。

就業於華人廠商的工人，亦不可能全部成爲抵貨積極分子。他們既有可能支持學界的激進行動，亦有可能反對之。部分工廠工人或爲生計所迫，或受企業主之煽動，亦將對日之仇恨轉爲對學生的不滿。1919 年 10 月，上海松江各襪廠聯盟罷工，襪廠工人嚴屬指責學生：「喜事少年，毫無知識，結會調查，形同盜劫。將我紗線，攔住罰金，跡近敲詐，有理難爭。各廠停工，情急可想，我等工人，衣食無望。如此救國，適以速亡。」〔註76〕

三、商界

訴諸民族主義這一思想武器，極力呼籲民眾不購日貨，顯然是抵貨運動輿論動員的策略之一。但是由於日貨價格低落，普通民眾往往很難捨棄，而強制或監督每個消費者，成本勢必極其高昂，因此，成本相對較小的方式往往是督促商人不賣日貨，從而斷絕日貨來源，達到抵制日貨的目的，用時人的話來說，「抵制日貨並不是貼幾張標語、散幾張傳單、喊幾句口號所能辦到的。根本之處，除了人民一致不買日貨，最要緊的是全國商人一致不賣日貨，因爲商人不賣日貨，人民想買也無處買。若是徒賴人民不買，而商家仍賣，而日貨之價格較廉，利之所在，人心不齊，又焉能禁其必不買呢？」〔註77〕因此，抵制日貨運動成敗與否，其關鍵無疑在於商界。而與學界和工界相比較，商人參與抵貨運動，最主要的任務在於不銷售日貨。

不少抵貨運動的親歷者洞悉商人群體的內部差異性。國民黨人曾經根據商人與帝國主義關係之遠近，將商人分爲革命與不革命兩大類別〔註78〕。五卅運動時期，鄧中夏認爲，資本家從各自行業利益出發，對抵貨運動的態度迥然不同。他將中國商業資本家分爲國貨派與洋貨派，前者在運動初期非常贊成罷市，而洋貨派則始終反對；又將銀行資本家分爲土著銀行與中外合辦

〔註76〕《續志商號進貨之輞輵》，《申報》，1919 年 10 月 21 日第 7 版。
〔註77〕宏圖：《不買日貨的辦法》，《經濟救國》，經濟救國研究社特刊，1931 年 11 月，出版地不詳，第 18 頁。
〔註78〕黃紹平：《中國國民黨商民運動的經過》，三民公司，1927 年版，第 38～39 頁。

銀行兩派，土著銀行贊成罷市，而合辦銀行則反對。工業資本家與航業資本家則一度積極支持和讚助運動〔註79〕。粵海關署稅務司魏阿蘭指出，五四抵貨運動中，商人因其經濟實力不同，對待運動的態度亦有差別，並且小商人利用抵貨運動乘機報復，「廣州市場，各小資本家，與大公司如大新、先施及眞光，素積不相能。因各大公司營業，壟斷一切，小資本家之利，遂被侵奪。此次抵制風潮發生，小資本家乘勢報復，陽藉讚助政治及愛國運動之名，陸續散佈新聞，謂各大公司購入大幫日本劣貨，冒充土貨發售。因是引起無識青年學生，將各種之對日舉動，集中於三大公司。故學生曾有數次，與公司夥伴發生衝突，釀成暴動。有學生數人，遂受重傷。學生沿途截查日貨一事，熱心常逾越其識察能力，率性而行，致使此舉頓失信用。復以高級官廳及警察干預，風潮遂止。」〔註80〕抵貨運動親歷者張修齋曾將民國以降的商人分爲「官商」、「奸商」和「苦商」三個等級，官商係軍政界要人出資經營，可以利用國家交通工具，可以免交國稅，可以販賣違禁品，所謂亦官亦商，左右逢迎，牟取暴利。奸商則專事販賣違禁物品，偷漏國稅，苟免發覺，亦可獲取暴利。苦商既無軍政要人爲之撐腰，又不敢營私冒險違犯國法，將本求利，以逐什一之利。河南官商在抵貨運動中販賣日貨，在貨物被學生扣留後，初則恫嚇學生將貨車放行，復又賄買日本浪人強橫索還貨物，並到商會「大肆咆哮」。商會諸人恐因此發生國際交涉，「貽累身家，不覺爲之氣餒，遂奔向學生會極疏通，主張息事寧人。」〔註81〕

　　在相對晚近的相關研究中，有學者指出，商人在民族主義運動中由於營業性質和利益關係有別，對於運動亦往往有不同態度。紗廠、糖廠、捲煙廠、火柴廠、麵粉廠等製造業和運輸業與外商競爭較爲激烈，此種「外向競爭性企業」一般均可以從抵貨運動中獲利，故而支持態度甚爲明顯，而洋廣貨業、轉運業、出口業以及與外人有關的服務業（如西服業、西點業等）等，屬於「外向合作性企業」，往往會因爲抵制外貨而遭受直接損失，所以反對之情不

〔註79〕　鄧中夏：《中國職工運動簡史》（1919～1926），轉自上海社會科學院歷史研究所編：《五卅運動史料》（1），上海人民出版社，1981年版，第35頁。

〔註80〕　「中華民國8年廣州口華洋貿易情形論略」，廣州市地方志編纂委員會辦公室：《近代廣州口岸經濟社會概況：粵海關報告彙集》，暨南大學出版社，1995年版，第634～635頁。

〔註81〕　張修齋：《豫西學生會與抵制日貨運動》，龐守信：《五四運動在河南》，中州書畫社，1983年版，第77頁。

難理解〔註82〕。更有甚者，商會內部的派系之爭亦與抵貨運動纏繞不清。1928年 9 月，廣州、汕頭兩總商會召集全省商會代表大會，成立廣東全省商聯會事務所。該事務所與舊商聯會在同一行政區域之內，且組織性質相同，於是新商聯會以團結商民力量為由，呈請政府撤銷舊廣東省商會聯合會，「以統一商人運動」〔註83〕。此次糾紛，本質上是爭奪對廣州商人的領導權。在轟轟烈烈的抵貨運動期間，新舊兩會卻依然難免勾心鬥角〔註84〕，誠如虞和平所言：「商聯會的派系之爭，反映了中國資產階級政治素質低下，缺乏全局觀念，嚴重妨礙了商聯會功能的發揮。」〔註85〕

不過，無論是在近人的眼中，還是在今人的筆下，商人群體對於抵貨運動，無疑是保守和消極的。抵貨運動之所以無法持久進行，之所以成效不彰，其責任均須歸咎於商人的消極甚至破壞。

1927 年，《錢業月報》記者王夢鵑聲稱，「歷屆抵制日貨，雖由熱心志士奔走呼號，聲嘶力竭，日人對華貿易不無稍受影響，只以無恥奸商，利令智昏，暗中私運。又以國人缺少堅決之恒心，故其結果，卒致無價值可言，徒貽五分鐘熱度之誚」，因此，呼籲「嚴厲檢查，懲罰奸商」〔註86〕。30 年代，類似批評更加普遍。1931 年 1 月 7 日，唐慶增在無錫國學專修學校演講時指出，抵制日貨運動「在過去的歷史中，可說是完全失敗」，其中原因，除了國貨替代性不足和對日本原料的依賴這兩大經濟因素之外，則在於「有人欲乘機發財，一般奸商，因華貨之需要過多，就藉此壟斷市面，寧受社會上的唾罵，或以日貨冒充華貨，利用社會人士無鑒別力，使他們上當。」〔註87〕1931年 11 月出版的《經濟救國》一書認為，抵貨運動之所以不能持久，是因為普通民眾很難準確區分日貨與國貨，「致使魚目混珠，受少數奸商之欺騙」，而「商界同胞，尚未醒悟，私運日貨以為居奇，以圖微小利益，致愛國運動不

〔註82〕 馮筱才：《在商言商：政治變局中的江浙商人》，上海社會科學院出版社，2004年版，第 227～228 頁。

〔註83〕 《商聯事務所二次執監聯席會議紀》，《廣州民國日報》，1928 年 11 月 15 日第 4 版。

〔註84〕 羅攀：《抵制日貨運動中的廣州商會：以濟南慘案後的反日運動為例》，暨南大學中國近現代史碩士論文，2010 年。

〔註85〕 虞和平：《商會與中國早期現代化》，上海人民出版社，1993 年版，第 380 頁。

〔註86〕 王夢鵑：《抵制日貨感言》，《錢業月報》，1927 第 7 卷第 6 期。

〔註87〕 唐慶增：《從經濟方面剖析東北事件》，《唐慶增救國言論集》，上海社會科學書店，1933 年版，第 7～8 頁。

能持久。」〔註88〕同年浙江省立民眾教育館教道部出版的《抵貨研究》指出，「每當反日空氣非常緊張的時期，我們往往聽到某種奸商私運大批日貨，以及某處日貨堆積如山等消息」，而日貨之所以能夠源源不斷地輸入，則「不能不怪許多中國商人，只顧一時小利，沒有徹底認識銷售日獲的禍害」〔註89〕。張競生認為，惟有建立消費合作社才能抵制仇貨與提倡國貨，因為商人「惟利是視，無論社會上抵制某國貨的聲浪如何高，他們苟有利可圖，則不惜假商標偷賣」，故而抵制日貨的結果不過是各種日貨依然充斥市場罷了〔註90〕。1933 年，邵德厚指出，抵貨運動之不易堅持，主要原因在於「商界中惟利是圖之少數敗類，利慾薰心，乘機定購仇貨，以破壞愛國運動」，在他看來，血魂鋤奸團「以炸彈見賜，亦不為過。」〔註91〕

萬寶山事件之後，陶希聖撰文《誰的民族？誰要民族？》，認為「在高唱與日本經濟絕交的宣傳與運動中」，日貨進口反而較前「擁擠」，充分說明中國商人沒有民族主義〔註92〕。九一八事變之後，《社會與教育》雜誌連續刊載了多篇批評商人缺乏民族主義的文章。9 月 26 日，天行在《嗚呼所謂「民族主義」》中指出，中國是次殖民地，只有買辦階級而無真正的資產階級，買辦階級與帝國資本主義存在共存共榮的關係，依靠買辦階級來領導對日經濟絕交，乃是「滑稽到萬分的舉動」，「他們也要做點表面文章以掩飾自己的罪孽，或者比別人更激昂點。然而，誰曉得他們暗地裏在做著鬼勾當呢！」〔註93〕10 月 31 日，坎寧撰文指出，經濟絕交本是被壓迫的弱小民族和殖民地半殖民地國家反抗帝國主義者唯一的銳利的武器，但是通過考察其歷程和成績，他認為，經濟絕交運動完全失敗，無非是「被少數上等華人利用，為欺騙廣大群眾、緩和廣大青年情緒的工具」。在他看來，「商人階級是很少能反對帝國主義的」，「有官僚階級和買辦階級來領導革命的反對帝國主義的經濟絕交運動，只有把這種反帝運動引上走向墳墓去的道路，使反帝運動的革命性逐漸消失，終而完全鎮靜。」〔註94〕

〔註88〕《經濟救國》，經濟救國研究社特刊，1931 年 11 月，出版地不詳，第 15 頁。
〔註89〕金文恢：《抵貨研究》，浙江省立民眾教育館教道部出版 1931 年版，第 3、28 頁。
〔註90〕張競生：《張競生文集》，廣州出版社，1998 年版，第 249 頁。
〔註91〕邵德厚：《抵制日貨之考察》，南京中正書局，1933 年版，第 26 頁。
〔註92〕陶希聖：《誰的民族？誰要民族？》，《社會與教育》，1931 年第 2 卷第 20 期。
〔註93〕天行：《嗚呼所謂「民族主義」》，《社會與教育》反日特刊第 1 號，1931 年 9 月 26 日。
〔註94〕坎寧：《請看對日經濟絕交的成績》，《社會與教育》，1931 年第 2 卷第 25 期。

11 月 22 日，周木齊撰文《對日經濟絕交中之中國工商業資本家階級》，認爲對外經濟絕交，只不過給商人提供了「買賤賣貴」的投機機會，「每次任何一帝國主義國家的侵略見之於形式的時候，每次中國對任何一帝國主義國家作經濟絕交的時候，卻每次沒有看見商業資本家階級有抵制外貨的決心，卻每次沒有看見工業資本家階級有增加生產的企圖，卻足以給與工商業資本家階級莫大的機會，都充分表現了工商業資本家階級十足的投機精神」，「這次的經濟絕交，同樣可以賤買貴賣，這樣日貨的進口，可以因此而愈加擁護，國貨的賣出，可以因此而反行最貴，裝著國貨牌子的日本商品和用著日本原料的國貨商品，可以因此毫無顧忌的冠冕堂皇的充塞市場……出賣自己的人格並出賣別人的人格」，「爲了蓄積資本追求利潤而投機，需要知道外患的到來比任何人都要急不容緩些……對於國內遭遇外人輕侮的危機，常取希望的態度，因爲對外經濟絕交之時，也就是他們蓄積資本追求利潤的絕妙投機之時。」〔註95〕

1931 年 12 月 5 日，陳獨秀發表《論對日宣戰與排貨》，認爲「根本反對排貨的人，只有敵探和奸商，他們不能算是中國人！」「經濟絕交要想收到實效。我們自己必須準備極大的犧牲，像工廠主和商人們那樣計較經濟上的利害得失，不肯犧牲，排貨必然是一句空話。」「希望商人排貨，希望一般人自動的不用日貨，這種辦法等於沒有辦法，現在的排貨運動，自然也得到了相當效果，然而影響還不算很大，並且排貨前途已有不少的悲觀現象，這正是政治鬥爭不進展，資本家計較經濟上的得失利害和奸商反抗的力量遠超過檢查員的力量這三個原因。」〔註96〕

抗戰時期，大多依然將經濟絕交運動效果的制約因素歸諸商界。1941 年 10 月 29 日，江西省主席招待全省商聯會代表，認爲：「現在我們商界中不免有囤積居奇、走私、販賣仇貨的份子存在，這都是自私自利，違反國家民族的利益，也就是商業道德低落的表現。」「商界有能力而且必須履行的有以下幾點：1、反對買賣仇貨，買賣仇貨是一種幫助敵人破壞自己的經濟，妨害民族國家利益的行爲，我們大家應一致反對，無論親戚朋友，有人做此勾當，不必待政府去檢查，應該自動的舉發出來。我相信大家決不願意有人去幫助敵人，來毀滅自己，所以我們對買賣仇貨的人，一定毫不客氣的舉發出來。

〔註95〕周木齊：《對日經濟絕交中之中國工商業資本家階級》，《社會與教育》，1931年第 3 卷第 2 期。

〔註96〕陳獨秀：《論對日宣戰與排貨》，《熱潮》，1931 年第 1 期。

固然，舉發是要得罪人的，但國家與親友之間，輕重懸殊，沒有國家，便什麼也沒有了，我們應該有大義滅親的精神，爲了國家，得罪親友，亦在所不惜。2、反對走私，現在仍然有許多禁止入口的物品，充斥市面，可見走私之風氣尚熾。這種擾亂外匯的自私自利的行爲，我們一定要嚴格反對。反對囤積居奇。今天物價畸形的高漲，固然有很多原因，但囤積居奇，卻是最大原因之一，我們爲穩定物價安定後方人民的生活，以鞏固抗戰勝利的基礎起見，應該提出反對囤積居奇的口號來。不問他是任何人，只要是囤積居奇，我們一定要舉發出來。」〔註97〕

不相信商人會爲了民族主義而放棄個人私利，將商人逐利動機凌駕於民族危機之上視爲抵貨運動失敗的最主要原因，此種傾向一直延續至今。譬如，趙親在關於1915年抵貨運動的研究論文中指出，由於資產階級上層和買辦階級中的許多人與日本帝國主義有著千絲萬縷的聯繫，或者是依附於日本帝國主義生存和發展，因此，他們中的多數人對於抵制日貨採取消極的態度，有些人還進行了破壞的活動。各地在運動中所清查出來的奸商，其中有許多都是買辦分子〔註98〕。周青山指出，在五四抵貨運動中，青年學生既是各地抵貨鬥爭的發起者、堅決執行者甚至還是實際領導者，同民族資產階級的妥協行徑進行了堅決鬥爭〔註99〕。李學智認爲，在五四抵貨運動中，雖然後來少部分商人對以前的消極表現有所反省，態度上有所轉變，個別商人還有焚毀日貨的堅決行動，但是由於大多數商人的敷衍或反對，總的來說，商人們實際上並未眞正展開抵制日貨的鬥爭，明顯而充分地暴露出天津商業資產階級政治上的軟弱性、妥協性，缺乏政治上的遠見和犧牲精神，唯恐人民運動引起社會秩序的混亂，危及自身的經濟利益，在罷市和抵制日貨的過程中一味地拖延、敷衍、妥協、退讓，影響了天津人民反帝鬥爭更有力地開展。極少數奸商唯利是圖，泯盡天良，欲乘國難之機牟取暴利，則扮演了可恥的角色〔註100〕。馮筱才在其關於五四和五卅時期江浙地區抵貨運動的研究中指出，民族主義運動中，由於利益所繫，除部分國貨廠商之外，多數商人多持消極應付態度。不論是在查貨問題上，還是在各界提出嚴厲的抵制手段時，商人通常

〔註97〕《商界如何在經濟戰中達成任務》，《江西省政府公報》，1941年第1238期。
〔註98〕趙親：《1915年抵制日貨運動》，《復旦》，1959年第8期。
〔註99〕周青山：《五四「抵貨」運動初探》，《湖北師範學院學報》，1993年第2期。
〔註100〕李學智：《五四運動中天津商人罷市、抵制日貨問題考察》，《近代史研究》，1995年第2期。

都不會認真執行。商人有可能短時間配合抵貨運動，但時間一長，商人便多因生計需要而不可能長久地堅持，除一部分繼續贊成抵貨外，大部分開始動搖，少數反對，並破壞抵制日貨運動〔註101〕。

　　要而言之，就抵貨運動中主要參與力量的立場和作為來看，明顯存在保守與激進的分野。大致而言，學界中不乏保守者，但整體上最激進，商界中也有激進者，但其群像無疑最保守，而工界則激進和保守各半。各種參與力量之間存在分歧，注定抵貨運動難免衝突頻仍。

第二節　群體衝突及其結局

　　抵貨運動中的群體衝突，大致可以分為兩個階段，1927 年之前，衝突主要發生在保守的商人與激進的學生之間，而自 1927 年以降，情況則有所不同，反日會和抗日會先後成為抵貨運動的領導機構，商人和抵貨組織之間的衝突較為常見。從衝突的表現形式來看，既有口角之爭和武力衝突，亦有罷市風波，甚至發生炸彈事件。

一、口角之爭

　　商人與學生或其它檢查員之間，常因抵貨分歧而發生口角之爭。言辭上的爭論，源於商人對學生查貨不以為然而與之爭辯，甚至惡言相向。1919 年 5 月 10 日，上海學生上街宣傳抵制日貨，發現某商號陳列商品均係日貨，「乃向之勸導」，商人聲稱：「我等皆中華國民一分子，抵制日貨雖則應盡義務，然我國民只有五分鐘最多十分鐘熱度；歷來辦事均有始無終，君等何得耀武揚威？」〔註102〕11 月，上海中國公學等校學生上街演講，發現商販陳列銷售日貨，即勸其自下星期起勿再出售，否則將一律焚毀。小販不滿學生言行，與學生發生爭執〔註103〕。7 月，天津萬德成棉紗莊向日本三井洋行定購棉紗，學生「面責以大義」，商人「出言不遜」，聲稱「人皆抵制日貨，我且提倡之不暇」，且手指其帽，挑釁道：「此為日本帽，我樂意戴之，何與此輩事？」學生「憤激之餘，

〔註101〕馮筱才：《在商言商：政治變局中的江浙商人》，上海社會科學院出版社，2004
　　　　年版，第 239、250 頁。
〔註102〕上海社會科學院歷史研究所：《五四運動在上海史料選輯》，上海人民出版社，
　　　　1980 年版，第 197～198 頁。
〔註103〕《學校演說團沿途演講》，《申報》，1919 年 11 月 10 日第 10 版。

不屑與此輩口角」，但將此事披露於《南開日刊》，呼籲愛國同胞「共加懲責」
〔註104〕。6月，長沙華泰長順記洋貨號大肆宣稱自己係國貨號，師範學校學生
發現該號商品均係日貨，遂即指責店主言行不一，而店主竟然辯稱：「汝等學生
何以讀洋書操洋操，我獨不能賣洋貨乎？」〔註105〕福州事件之後，江蘇徐州某
布莊主趙某私進大宗日布，學生前往質問，則辯稱係存貨。學生要求查閱進貨
帳簿，趙某「初則支吾，繼復口出怨言，謂帳簿係店中秘密之品，豈容他人查
視。兩下口角衝突，激起學生之怒，因共將該店夥扭出，迫令遊行四門。」〔註
106〕此種學商之間的口角衝突，在抵制日貨運動期間，各地頻繁發生。

二、武力衝突

部分商人有時強行搬運貨物，或向學生搶回貨物。1919 年間，江蘇鹽城
洋貨商人私運日貨，並糾集店員阻止學生檢查，強行搬運日貨，撕毀日貨商
標。學生欲將日貨運往商學聯合會，商人則拼命保護，搶回部分日貨，同時
對學生百端侮辱。後經商會會長、商學聯合會理事調處，議定將日貨焚毀，
風潮始息。江蘇保泰豐偷運日貨綢布，六和旅外學生調查員至碼頭調查，該
店主預邀 4 百餘人抗阻，將學生圍困，直至全船貨物搬運入店，方才允許學
生離開，並公然向學生宣稱，將以武力對待〔註107〕。

更進一步，商學之間則難免發生武力衝突，甚至釀成較大命案。1919 年
6月，福州因檢查日貨發生衝突，4 人斃命，其中 3 位學生被「分別裝箱，沉
屍滅跡」，總商會會長及其兄恒盛布莊店主因有嫌疑而被學生聯合會起訴〔註
108〕。翌年 11 月，漳州閩南學生會與龍溪學生會查獲日貨鹽鰱魚 1 擔、日本
綿紗數包，商家邀集店員及地痞百餘人，各持鐵尺圍擊學生，導致數名學生

〔註104〕天津歷史博物館等：《五四運動在天津歷史資料選輯》，天津人民出版社，1979
　　　　年版，第 232 頁。
〔註105〕湖南省哲學社會科學研究所現代史研究室：《五四時期湖南人民革命鬥爭史料
　　　　選編》，湖南人民出版社，1979 年版，第 134 頁。
〔註106〕中共江蘇省委黨史工作委員會：《五四運動在江蘇》，江蘇古籍出版社，1992
　　　　年版，第 347 頁。
〔註107〕中共江蘇省委黨史工作委員會：《五四運動在江蘇》，江蘇古籍出版社，1992
　　　　年版，第 332、250～251 頁。
〔註108〕中國社會科學院近代史研究所中華民國史研究室編：《中華民國史資料叢編：
　　　　大事記》(5)，中華書局 1978 年版，第 91 頁。《黃步瓊第一次辨冤書》、《黃
　　　　步瓊第二次辨冤書》，《時報》，1919 年 7 月 18 日第 8 版。

受傷〔註109〕。1921 年 4 月，寧波商人私運日貨，洋貨公所擔心被學生會、十人團查扣，遂決定每店各派 14 人，並雇用腳夫 20 人，赴碼頭保護貨物。學生代表至碼頭查貨時，見百餘人擁至，因恐寡不敵眾，被迫任其搬運。十人團成員鄭光祖在途中被新章經理朱如松等人打成重傷。次日，各校學生百餘人至新章號檢查日貨，又遭店方打手襲擊，10 餘名學生受傷，釀成血案，朱如松被判處徒刑 4 個月〔註110〕。同年 1 月，重慶學生在天錫生商號查貨，與商人發生衝突，學生 10 餘人被毆傷。後經調解，天錫生商號答應將日貨拍賣，充作北方賑款，風潮始息〔註111〕。5 月，重慶再次爆發學商衝突。其時，重慶學生檢查日貨甚嚴，商界認為存貨尚多，且在滬購貨，多先訂約，為減輕損失，乃與學生共組商學聯合會，雙方議定，商人所存日貨，在 5 月 4 日以前准予銷售，惟須經商學聯合會調查，蓋戳為記，而渝商在滬訂購之日貨不得運至四川，運至途中者可以就地拍賣。18 日，川東學生會認為約定期限已過，而部分商人仍然繼續銷售日貨，遂致函商學聯合會，要求速謀解決之道。因商學聯合會未能及時答覆，學生認為其蓄意拖延，決定展開查貨行動。在商學代表會議期間，日貨商號竟然雇用數百名力夫圍毆學生，受重傷者多人，被捉去者數人。警察廳長等出面調停，命令商人釋放學生，並由肇事商人償付醫藥費，焚毀查獲日貨。各校學生返校途中，又遭商人收買之力夫沿街截擊，受重傷者多人，被力夫捉去者 10 餘人〔註112〕。

相對而言，五四抵貨期間的武力衝突頗為頻繁，而 1927 年之後的抵貨運動中，類似衝突大為減少，但亦並未絕跡。1928 年，上海即發生商人毆打日貨檢查員的事例。時有檢查員赴高昌廟協記生南貨號檢查日貨，並勸其登記，經再三開導，才答應 3 天後登記，檢查員離開之際，該店店員突然「肆口大罵」，並聲稱：「我們賣東洋貨與你無干」。為避免糾紛，檢查員要求該店負責

〔註109〕《漳州排貨風潮之經過》，《民國日報》，1920 年 12 月 11 日第 7 版。

〔註110〕《寧波抵制劣貨大慘劇》，《民國日報》，1921 年 4 月 28 日第 6 版；《甬學生查貨被毆後之援助》，《申報》，1921 年 5 月 3 日第 10 版；毛翼虎：《五四運動在寧波》，中國社會科學院近代史研究所：《五四運動回憶錄》（下），中國社會科學出版社，1979 年版，第 768 頁。

〔註111〕《重慶學商兩界之大衝突》，《申報》，1921 年 1 月 9 日第 7 版。

〔註112〕《四川學生排貨之堅久》，《民國日報》，1921 年 5 月 31 日第 6 版；《重慶學商之大衝突》，《申報》，1921 年 6 月 2 日第 7 版。另據學生聯合會之通電稱：「奸商預買力夫千餘，沿街截擊，命在旦夕者二人，重傷者三十餘人，失蹤致生死不明者十餘人。」

人到反日會談話，正在交涉時，該店唆使流氓 110 餘人，「不問情由，肆行毆打」，而在場的一名警察「袖手旁觀，絕不解勸」，致使 7 名檢查員受傷。反日會要求該店交出兇手、登報導歉、賠償調養費〔註 113〕。浦東檢查處在黃浦江查獲 1 船日紗，商人試圖搶回，並毆打檢查員。因為貨物為日商所有，反日會只好放行，毆傷檢查員一事也只能請交涉員與日本政府交涉〔註 114〕。上海反日會第 30 次執委會會議上，一個重要議題即是討論如何處理朱祥興木器號毆打檢察員，並導致其「傷勢匪輕」之事件〔註 115〕。

　　北平總商會與反日會之間在日貨檢查問題上發生較大分歧，1929 年 1 月 26 日，全國反日會宣佈廢止救國基金徵收辦法及停止發行日貨通行證，同時要求所有未能售盡之日貨必需最遲在 5 月 3 日以前一律封存，以期進一步徹底進行經濟絕交〔註 116〕。濟案週年紀念日，亦即全國反日會所規定的日貨封存之最後期限，北京反日會為紀念死難同胞，決定發起查封市內商鋪日貨行動。但總商會認為，《濟案協定》既已簽字，便不可、亦無必要再查封日貨肆意騷擾商家。總商會主席冷家驥等召集 48 行商會代表召開緊急大會，決定組織商人自衛團，以武力對抗反日會的查貨行動〔註 117〕，因當局軍警出面，武力衝突才得以消弭。

三、罷市風波

　　罷市本來多係商界表達民族主義的一種方式，但也成為商人反對抵貨運動的手段之一。檢查、焚毀日貨或者懲罰商人均可引發商界罷市。1920 年 3 月，江蘇邳縣學生赴商店調查日貨，源和店店主因其所售多係日貨，遂起而反抗，並說服劣董蔣培貞鼓動各店罷市，以作抵制，城內各商店於次日一律罷市。4 月，浦口洋廣雜貨和海味各店，因學生查獲日糖百餘包而一律罷市抵制〔註 118〕。10 月，重慶川東學生聯合會學生赴天錫生綿紗號檢查日貨，與該號學徒發生衝突，雙方均負重傷，各蘇貨鋪全體罷市〔註 119〕。同年 3 月，河

〔註 113〕《上海特別市反日會檢察委員會工作一覽》「檢查紀要」，第 3、4 頁。
〔註 114〕《申報》，1928 年 10 月 22 日。
〔註 115〕《申報》，1928 年 8 月 30 日第 13 版。
〔註 116〕《大公報》，1929 年 2 月 1 日第 4 版。
〔註 117〕《北平商會反對封存日貨》，《申報》，1929 年 5 月 4 日第 8 版。
〔註 118〕中共江蘇省委黨史工作委員會：《五四運動在江蘇》，江蘇古籍出版社，1992 年版，第 395、396 頁。
〔註 119〕中共重慶市委黨史工作室：《五四運動在重慶》，內部資料，第 121 頁。

南安陽學生會扣留益升隆號數 10 匹日布,店主馬紳覺「勢力雄厚,有恃不恐」,
不僅威嚇學生,而且聯絡商業聯合會會長馬玉軒,鼓動冀幫洋貨號和雜貨號
閉門罷市〔註 120〕。1928 年年底,反日會提出廢止救國基金、封存一切日貨,
以示反日決心。對此,上海總商會向市政府及市黨部強硬宣稱,若反日會仍
再堅持取締一切日貨買賣,「當以罷市為最後之對抗手段」〔註 121〕。1931 年
11 月,天津反日會按例檢查日貨,亦成為日貨商人罷市之觸媒。25 日,反日
會檢查員分赴各地檢查,其中一組至成記紙社檢查時,遭其店員拒絕,反日
會檢查員即割斷其電話線,綁走店員 2 人,並俱毀其門窗。一組至隆昌海味
行,運走其部分貨物。另一組赴慶生棉紗布店,取走其全部賬目。全市日貨
商得悉此一消息,遂全體關門停業「以避其鋒」。是日下午,反日會三組人員
合併集中,赴成記紙社「破門而入」,並沒收其全部貨物〔註 122〕,結果導致日
貨商號 200 家停業〔註 123〕。

　　抵貨組織焚毀日貨亦有可能引發罷市。1920 年 1 月,江蘇淮安國民大會
焚燒日貨,所有銷售日貨商店「即起而鼓動罷市」,「京雜貨已實行閉市門」。
清江九中學生調查團焚燒火柴 132 箱和海帶 10 箱,又召開國民大會,當眾焚
毀魚翅 200 隻,洋燈罩 2 大箱,「商界頗為憤恨。復有奸商張某洋貨店老闆也
從中煽惑造謠云,學界將劫商店,因勸各店即速罷市」,各商店於 27 日一律
罷市,「街上儼如舊曆元旦氣象」〔註 124〕。

　　懲罰商人以常引發罷市。1920 年 11 月,河南開封學生將私進日貨之大綸
莊掌櫃范某、永和公掌櫃遊街示眾,「兩手均用繩反縛,背插白旗,大書『此
係私販劣貨之民賊』字樣,小帽翻戴,兩眼塗墨,作眼暗式,牽遊各衍」,並
要求總商會予以懲辦,商會會員紛紛斥責學生。學生代表遂召集全體學生,
搗毀商會雜物。總商會呼籲全體商人立即停止交易,以示抗議,「凡商店較好
之家,無不雙扉嚴局,門外可設雀羅」〔註 125〕。1931 年 10 月,江蘇常州學

〔註 120〕龐守信:《五四運動在河南》,中州書畫社,1983 年版,第 62 頁。
〔註 121〕季嘯風、沈有益:《中華民國史料外編——前日本末次研究所情報資料》(中
　　　　文部分,第 54 冊),廣西師範大學出版社,1997 年版,第 521 頁。
〔註 122〕《申報》,1928 年 11 月 27 日第 6 版。
〔註 123〕《商界大波瀾》,《大公報》,1928 年 11 月 27 日第 5 版。
〔註 124〕中共江蘇省委黨史工作委員會:《五四運動在江蘇》,江蘇古籍出版社,1992
　　　　年版,第 396、397 頁。
〔註 125〕龐守信:《五四運動在河南》,中州書畫社,1983 年版,第 55～62 頁。

生至大豐仁洋布店，責問店主何以反對封存日貨，並強迫其遊行與「站木籠」，結果導致同業罷市，搗毀縣黨部，並破籠將店主救出〔註126〕。

四、炸彈恐嚇

五卅時期，部分地區曾經出現以暗殺手段恐嚇商人的現象。譬如，1925年6月6日總商會會長虞洽卿住宅被人投擲炸彈〔註127〕，上海振華堂洋布公所總董余葆三亦曾接到附有手槍和子彈的警告信〔註128〕。但是，1927年之前，類似現象並不多見。

國民黨新政權牢牢控制各種社會組織和抵制洋貨運動之後，「立即著手將社會上自發的反抗示威活動改造成一把雙刃劍，既用來反對帝國主義，又反對資產階級本身」，「從1932年開始，以往未曾真正實施過的、或純屬假設的關於抵制運動的處罰條例，出現了一種新的特徵」，「此時已不再像過去一樣，把某些商品列為違禁品處以罰款，而是採用真正的恐怖手段來懲罰違規的商人，採取這類行動的是那些名稱令人毛骨聳然的秘密組織，例如『鋤奸團』，『鐵血團』等。」〔註129〕在《上海史：現代化之路》一書中，白吉爾再次指出，1932年夏秋抵制日貨運動主要組織者「不再是各個商會、會館和學生團體，而是秘密社會。恐嚇取代了說服，謀殺和炸彈代替了示威遊行」。〔註130〕

抵貨秘密團體首先出現於上海。1932年7月27日，上海「熱心青年」以「血魂鋤奸團」之名，向棉布業同業公會和紗布交易所經紀人公會投寄手榴彈，警告商界的銷售日貨行為，要求公會督促同業抵制日貨〔註131〕。次日，

〔註126〕《常州商學衝突》，《申報》，1931年10月19日第6版。

〔註127〕《虞洽卿遇炸未中》，《熱血日報》，1925年6月7日第2版。

〔註128〕上海社會科學院歷史研究所編：《五卅運動史料》(2)，上海人民出版社，1986年版，第574頁。

〔註129〕〔法〕白吉爾：《中國資產階級的黃金時代(1911～1937)》，上海人民出版社，1998年版，第314～316頁。

〔註130〕〔法〕白吉爾：《上海史：現代化之路》，上海社會科學院出版社，2005年版，第175頁。

〔註131〕《熱心青年警告棉布業》，《申報》，1932年7月28日第8版。北方媒體對此事均有報導，《北平晨報》據上海電訊報導說，「本市自抵貨以來，日貨進口幾絕。乃近來日貨突增。奸商復助紂為虐，分銷南北各地，遂恢復戰前之第一位置。市商會雖迭勸各業堅持到底，無如奸商置若罔聞，日貨仍如潮至。愛國同志，悲憤填胸，而謀有所抵制之法，昨忽有署名上海血魂鋤奸團者，以炸彈警告棉布公所及洋紗交易所等，謂如再買日貨，決槍殺無遺。」季嘯

大量購進日煤的永昌煤號發生爆炸案，店員俞瑞良股部被炸傷，而全體工人店員「聞聲均驚惶異常」〔註132〕。同日，鋤奸團致函上海市工部局，聲稱「敝團完全為中國愛國志士所組織，紀律異常嚴明，唯一宗旨，在剷除販賣日貨奸商，對於本埠安寧，絕無妨礙，嗣後敝團行動，請勿干涉」。同時致函棉布公會常務委員會，「再鄭重警告，請於3日內，迅通告同業，並在本埠各大報封面，用大號廣告，表明不買賣日貨決心，否則本團認為貴會無抵制仇貨誠意，決以嚴重手段對付，國難日亟，死生以之」。〔註133〕8月9日，中華救亡鐵血團總部致函天津商會，提出三大條件：1.限本市商人宣誓不買賣仇貨，違者7日內勒殺經理人；2.各商號仇貨封存詳細公佈，九一八後輸入損失咎由自取；3.商人不得以仇貨冒充國貨，一經發覺，以燒夷彈焚炸之。11日，天津血魂鋤奸團宣稱：「為除奸救國計，凡有販運日貨，限5日自動封存，否則以炸彈解決之，上海已有殷鑒，不信可試」。上海青年擲彈團天津分會警告說，如查出商人販賣日貨，則按其總部所擬辦法處置，或焚其商店，或以彈炸其商店，或逮捕經理炸其家室。16日，中華救亡鐵血鋤奸團一支隊指責天津商會「屢次阻撓抗日運動」，因而導致華北抵貨運動「招國人唾罵」，同時警告說，「倘不改悔敝會絕不寬恕，午前一彈示警」。17日，暗殺奸商團致函市商會說，「昨天敝團同志懲戒了幾處，請商會主席通知奸商早日收市，借免生命危險，

風、沈有益主編：《中華民國史料外編——前日本末次研究所情報資料》（中文部分，第54冊），廣西師範大學出版社，1997年版，第488頁。天津《大公報》聲稱上海棉布業同業公會及紗布業交易所於27日均收到炸彈，「並附一警告，如再購日貨，即以炸彈對付」。《上海炸彈案：抵貨運動之又一手段》，《大公報》，1932年7月29日第3版。

〔註132〕「因販賣日貨被同業公會驅逐出會之永昌煤號，已經開門營業，忽見年約二十餘歲之青年男子，身穿白短衫褲，手攜一紙包，徘徊於門口，旋即將紙包拆開，用力擲入該號內，即行逃逸，轟然一聲，濃煙四起，店員俞瑞良當場股部被炸傷，流血不止，而全體工人店員，聞聲均驚惶異常」。爆炸發生後永昌煤號接到信函一封，宣稱：「永昌煤號吳吉昌（經理兼店主）知悉，今晨一個小小禮物，特為你販賣日貨有功，此後你不妨繼續多多販賣，本團定有重賞，特此敬告，上海市血魂鋤奸團。」（《永昌煤號被炸》，《申報》，1932年7月29日。）鋤奸團究竟為何首先選擇永昌煤號發難？1932年1月初，永昌煤號主人吳吉昌違背經濟絕交原則，公然大賣日煤，為煤業公會檢查員發覺，貨物遭到封存，吳竟謊報捕房，誣稱公會檢查員為搶煤強盜，後又串通外商某洋行派遣巡撫將公會檢查員嚴斃拘押。吳氏後來遭到煤業公會嚴懲。詳見彭南生：《行會制度的近代命運》，人民出版社，2003年版，第144～145頁。

〔註133〕《上海炸彈案：抵貨運動之又一手段》，《大公報》，1932年7月29日第3版。

別再售仇貨了」〔註134〕。8月14日，天津中原公司即因將日貨改換商標而冒充西洋貨，接到「勿賣仇貨」的警告函之後又發生爆炸事件〔註135〕。次日，天津市商會及一布莊均有人投擲炸彈，「響聲甚巨，毀一汽車，但未傷人」〔註136〕。相繼發生的此類炸彈事件，導致「一般商賈，咸惶惶不安」，而日貨商人則「俱懷戒心，暫時稍行掩避」〔註137〕。

不僅滬、津兩市，其他各地也出現類似組織。南京市血魂鋤奸團8月1日宣佈成立，聲稱「有團員數百，分佈全市，團員職業則農工商學黨政軍警各界均有，任務在調查事實，除滅奸商，絕不發生其他任何關係，如販賣仇貨，經調查確實，警告無效者，即以炸彈手槍作最後解決」。3日，無錫各報均接到上海血魂鋤奸團無錫分部已經成立並要求協助的函件。接著江陰、丹陽、杭州、嘉興、太倉、鎮江、北平、濟南、蘇州、徐州、太原、常州、合肥、南昌等地相繼出現此類組織活動的跡象〔註138〕。從 1932 年

〔註134〕 天津市檔案館等：《天津商會檔案彙編（1928～1937）》（下），天津人民出版社，1996 年版，第 2426 頁。

〔註135〕 《天津中原公司被炸，華北奸商感想如何》，季嘯風、沈有益主編：《中華民國史料外編——前日本末次研究所情報資料》（中文部分，第 54 冊），桂林：廣西師範大學出版社，1997 年，第 489 頁。中原有限公司曾自述道，「敝公司自九一八後感國家之多難，對於某貨業已停止販運，有帳可稽。迨至八月十四日化妝部被炸，益感於國人督促之殷，遂將某貨盡數封存止售，則以後櫃上有否某貨陳列出售，當爲所目睹，乃不蒙國人見諒，復於十月一日在敝公司四樓放下炸彈兩枚，雖幸未曾爆發，然一經見，則顧客不免裹足。況營業事小，生命事大，倘不能將事表明，致長此繼續不已，則數百職員皆人人自危，豈不於治安有礙。然欲表明，又不悉向誰投訴，且以地點關係，又不便登報聲明，不得已將現在封存某貨開列清單一紙，送呈鈞閱，並懇派員至敝公司查點是否屬實，以明敝公司心跡而保社會安寧。敝公司亦貴會會員中一分子，當此欲哭無淚，欲訴無門之際，用特專函籲懇，尚祈設法以維持調護之。」《中原有限公司泣陳因銷售日貨被炸後又於商場發現炸彈營業一落千丈請商會維持函》（1932 年 10 月 3 日），天津市檔案館等：《天津商會檔案彙編（1928～1937）》（下），天津人民出版社，1996 年版，第 2424 頁。

〔註136〕 《昨日北馬路兩起爆炸聲》，《大公報》，1932 年 8 月 17 日第 7 版。

〔註137〕 《商會通告各商，自動清潔日貨》，《大公報》，1932 年 8 月 20 日第 7 版。

〔註138〕 各地出現的此類組織，名稱並非完全一致，如上海除了「血魂鋤奸團」外，還有署名爲「赤血鋤奸團」、「鐵血鋤奸團」、「救國十人團」、「霹靂殺奸團」、「救國鋤奸團」、「熱心滅奸團」、「熱血滅奸團」、「良心鋤奸團」、「同志警告團」、「青年義勇誅奸團」、「救國抗日暗殺團」、「民魂禁奸團」、「剷除奸商團」、「青年抗日殺奸團」等組織從事此類活動。其他地方還有署名爲「中華救國鐵血團」、「精忠鋤奸團」、「抗日鋤奸團」等類的組織。但是從整體上看，上海血魂鋤奸團組織成立最早，活動最爲頻繁，其組織也最爲龐大，很多其它

下半年至 1933 年，當時報紙上有關的報導屢見不鮮〔註 139〕。

　　在白吉爾看來，「鋤奸團」等恐怖組織受到「國民黨官員、軍官以及匪徒」的保護與控制，「抵制運動已成爲恫嚇和恐怖的工具，成爲迫使資產階級屈服於國家政權的又一種手段」，「被剝奪所有首創精神的資產階級的代表人物，發現他們曾長期用來『救國』的鬥爭手段，現在已轉而反對他們自己了。」〔註 140〕而柯博文則認爲，「由學生力量支持的某些更加激進的抵貨組織從地下活動轉向了恐怖行爲」〔註 141〕。根據這些組織自己的說法，「鑒於國難日急，求死無門，爰有血魂鋤奸團之組織」，「冀以血魂之犧牲，喚醒已死之人心，一方以斷絕敵人經濟之方法，減少其侵略之力量，一方以純潔愛國之心志，謀國際間之和平」。簡而言之，該組織係「愛國志士」以「剷除奸商，抵制仇貨」爲目的〔註 142〕。

　　「鋤奸團」等組織的激進舉動，在促進抵貨運動開展的同時〔註 143〕，不

地方的「血魂鋤奸團」都是在「上海血魂鋤奸團」的號召甚至直接領導下建立起來的，有的直接署名爲上海血魂鋤奸團某地分部，如無錫的組織即稱爲「上海血魂鋤奸團無錫分部」，江陰則稱爲「上海血魂鋤奸團江陰分部」，杭州則稱爲「上海血魂鋤奸團杭州辦事處」。詳見《申報》1931 年 8～9 月的相關報導。

〔註 139〕《北平鋤奸團寄手榴彈一枚給天津某要人，請其嚴懲奸商販運日貨》；《漢口血魂團，以炸彈警告奸商》；《南京熱血前年，投炸彈於中法藥房》；《唐山發生炸彈案》；《昨晚崇文門外花市街崇源亨享受一炸彈》；《中原公司昨晚之炸彈——炸傷店夥一名，貨物損失一萬數千元》；《仇貨肅清有望——反日會限期停止交易，鋤奸團警告奸商自動封存》。分別參見季嘯風、沈有益：《中華民國史料外編——前日本末次研究所情報資料》（中文部分，第 54 冊），廣西師範大學出版社，1997 年版，第 489、490、495、501、500、504、505 頁。

〔註 140〕〔法〕白吉爾：《中國資產階級的黃金時代（1911～1937）》，上海人民出版社，1998 年版，第 314～316 頁。對此判斷，白吉爾未有提供充分證據。

〔註 141〕〔美〕柯博文：《走向「最後關頭」——中國民族國家建構中的日本因素（1931～1937）》，馬駿亞譯，社會科學文獻出版社，2004 年版，第 70 頁。

〔註 142〕《申報》，1932 年 8 月 7 日。顯然，由學生力量支持的某些更加激進的抵貨組織從地下活動轉向了恐怖行爲。〔美〕柯博文：《走向「最後關頭」——中國民族國家建構中的日本因素（1931～1937）》，馬駿亞譯，社會科學文獻出版社，2004 年版，第 70 頁。

〔註 143〕上海販賣日貨商人惶惶不可終日，日貨明顯滯銷。7 月 26 日尚有「大批日貨在上海起運」，而至 8 月 1 日，「開往南北洋與長江之日本船，已無大批東洋紗布裝載，其他日貨之出口，亦大爲銳減矣。」（《運往長江日本紗布大減》，《申報》，1932 年 8 月 2 日第 13 版。）8 月 4 日，《申報》報導稱，長江各埠原爲日貨暢銷之處，自炸彈事件相繼發生後，「已向日商定就之貨，紛紛退貨，同時航輪日貨，亦告絕跡，日商遭此突變，遂宣告繼續停駛」。8 月 9 日報導

僅引起日本當局的嚴重抗議，中國日貨商人亦強勢應對。「奸商因愛國團體連日活動，大起恐慌，遂利用無知愚民，組織所謂『紅衣保障團』，並投函各救國團體，大言恐嚇」。紅衣保障團曾致函當時上海各團體救國聯合會常務理事李次山等人，聲稱「一二八事變以來，雖云日人暴行，須起根本救濟方法，並須以德感化我四萬萬同胞一致禦侮，方可成功，如用以強暴威脅，專對一般商人作無為之恐嚇，則商人既受戰時損失，傾家蕩產，元氣未復，而你們又想出風頭，高唱抵貨，塗炭商民，組織『血魂鋤奸團』，造成市場恐怖，商人不堪搗亂，特組織『紅衣保障團』，籍資自衛，倘此次你們再不自斂，本團誓以手槍炸彈與你們這班黨販政客出風頭者相周旋，莫怪言之不預，特此敬告」〔註144〕。8月30日，紅衣保障團致函警告和威脅抗議日本浪人示威行動之虹口市民聯合會各團體，「請勿出風頭，並速回頭覺悟，否則本團當以炸彈手槍相對付，莫謂言之不預也。」〔註145〕不僅如此，紅衣保障團還威脅部分商人，警告其不要支持抵制日貨，該團曾投擲炸彈於榮宗敬宅邸，警告其支持抵貨行為〔註146〕。

　　鋤奸團旨在採取威脅恐嚇手段阻止日貨進口，雖然具有愛國主義性質，但其秘密的身份與威脅的手段，明顯有悖於法律，因此不僅屢遭日本當局強烈抗議，也受租界工部局巡捕嚴密監視，同時國民政府也公開表示其違法。鋤奸團活動期間，其團員曾多次遭逮捕和審判，且多被判刑。最早被捕的團員是惲惠芳，年16歲，被上海第二特區法院判處有期徒刑2個月，緩刑2年，因為「其還是未成年人故判刑為輕」〔註147〕。前期和中期類似事例較少，但是到後期，尤其是1932年底及次年初，鋤奸團成員連續被捕〔註148〕。成員相繼被捕，致使長江流域的鋤奸團活動日益減少，而福州、天津等城市的鋤奸團雖然也受到壓制，但其活動一直持續到1933年夏天才逐漸消失。「隨著抵

說，由於鋤奸團之活動，上海各奸商莫不紛起恐慌，「在最近半個月中，華商之向日方要求退貨者，已達一百萬元以上，以致日方人心浮動」。而據日本各路商聯會調查，「在最近一個月中，因血魂鋤奸團等活動，而所受營業上之間接與直接損失，僅上海一埠，已達百萬元左右」。《日人注意鋤奸團》，《申報》，1932年8月9日第14版。

〔註144〕《紅衣保障團為奸商張目》，《申報》，1932年8月26日第13版。
〔註145〕《紅衣保障團威嚇虹口團體》，《申報》，1932年8月31日第13版。
〔註146〕《日文報記紅衣保障團》，《申報》，1932年11月30日第9版。
〔註147〕輸：《惲案之法律觀》，《申報》，1932年8月21日第3版。
〔註148〕《血魂鋤奸團羅嗣章等判罪》，《申報》，1933年1月7日第16版。

貨熱情的慢慢消失，中國政治激進主義者轉而通過投擲炸彈來復蘇運動。當運動活動分子將炸彈投向中國商人和地方當局以及日本人時，表明中國社會在運動中出現了深深的裂痕。」〔註149〕

學商之間爆發激烈衝突，雙方往往將責任歸咎於對方。站在學界的立場，認為商人毀約，不接受查貨，反而特眾強抗行凶；站在商人的立場，則認為學生蠻橫無理，干涉營業自由。根本原因在於，商人若對抵制日貨意願不高，規約的合法性終不免遭到質疑，學生強其遵守，衝突便無可避免。各個群體之間因為抵貨問題而不斷發生衝突，「其實是抵制運動衰褪的表象化」。儘管學生企圖以規約約束商人，但是，當愈來愈多的商人不顧原先簽下的規約而開始買賣日貨時，學生查貨行動亦愈趨艱難。商界乃是一個相互牽連的網絡，一旦部分商人突破抵貨規範而謀求私利，其它商人營業勢必受到影響。出於現實利害的考量，其它商人亦勢必無法遵守成約，於是抵貨運動的缺口愈來愈大，學生的強制行動亦失去效力。五四抵貨期間，為了緩和衝突，繼續推進抵貨運動，抵貨積極分子往往被迫妥協〔註150〕，但商學對立雖然有所緩和，而對於重振或繼續進行抵制日貨運動卻並無多少效果。學生的行動受到限制，許多地方的抵貨運動亦逐漸消沉，或者說，抵貨運動亦隨之「喪失了其實質」〔註151〕。

濟南慘案之後，北平商民協會要求免收救國基金，反日會同意降低 90%〔註152〕，但商民協會仍「固請不已」，反日會無奈又同意將救國基金徵收比率改為徵收 2% 的手續費。而商民協會尤以為難，反日會被迫同意將日貨區分為絕對禁止與相對禁止兩大類別，分別徵收 2% 和 1% 的手續費。此一徵收比率與全國反日會之規定相比，最大幅度竟減少近 90 倍〔註153〕。在商人的強硬反對和有關當局的協調下，反日會決定展期進行日貨登記和封存，而隨著反日

〔註149〕〔美〕Brett Sheehan: Boycotts and Bombs: The Failure of Economic Sanctions in the Sino-Japanese Conflict, Tianjin China, 1928～1932, MANAGEMENT & ORGANIZATIONAL HISTORY Vol 5（2），p.198.

〔註150〕李達嘉：《罪與罰：五四抵制日貨運動中學生對商人的強制行為》，臺北《新史學》，2003 年第 14 卷第 2 期。

〔註151〕〔日〕味岡徹：《五四運動中的民眾鬥爭》，國際歷史學會議日本國內委員會編：《戰後日本的中國現代史研究綜述》附錄一，官長為等譯，延邊大學出版社，1988 年版，第 124 頁。

〔註152〕反日總會所定救國基金辦法，本來按貨殖的 90% 至 10% 不等繳納。

〔註153〕李嘯風、沈有益主編：《中華民國史料外編——前日本末次研究所情報資料》（中文部分，第 54 冊），廣西師範大學出版社，1997 年版，第 527 頁。

會最終解散，北平日貨封存問題則不了了之〔註154〕。天津的情形亦大致類似。天津反日會按例檢查日貨，引發日貨商人罷市。此次衝突之所以最終得以和平解決，主要在於反日會在抵貨規約上的妥協〔註155〕。

　　商人群體在抵貨運動中差強人意之表現，既遭時論批評〔註156〕，又爲後世詬病。但是，如果將抵貨運動失敗或者成效不彰的責任全部歸咎商人民族主義之缺失，或許有失偏頗。抵貨輿論樂觀地認爲，「愛國心是一種微妙的單純的心理。此種心理，啓發於個人的自覺的意識，而不包含『考慮』、『估量』、

〔註154〕詳細經過可參閱拙著《義利之間：近代商人與民族主義運動》（中國時代經濟出版社，2008 年版）相關章節，以及齊春風：《北平黨政商與濟南慘案後的反日運動》，《歷史研究》，2010 年 2 期。

〔註155〕最終達成如下解決條件：反日會之檢查日貨，再延期 10 日；10 日内，商民方面自行登記日貨；反日會同意商民要求再次降低救國基金徵收比率；被反日會拘捕之商民，一律從速釋放；市黨部正式承認 17 商團之團結權；日後實行排斥日貨時，如果反日會請求商民團參加時，商人絕不拒絕；自 12 月 1 日起，各商店一律開門營業。（《天津罷市潮解決》，《大公報》，1928 年 12 月 2 日第 5 版。）11 月 30 日，反日會召開常委會，決定自 12 月 1 日至 10 日爲繼續登記期限，在此 10 日内，停止檢查及扣貨。（《天津日貨商已經復業》，《申報》，1928 年 12 月 2 日第 8 版。）12 月 1 日，「商界波瀾完全平息」。「停業商號均已復業；補行登記昨日開始；成記夥友取保釋放」。同時，反日會又頒佈日貨「補行登記條例九條」，其中主要内容有：10 月 18 日以前已到而未售之日貨，繳納減低之救國基金，分 6 期繳納，每期以 1 個月爲限；10 月 18 日以前已定未到之日貨，繳納減低之救國基金，一次性徵收，惟在 1929 年 1 月 18 日後方到之日貨，須按全國反日會所訂條例徵收；10 月 18 日以後所定日貨則全部沒收；凡不繳納救國基金者，得將日貨封存，詳細條例另訂之；11 月 25 日以前到會登記之日貨，適用此條例；前訂條例與此不相牴觸者，仍屬有效。另又頒佈「日貨封存條例 12 條」，如第 3 條規定，倘若願意將日貨封存而不銷售者，須在12 月 10 日以前書面報告反日會；第 4 條規定，「封存之日貨，非至關稅自主之日，不得啓封發賣」。（《大公報》，1928 年 12 月 2 日第 5 版。）

〔註156〕萬寶山事件之後，商人自動進行對日經濟絕交，認爲「韓人排華，僑商首當其衝，故此次反日援僑運動，亦以商界奔走爲最力」。上海市商會對其所定日貨處置辦法，宣稱「毒蛇在手，壯士斷腕，凡此目前不得已之犧牲，是爲子孫爭億萬年之生存」，但同時又宣稱：「旨在寬其既往，嚴其將來，於屬行抵貨之中，寓顧恤商艱之意。」對此，當時上海市黨部常委、社會局局長潘公展即稱，抵制日貨是否能夠成功，「最大的關鍵還是在商界手裏」，他直言「與商界商量抵制日貨，是與虎謀皮」，因爲「商人自動抵制時，總要打聽打聽檢不檢查，扣不扣貨，證明商人沒有誠意抵貨」，所以他對「商人是不講民族主義的，只曉得個人發財」的觀點頗爲贊同。參見《市商會發表處置日貨步驟》，《申報》，1931 年 8 月 7 日第 13 版；《虞洽卿談話》，《申報》，1931 年 7 月 28 日第 13 版；《潘公展講民族主義與反日運動》，《申報》，1931 年 8 月 17 日第 13 版。

『計較』等心理的成分，即愛國心不許有利害觀念的存在。」〔註157〕但是，社會運動理論業已證明，民族運動不能排除成本與收益的權衡。對於積極參與抵貨運動的商人，無非是輿論給予其「愛國商人」的榮譽稱號而已〔註158〕，並且此種榮譽激勵，在抵貨運動中亦極爲罕見，歷次抵貨規則的內容，唯有對違規商人的嚴厲懲處〔註159〕。抵貨運動的經濟困境，決定了商人的保守立場，而缺乏商利受損之補償機制，則加劇了商人的消極態度。

　　爲了消弭群體之間的衝突，抵貨運動往往只能降低其力度和烈度，激進色彩大爲遜色。同時，此種衝突，不僅成爲日人外交抗議的口實，也是當局管控甚至取締抵貨運動的理由〔註160〕。近人邵德厚曾經指出，「排貨運動，國人應聯合一致，過去排貨之不易堅持，即多由各界之意見分歧，商界過於趨利，工學界操之急切。」〔註161〕換言之，群體差異及其衝突，既降低了抵貨運動的經濟效力，也是抵貨運動難以持久進行的原因之一。

〔註157〕 王聰：《軍閥官僚與民族主義》，《社會與教育》，1931年第3卷第3期。

〔註158〕 愛國商人的榮耀，倘有愛國商人，願將已存仇貨送交本會焚毀以示決者，除登報表揚外並送「愛國商人」四字旗幟獎章。參見中國社會科學院近代史研究所：《五四愛國運動檔案資料》，中國社會科學出版社，1980年版，第504頁。

〔註159〕 譬如，1928年7月3日，反日會通過懲戒奸商辦法。規定有下列行爲之一者，即謂之「奸民」：凡進口商定購日本出產之貨運銷本國，或原料日貨不照章登記而未領用通行證即行運銷者；凡批發商向進口商拆購不登記日貨轉批商號應市者；運送業報關業，代運日貨至本國各口岸者；凡捐客兜售日貨於本國商人者；零售商以未登記或已登記而未領用通行證之日貨直接售於消費者。對「奸民」的懲戒方法分爲五種：木籠陳列：書明奸民姓名及犯案事實，及該奸民照片，黏置木籠內，陳列鬧市中；停止公權：將奸民姓名及犯案事實，呈報中央政府，及省市政府，停止其業務上所需之公權；金錢懲戒：依照奸民所販運銷售日貨成本，罰繳二倍之救國基金；名譽懲戒：就奸民做奸地及原籍地，登報刊佈其姓名，並刊載奸民紀錄，或刊制奸民牌於群眾注目之地；信用懲戒：通告該奸民所業之行業，及有關各行業與該奸民斷絕營業往還。而對勾結外人、託庇特殊勢力以抗拒懲傲者，則「沒收其動產不動產，並停止其法律賦予之保護及一切權力」。（《上海反日會通過懲戒奸商辦法》，《申報》，1928年7月4日第13版。）另外，吳志國對五四抵貨時期商人的懲處有詳細探討。（《五四抵貨運動中對「奸商」懲罰的行爲研究》，《湖北社會科學》2009年第5期）

〔註160〕 群體衝突與中國官方以及日方的反應，後面章節將予以詳細申論，此處不贅。

〔註161〕 邵德厚：《抵制日貨之考察》，南京中正書局，1933年版，第26頁。